Evaluation in Deutschland und Österreich

Waxmann Verlag GmbH
Steinfurter Straße 555, 48159 Münster
info@waxmann.com

Wolfgang Böttcher, Christiane Kerlen, Peter Maats,
Oliver Schwab, Sonja Sheikh (DeGEval-Vorstand) (Hrsg.)

Evaluation in Deutschland und Österreich

Stand und Entwicklungsperspektiven in den Arbeitsfeldern
der DeGEval – Gesellschaft für Evaluation

Waxmann 2014
Münster · New York

Bibliografische Informationen der Deutschen Nationalbibliothek
Die Deutsche Nationalbibliothek verzeichnet diese Publikation in der
Deutschen Nationalbibliografie; detaillierte bibliografische Daten sind
im Internet über http://dnb.d-nb.de abrufbar.

Print-ISBN   978-3-8309-3149-2
E-Book-ISBN   978-3-8309-8149-7

© Waxmann Verlag GmbH, 2014
www.waxmann.com
info@waxmann.com

Umschlaggestaltung: Inna Ponomareva, Münster
Umschlagabbildung: © karandaev – Fotolia.com
Satz: Stoddart Satz- und Layoutservice, Münster

Gedruckt auf alterungsbeständigem Papier,
säurefrei gemäß ISO 9706

Inhalt

Wolfgang Böttcher, Christiane Kerlen, Peter Maats, Oliver Schwab, Sonja Sheikh

Arbeitsfelder und Herausforderungen der Evaluation

Evaluation! Es ist noch nicht lange her, dass dies ein Fremdwort war, dessen fehlerfreie Aussprache manch einem Zeitgenossen bereits Probleme bereitete. Die Karriere der Evaluation ist steil, womöglich auf Kosten ihrer Konturierung. Allzu leicht werden heute auch triviale Formen der Rückmeldung zu Evaluationen. Das ist die eine Seite. Auf der anderen verleihen sich kontrollierende Messverfahren den Titel Evaluation.

Wie lässt sich Evaluation konzise beschreiben? Die „DeGEval – Gesellschaft für Evaluation" formuliert es so: „Evaluation ist die systematische Untersuchung des Nutzens oder Wertes eines Gegenstandes. Solche Evaluationsgegenstände können z.B. Programme, Projekte, Produkte, Maßnahmen, Leistungen, Organisationen, Politik, Technologien oder Forschung sein. Die erzielten Ergebnisse, Schlussfolgerungen oder Empfehlungen müssen nachvollziehbar auf empirisch gewonnenen qualitativen und/oder quantitativen Daten beruhen" (DeGEval 2002).

Bereits dieser knappe Versuch einer Bestimmung wirft ein Licht auf die Komplexität von Evaluation im Hinblick auf Gegenstände, Methoden und Logik von Schlussfolgerungen. Diese wird erhöht, wenn man bedenkt, dass Evaluationen unterschiedliche Leistungen erbringen bzw. Zielsetzungen verfolgen können. Bereits die schlichte Unterscheidung zwischen „formativer Evaluation", die – grob gesprochen – den jeweiligen Gegenstand „begleitet" und auf Verbesserung zielt, und der „summativen Evaluation", die Ergebnisse bilanziert, kann das verdeutlichen.

Auch die von der DeGEval vertretenen Standards der Evaluation zeigen, wie schwierig die Aufgabe ist, eine „gute" Evaluation durchzuführen. Eine qualitativ hochwertige, also in diesem Sinne „professionelle" Evaluation ist anspruchsvoll. In Anlehnung an die Program Evaluation Standards des Joint Committee for Standards for Educational Evaluation (JCSEE 1994) und die Standards der schweizerischen Schwestergesellschaft SEVAL wurden insgesamt 25 Einzelstandards definiert, die in die vier Standardgruppen Nützlichkeit, Durchführbarkeit, Fairness und Genauigkeit gegliedert sind. Die *Nützlichkeitsstandards* thematisieren die Notwendigkeit, dass Evaluation sich an abgestimmten und geklärten Zwecken orientiert, damit sie am Informationsbedarf der vorgesehenen Nutzer und Nutzerinnen ausgerichtet ist. Evaluationen sollen die Basis fürs Lernen, also die Entwicklung und Verbesserung des jeweiligen Evaluationsgegenstands erzeugen. Die *Durchführbarkeitsstandards* sollen sicherstellen, dass eine Evaluation realistisch, gut durchdacht, diplomatisch und kostenbewusst geplant und ausgeführt wird. Die *Fairnessstandards* sollen gewährleisten, dass in einer Evaluation respektvoll und fair mit den beteiligten und betroffenen Personen und Gruppen umgegangen wird. Die *Genauigkeitsstandards* sollen dafür Sorge tragen, dass eine Evaluation gültige und überprüfbare Informationen und Ergebnisse zu dem jeweiligen Evaluationsgegenstand und den Evaluationsfragestellungen hervorbringt und vermittelt. Im Wesentlichen geht es hier um die Wissenschaftlichkeit der Evaluation, mithin ihre methodische Seriosität, um Validität, Reliabilität und Intersubjektivität.

„Die Standards sollen die Qualität von Evaluationen sichern und entwickeln helfen. Sie sollen als Dialoginstrument und fachlicher Bezugspunkt für einen Austausch über die Qualität von professionellen Evaluationen dienen" (DeGEval 2002, S. 2). In der Kommunikation mit Auftraggebenden, Adressaten und Adressatinnen sowie einem weiten Kreis von Beteiligten und Betroffenen, also auch einer interessierten Öffentlichkeit, können Standards als Referenz für „Evaluation als professionelle Praxis" dienen (vgl. ebd.).

Es dürfte einleuchtend sein, dass hiermit hohe Standards der „Professionalität", mithin der Güte von Evaluation gesetzt sind. Und ebenso dürfte deutlich sein, wie schwierig es sein kann, in der Praxis die Standards einzuhalten. Dies nicht nur deshalb, weil es vorkommt, dass Interessensvertreter (insbesondere Auftraggeber/innen) Druck auf die Evaluierenden ausüben, weil die zur Verfügung stehenden Ressourcen (Zeit, Geld) zu knapp bemessen oder Erwartungen an Evaluationsergebnisse zu hoch gesteckt sind. Dies gilt auch deshalb, weil in der Praxis nicht ohne weiteres alle Standards gleichgewichtig und gleichzeitig erfüllt werden können.

Anspruch und Komplexität von Evaluation sind damit aber noch nicht annähernd vollständig beschrieben. Ein wesentlicher Grund dafür, dass Evaluation kein generisches Konzept ist, liegt in der Tatsache begründet, dass sie in sehr unterschiedlichen Bereichen durchgeführt wird. Sie muss also immer feldspezifischen Anforderungen genügen. Und hiermit ist eine zentrale Absicht benannt, die mit der vorliegenden Publikation verfolgt wird. Bei aller Notwendigkeit von Standards – also allgemeinen Anforderungen an eine gute Evaluation – gilt es auch zu zeigen, wie breit das Feld ist, in dem evaluiert wird; und auch, wo zukünftig mehr und besser evaluiert werden muss.

Die DeGEval organisiert folgerichtig Evaluator/inn/en in sehr unterschiedlichen Feldern. Sie versammelt – vorwiegend in Deutschland und Österreich – aktuell gut 600 Personen, die Evaluationen durchführen, in Auftrag geben oder ein grundsätzliches Interesse an ihnen haben, sowie mehr als 160 institutionelle Mitglieder. Die Mitglieder kommen aus renommierten wirtschafts- und sozialwissenschaftlichen Forschungseinrichtungen, Hochschulen, Unternehmensberatungen und Politikberatungsunternehmen sowie Ministerien, Verwaltungen und Ressortforschungseinrichtungen.

Evaluation in Deutschland und Österreich steht heute – nach Gründung der DeGEval im Jahr 1997 – vor der Aufgabe, die eigene Arbeit stärker zu „professionalisieren". Es geht nicht nur darum, die Güte von Evaluation zu sichern, es geht auch um die Frage, ob Evaluation sich als „Beruf" definieren kann, der erlernt und entsprechend zertifiziert werden muss. Oder kann sich, wer immer Maßnahmen, Programme, Organisationen bewertet, Evaluator/in nennen?

Wir wissen noch immer zu wenig darüber, was und wer sich tatsächlich unter dem Begriff Evaluation versammelt, über welche Kompetenzen diejenigen verfügen, die Evaluationen verkaufen und was mit Evaluationen in der Folge geschieht. Allein diese Fragen markieren einen immensen Bedarf an Forschung über Evaluation.

Der vorliegende Band geht einen kleinen Schritt in diese Richtung. Hier beschreiben Protagonisten, was Evaluation in verschiedenen Politikfeldern zur Entwicklung von Programmen, Projekten, Organisationen u.ä. beiträgt. Die Perspektive ist dadurch geprägt, dass hier aktive Mitglieder eines Verbandes berichten, der sich unter anderem zur Aufgabe gesetzt hat, Evaluation zu professionalisieren. Ein weiterer Schritt auf diesem Weg könnte sein, Auftragnehmer/innen und Auftraggeber/innen auf Standards der Evaluation zu verpflichten oder Standards wenigstens derart zu etablieren, dass sie selbstverständlicher Bezugsrahmen einer Reflexion über die Qualität von Evaluationen werden.

Die Berichte zu den unterschiedlichen Politikfeldern, die in diesem Band versammelt sind, wurden von Vertreter/inne/n der Arbeitskreise der DeGEval (vgl.: www.degeval.de/arbeitskreise) erstellt. Sie machen deutlich, wie unterschiedlich der Stand der Evaluierung in den einzelnen Feldern ist.

Die öffentliche Verwaltung mit ihren unterschiedlichen Ebenen (Bund, Länder, Kommunen) und ihrem Zusammenspiel mit gesellschaftlichen Partnern (z.B. Sozialversicherung, Wissenschaft) ist seit den späten 1960er Jahren zum Gegenstand von Evaluation und Evaluationsforschung geworden. Zunehmend wurden und werden unterschiedliche Aufgaben und Funktionen von Politik und Verwaltung evaluiert. Politik und Verwaltung haben die Bedeutung von Evaluationen als wichtiges Instrument zur Sammlung und Bewertung von Informationen im politischen Entscheidungsprozess erkannt. Mit ihrer Hilfe werden die Wirkungen oder Folgen von Gesetzen, politischen Programmen etc. ex ante abgeschätzt bzw. ex post analysiert (z.B. Gesetzes-Folgenabschätzung). Es ist davon auszugehen, dass Evaluationen in der öffentlichen Verwaltung auch in Zukunft eine wichtige Rolle spielen werden. Der Legitimationsdruck auf Politik und Verwaltung bleibt – nicht zuletzt aufgrund der beschränkten finanziellen Ressourcen – weiterhin hoch. Aus diesem Grund wird es auch zukünftig notwendig sein, politische Maßnahmen (z.B. Gesetze, Programme) sowohl bei ihrer Planung als auch bei ihrer Durchführung auf ihre Wirksamkeit und Effizienz unter Berücksichtigung möglicher nichtintendierter Nebenwirkungen zu überprüfen.

Das Feld der *Stadt- und Regionalentwicklung* grenzt sich vorwiegend über den territorialen Bezug ab, es umfasst inhaltlich sehr unterschiedliche Bereiche (z.B. Städtebau, Stadt- und Regionalplanung, Umweltplanung, Raumordnung). Es handelt sich hierbei um querschnittsorientierte Handlungsfelder mit vielfältigen Verknüpfungen in andere Bereiche. Evaluation gewinnt hier seit den 1970er/1980er Jahren stetig an Bedeutung und an Qualität. Es kann aber auch festgestellt werden, dass Evaluationen hier häufig von Legitimations- und Kontrollfunktionen geprägt sind. Herausforderungen im Feld liegen zum einen im methodischen Bereich und zum anderen in der Akteursstruktur. Kritisch wird thematisiert, dass Evaluation auf eine Symbolfunktion reduziert werden könnte. Ein Ausweg könnte in stärker selbstreflexiven Evaluierungsansätzen liegen, die ihre eigene Rolle im Feld bedenken.

Das Feld der *Strukturpolitik* ist stark durch die einschlägige europäische Politik beeinflusst. Gegenstand sind in aller Regel relativ komplexe (aus einer Vielzahl von Einzelinstrumenten bestehende) Förderprogramme, die die Bereiche Regionalpolitik, regionale Wirtschaftspolitik, Arbeitsmarktpolitik und Agrarpolitik betreffen. Die letzten 20 Jahre sind von einem stetigen Aufbau der Evaluierungskapazitäten und einer Ausdifferenzierung des Evaluierungssystems geprägt. Die Evaluierungen werden zumeist auf Ebene der Bundesländer durchgeführt und sind relativ stark auf Umsetzungsaspekte konzentriert, demgegenüber werden Wirkungen eher selten umfassend evaluiert. Innerhalb des Feldes ist der systematische Diskurs über Evaluierung eher schwach ausgeprägt. Sowohl Nutzung von Evaluierungsergebnissen als auch Qualitätsentwicklung könnten durch einen Ausbau profitieren.

Kaum ein anderes Politikressort wird so oft evaluiert wie das der *Entwicklungspolitik* und ist gleichzeitig so umstritten. Spiegelbildlich zum Wandel entwicklungspolitischer Ansätze – etwa von kleineren Projekten hin zu flächendeckenden Programmen – wandelte sich innerhalb der letzten drei Dekaden auch die Evaluierungsmethodik und wurde zugleich internationaler und professioneller. Ein wichtiges Thema im EZ-Ressort ist die von der Öffentlichkeit geforderte Unabhängigkeit der Evaluierung. Institutionell stellt die Gründung des Deutschen Instituts für Entwicklungsevaluierung (DEval) im Jahr 2012 die Konsequenz dieser Diskussion dar. Durch die stetige Weiterentwicklung des Politikfeldes und die neuen Möglichkeiten, die ein eigenes Institut für Entwicklungsevaluierung insbesondere für die weitere Professionalisierung bietet, sind zukünftig möglicherweise weitere Impulse zu erwarten.

Eine Evaluationskultur, wie sie in anderen Bereichen wie z.B. in der Entwicklungszusammenarbeit, in der Bildungs- oder auch Arbeitsmarktpolitik schon lange existiert, gibt es im Feld der *Kultur und Kulturpolitik* in Deutschland und Österreich noch nicht. Für die Darstellung aktueller Entwicklungen werden für Deutschland die Bereiche Kunst, Kultur und Kulturpolitik und Auswärtige Kultur- und Bildungspolitik eingehender betrachtet. Im Anschluss folgt ein Exkurs zur Situation in Österreich. Als besondere Herausforderung wird die Entwicklung kultursensitiver Konzepte (z.B. partizipative Verfahren oder auch Methoden der ästhetischen Forschung) herausgestellt. Stärker als bisher sollten sowohl Anforderungen als auch Lernmöglichkeiten genutzt werden, die sich aus der Heterogenität des Feldes und der Akteure ergeben. Eine weitere große Herausforderung ergibt sich aus der Schwierigkeit, einzelne, wichtige Akteursgruppen (Vertreter aus Kunst und Kultur) zu erreichen.

„Evaluation" ist im *Schulwesen* des deutschsprachigen Raums heute ein allgegenwärtiger Begriff, wenn auch mit schillernden Inhalten. Die Anfänge reichen in die 1970er Jahre zurück, wo es im Zuge des bildungspolitischen Aufbruchs und einer Zusammenarbeit von Bildungspolitik und Bildungsforschung zur wissenschaftlichen Begleitung von Schulversuchen und Begutachtung von Reformprojekten durch ministeriellen Auftrag kam. Das Methodenspektrum ist umfassend und reicht von schlichten mündlichen Formaten (Feedbacks, Auswertungsgespräche) in schulischer Selbstevaluation bis zu groß angelegten Studien mit hohen wissenschaftlichen Ansprüchen und Teilnehmerzahlen im sechsstelligen Bereich wie im Falle von Schulleistungsstudien. Die Herausforderung der Zukunft wird darin liegen, die Steuerung im Mehrebenensystem des Schulwesens zwischen „Top-down" (zentrale Standardsetzung und Kontrollmechanismen) und „Bottom-up" (Qualitätsentwicklung und Qualitätssicherung auf Schulebene) auszubalancieren und dabei den Beitrag von Evaluation neu zu justieren.

Zur *beruflichen Bildung* zählen die berufliche Erstausbildung, die in Deutschland und Österreich überwiegend in Form der dualen Ausbildung, also an den beiden Lernorten „Betrieb" und „Berufsschule", aber auch als vollqualifizierende schulische Berufsausbildung stattfindet sowie das weniger stark regulierte Feld der beruflichen Weiterbildung. Evaluation in der beruflichen Bildung ist seit dem Beginn der 1970er Jahre aufgrund entsprechender gesetzlicher Regelungen fest verankert. Evaluationen in den verschiedenen Feldern der beruflichen Bildung setzen sich momentan vorwiegend mit Fragen der Wirksamkeit und der Effizienz auseinandersetzen. Evaluationsgegenstände – auf Bundesebene vor allem Programme – werden immer komplexer (Vielzahl von Zielen/Zielebenen, Verzahnung mit anderen Programmen, Vielzahl von Akteuren,

Programme die aus vielen Einzelprojekten bestehen), was zunehmende Herausforderungen an eine komplexe Evaluation nach sich zieht. Damit einher gehen zunehmende Rollenanforderungen an Evaluierende, die zum Teil dem Gedanken der Unabhängigkeit widersprechen.

Im Feld der *Hochschule* wird Evaluation zum einen als interne (Selbst-)Evaluation von Lehrveranstaltungen und Studiengängen, zum anderen als externe Akkreditierung vorwiegend von Studiengängen durchgeführt. Evaluation ist hier eng mit dem Qualitätsmanagement innerhalb der jeweiligen Organisationen verknüpft. Durch die starke interne Verankerung stellt sich aber ständig das Problem der Rollendefinition der Evaluierenden: Einerseits müssen sie sich im Verhältnis zu den Wissenschaftlern, andererseits zur Hochschulverwaltung positionieren. Zur Evaluierung von Lehrveranstaltungen kommen meist Designs zum Einsatz, die auf der Ebene der einzelnen Teilnehmer ansetzen. Die Bewertung von Studiengängen erfolgt meist auf Basis der Konzepte, teils auch mit Befragungen von Studierenden, jedoch kaum ohne den Kontext eines Akkreditierungsverfahrens. Schließlich erheben Hochschulen auch Verbleibsdaten ihrer Absolventen. Forschung wird entweder über Peer-Review oder bibliometrische Verfahren analysiert. Herausforderungen bestehen in einer besseren Methodik zur Forschungsevaluierung sowie der Verknüpfung der Evaluierung von Forschung und Lehre.

Im Arbeitsfeld *Gesundheit* steht die Beschäftigung mit der Evaluation von Gesundheitsförderungs- und Präventionsmaßnahmen im Vordergrund. Diese werden häufig in Form von Kampagnen durchgeführt. Bundesweit bekannte Kampagnen der Bundeszentrale für gesundheitliche Aufklärung (BZgA) sind z.B. „Gib Aids keine Chance" oder „Alkohol? Kenn dein Limit." Eine besondere Herausforderung der Evaluation in diesem Feld liegt in der Komplexität, da sich auf der einen Seite die Programme aus einer Vielzahl von Interventionen zusammensetzen, die sich wechselseitig beeinflussen, und auf der anderen Seite diese Maßnahmen in einem komplexen Kontext implementiert werden. Während zum Beispiel im Bereich der Arzneimittelforschung Produktentwicklung und Evaluation heutzutage Hand in Hand gehen, sind Voraussetzungen, um belastbare Aussagen treffen zu können, im Feld der Gesundheitsförderung und Prävention in der Regel nicht gegeben. Insgesamt wird im Feld das Erfordernis von guten Evaluationen zunehmend anerkannt. Die Haltung der Auftraggebenden, Evaluationen von Anfang an mitzudenken, ist dazu verstärkt erforderlich.

Das Feld der *Sozialen Dienstleistungen* war lange von Selbstevaluationen geprägt. Erst in den letzten Jahren gibt es eine zunehmende Auseinandersetzung mit dem Evaluationsthema, insbesondere auch der externen Evaluation. Eine Besonderheit des Feldes liegt darin, dass die sozialen Dienstleistungen stets in Ko-Produktion zwischen Dienstleistungserbringern und den Zielgruppen erbracht werden. Und die Praxisfelder sind sehr unterschiedlich und umfassen die Kinder- und Jugendhilfe, Altenhilfe, sozialpädagogische Angebote im Gesundheitssystem sowie erwachsenenbezogene soziale Hilfen. Der Schwerpunkt der Evaluationstätigkeit liegt in der Kinder- und Jugendhilfe. Die Herausforderung für eine breitere Verankerung der Evaluationsfunktion besteht darin, den Spagat zwischen der starken Abhängigkeit vom jeweiligen Kontext einerseits und den Anforderungen an gute Evaluierungen andererseits zu meistern.

Staatliche Interventionen in *Forschung, Technologie und Innovation (FTI)* haben eine lange Tradition und bilden heute ein eigenständiges Politikfeld. Seit Jahrzehnten kommen hier auch Verfahren der Evaluation zur Anwendung, die nach der wissenschaftlichen oder technologischen Qualität und dem Erfolg von FTI-Vorhaben oder entsprechenden Institutionen fragen und unterschiedliche Effekte öffentlich finanzierter Maßnahmen untersuchen. Gegenstand der Evaluation im Feld der FTI-Politik sind in erster Linie Fördermaßnahmen und die durch sie geförderten Projekte und Fördernehmer. Ebenso evaluiert werden Institutionen des Innovationssystems, z.B. Netzwerke (Cluster, Forschungsverbünde u.ä.) sowie Forschungseinrichtungen. Evaluationen sehen sich ähnlichen Herausforderungen gegenüber, wie Evaluationen in den meisten anderen Politikfeldern: Begrenzte zeitliche und finanzielle Ressourcen bei gleichzeitig umfangreichen Anforderungen, zum Teil unzureichende Datenverfügbarkeit und eingeschränkter Zugang zu vorhandenen Daten.

Das Evaluationsfeld *Wirtschaft* umfasst Evaluationsaktivitäten, die sich auf privatwirtschaftliche Unternehmen sowie Intermediäre im Bereich der Wirtschaft wie beispielsweise Verbände, Kammern, Wirtschaftsförderer oder Stiftungen beziehen. Noch ist Evaluation in der Wirtschaft ein vergleichsweise unbekanntes Terrain und findet im privatwirtschaftlichen Kontext als Steuerungs- und Qualitätssicherungsinstrument bisher wenig Anwendung. Grundsätzlich dient sie insbesondere zur Beantwortung der Frage, wie Ziele von Programmen bzw. Projekten im Wirtschaftskontext besser erreicht und nichtintendierte negative Auswirkungen vermieden werden können. Evaluationen in der Wirtschaft werden tendenziell für bestimmte Maßnahmen eingesetzt (z.B. Personalentwicklung, Messung von PR, Einführung Arbeitsschutz) in den meisten Fällen findet eine Evaluation jedoch eher sporadisch statt, teilweise auch unter anderer Bezeichnung (z.B. Strategieentwicklung, Technologieanalyse). Dabei wird Evaluation im wirtschaftlichen Umfeld häufig mit der Rechtfertigung von politischen Maßnahmen und insofern eher mit einem aufwendigen bürokratischen Prozess assoziiert. Eine der wesentlichen Herausforderungen in diesem Arbeitsfeld ist daher darin zu sehen, den bestehenden Informationsbedarf zu decken und Nutzen und Ziele von Evaluationen in der Sprache der Wirtschaft zu formulieren.

Evaluationen von *umweltpolitischen Maßnahmen* zeichnen sich durch ein vergleichsweise hohes Maß an Komplexität aus, da es sich häufig um Querschnittsmaßnahmen handelt, die zum Beispiel darauf ausgelegt sind, die negativen Auswirkungen von sektorspezifischen Aktivitäten zu minimieren. Sie sind häufig geprägt von hohen Interessenlagen, die in der Regel mit Zielkonflikten einhergehen, und sie orientieren sich zudem an sehr langen Zeiträumen und Auswirkungen, die global zu beobachten sind und nicht an den Grenzen einer Politikmaßnahme halt machen. Die Vielfältigkeit des Umweltthemas spiegelt sich damit auch in der Evaluationspraxis. Unterschiede ergeben sich aus unterschiedlichen Evaluationskulturen der verschiedenen Disziplinen und durch neuere Erkenntnisse über die Klimawirkungen und deren Zusammenhänge. Deshalb wächst die Notwendigkeit, fächerübergreifend zu kooperieren

Neben der Ausdifferenzierung der Politikbereiche hat sich im Verlauf der Entwicklung der DeGEval auch die Notwendigkeit gezeigt, bestimmte *Querschnittsbereiche* durch die Gründung von Arbeitskreisen abzudecken. Hier wird deutlich, dass es (mindestens) drei Themen gibt, die für alle Politikfelder und die Evaluation als „Profession" bedeutend sind.

Aus dem Bericht zu dem Arbeitsfeld *Methoden* wird die Verknüpfung mit den methodischen und methodologischen Debatten der Sozialwissenschaften deutlich. Der enge Bezug zur wissenschaftlichen Methodologie wird aber praktisch immer wieder zum kritischen Thema, denn die dort entwickelten Methoden, Strategien und Techniken müssen auf die spezifischen Bedürfnisse von Evaluation bezogen und daraufhin angepasst werden. Evaluation ist eben u.a. auch dadurch gekennzeichnet, dass sich Anforderungen und auch Beschränkungen dadurch ergeben, dass Evaluationen auftragsgebunden sind. Der Beitrag beschreibt die Herausforderung, Standards und Gütekriterien mit den Besonderheiten einer Evaluation und ihre Eingebundenheit in Stakeholder-Interessen zu vereinbaren. Insbesondere wird auch die Gefahr diskutiert, dass diese Spannung womöglich zu problematischer und unwissenschaftlicher Evaluationspraxis führen könnte. Das ständige Bemühen unterschiedliche, einerseits akademische, andererseits administrativ-politische Diskurswelten in eine konstruktive Beziehung zu bringen, „setzt sowohl fachwissenschaftliche und methodische Kompetenz als auch eine Offenheit bezüglich des evaluativen Vorgehens voraus – beides konstitutive Elemente des Handelns im Bereich der Evaluation".

Gender Mainstreaming bezeichnet die Strategie, geschlechtsspezifische Benachteiligungen durch die durchgängige Berücksichtigung der Geschlechterperspektive in allen Politik- und Handlungsfeldern zu beseitigen. Seit 1999 ist Gender Mainstreaming um das Ziel der Gleichstellung der Geschlechter zu erreichen, für alle Mitgliedstaaten der Europäischen Union als vertragliche Verpflichtung festgeschrieben. Daraus ergibt sich auch die Pflicht, Gender Mainstreaming in der Evaluation zu verankern. Nach einer kurzen historischen Verortung werden aktuell zum Einsatz kommende Evaluationsinstrumente vorgestellt, wie Gender Impact Assessment und Gender Budgeting, mit denen sich die Evaluationsfragestellungen immer mehr von der Implementation hin zur Wirkung verschoben haben. Besondere Herausforderungen liegen darin, die Geschlechterperspektive durchgängig zu berücksichtigen sowie die Genderkompetenz von Auftraggebenden und Evaluierenden zu stärken.

Viele der Herausforderungen, die in den jeweiligen Arbeitsfeldern geschildert werden, sind auch als Herausforderungen für die *Aus- und Weiterbildung* von Evaluatorinnen und Evaluatoren interpretierbar. Hier wird ein enormer Entwicklungsbedarf deutlich: „Wie wird man eigentlich Evaluator oder Evaluatorin?" lautet die Ausgangsfrage aus dem Arbeitsfeld, und es wird schnell deutlich, wie schwierig eine Antwort ist. Weder in Deutschland und Österreich, noch in anderen Ländern, kann man Evaluation als „Profession" adressieren. In der Evaluation verfügen wir weder über eine Regulierung des Marktzugangs noch über standardisierte Ausbildungsgänge. Ein Faktor für diesen Tatbestand liegt in der Transdisziplinarität und Heterogenität des Anwendungsfelds Evaluation.

Mit dem letzten Beitrag ist die womöglich wesentliche Frage adressiert, die sich die Mitglieder der DeGEval stellen müssen: Sind die im vorliegenden Band deutlich werdende Vielfalt der disziplinären und inhaltlichen Bezüge der Evaluation, die Komplexität der Prozesse und Ziele in politischen Kontexten oder die konkurrierenden methodischen Prioritäten Gründe, die dazu führen können, ein Ungleichgewicht zwischen Expansion von Evaluationen auf der einen Seite und unzureichender Professionalisierung auf der anderen Seite hervorzurufen?

Mit den Standards der Evaluation hat die DeGEval ein wichtiges Instrument für die Qualität von Evaluation vorgelegt. Die aktuell stattfindende Revision der Standards verdeutlicht deren Bedeutung. Basierend auf den Standards liegen auch „Empfehlungen für die Aus- und Weiterbildung in der Evaluation" vor (DeGEval 2004). Dieses Dokument konkretisiert die Standards und macht deutlich, dass sie „lernbar" und „lehrbar" sind. Hier werden die Kompetenzen von Evaluatorinnen und Evaluatoren erörtert und damit wird eine hilfreiche Orientierung für die Aus- und Weiterbildung geliefert.

Als einen wichtigen Schritt auf dem Weg der zukünftigen Sicherung von Güte von Evaluation betrachtet die DeGEval die Stärkung des Nachwuchses. Seit 2008 hat sich aus einer Initiative des AK Aus- und Weiterbildung ein Netzwerk für den Nachwuchs in Wissenschaft und Praxis gebildet, welches sich 2013 offiziell als „Nachwuchsnetzwerk" unter dem Dach der DeGEval konstituiert hat. Das Nachwuchsnetzwerk richtet sich zum einen an Personen, die im Rahmen von Qualifizierungsarbeiten über Evaluation (z.B. ihre Formen, Methoden, Prozesse, Resultate etc.) forschen. Das Nachwuchsnetzwerk kooperiert darüber hinaus mit den Arbeitskreisen der DeGEval, um den Nachwuchs an die Diskussionslinien innerhalb der DeGEval heranzuführen sowie die organisatorische und inhaltliche Struktur der DeGEval transparent zu machen. Als zentrale Elemente der Vernetzung und des Austausches haben sich das jährliche Treffen auf der Jahrestagung der DeGEval und ein Forschungs- und Praxiskolloquium etabliert, bei welchem Nachwuchswissenschaftlerinnen und -wissenschaftler ihre Forschungsarbeiten und Nachwuchsevaluatorinnen und -evaluatoren ihre Evaluationsprojekte vorstellen und miteinander diskutieren können.

Der Beitrag aus dem Arbeitskreis Aus- und Weiterbildung formuliert eine Aufgabe, die sich auf Basis des hier vorliegenden Sammelbandes eindrucksvoll bestätigen lässt: „Eine zentrale Frage für die weitere Entwicklung wird aber sein, wie sich die Gesellschaft und ihre Mitglieder zukünftig zur Notwendigkeit weitergehender Professionalisierungsschritte positionieren". Die DeGEval nimmt sich der Aufgabe an, diese Frage mit ihren Mitgliedern zu diskutieren. Es wird sich zeigen, ob das in eine Richtung verläuft, wie sie sich international zumindest vorsichtig abzeichnet: Beglaubigung, Begutachtung oder Zertifizierung von Evaluatorinnen und Evaluatoren. Auch andere Ansatzpunkte sind denkbar: die Unterstützung hochwertiger Aus- und Weiterbildungsangebote, die Stärkung des Diskurses über Qualität von Evaluationen und generell die Erhöhung der Transparenz. Die DeGEval beginnt diese Debatte auf ihrer in Kooperation mit der SEVAL in Zürich durchgeführten Jahrestagung 2014.

Literatur

Deutsche Gesellschaft für Evaluation (DeGEval). (2002). *Standards für Evaluation.* Köln: DeGEval – Gesellschaft für Evaluation e.V.

Deutsche Gesellschaft für Evaluation (DeGEval). (2004). *Empfehlungen für die Aus- und Weiterbildung in der Evaluation. Anforderungsprofile an Evaluatorinnen und Evaluatoren.* Köln: DeGEval – Gesellschaft für Evaluation e.V.

Joint Committee on Standards for Educational Evaluation (JCSEE). (1994). *The program evaluation standards. How to assess evaluations of educational programs.* Thousand Oaks, CA: Sage.

Gottfried Konzendorf, Axel Piesker, Renate Reiter

Evaluation in der öffentlichen Verwaltung

1. Öffentliche Verwaltung als Gegenstand von Evaluation

Die öffentliche Verwaltung unterschiedlicher Ebenen (Bund, Länder, Kommunen) und das Zusammenspiel mit gesellschaftlichen Partnern (z.B. Sozialversicherung, Wissenschaft) sind seit den späten 1960er Jahren zum Gegenstand von Evaluation und Evaluationsforschung geworden. Zunehmend wurden und werden unterschiedliche Aufgaben und Funktionen von Politik und Verwaltung evaluiert. Politik und Verwaltung selbst übernehmen in Evaluationsprozessen unterschiedliche Rollen (z.B. als Auftraggeber, als Nutzer von Evaluationsergebnissen oder als Evaluationsgegenstand) – oftmals im Zusammenspiel mit gesellschaftlichen Partnern. Die Schnittstellen zwischen Politik, Verwaltung, Wissenschaft und Zivilgesellschaft haben daher eine erhebliche Bedeutung bei der Durchführung von Evaluationen. Schlüsselfragen dabei lauten:

- Welche Funktionen und Aufgaben übernehmen Politik und Verwaltung bei der Initiierung, Vergabe und Durchführung von Evaluationen?
- Wie können diese Funktionen und Aufgaben qualifiziert wahrgenommen werden?
- Wie kann ein optimales Zusammenspiel der an Evaluationen beteiligten Akteure gewährleistet werden?

Politik und Verwaltung haben die Bedeutung von Evaluationen als wichtiges Instrument zur Sammlung und Bewertung von Informationen im politischen Entscheidungsprozess erkannt. Mit ihrer Hilfe werden die Wirkungen oder Folgen von Gesetzen, politischen Programmen etc. ex ante abgeschätzt bzw. ex post analysiert (z.B. [Gesetzes-]Folgenabschätzung).

Ein gewichtiges Augenmerk ist auf die Nutzung der Evaluationsergebnisse im politischen Entscheidungsprozess zu richten. Im Idealfall dienen Evaluationen der Verbesserung von öffentlichem Politik- und Verwaltungshandeln i.S. einer erhöhten Wirksamkeit (Effektivität) von politischen Maßnahmen, einer Steigerung der Wirtschaftlichkeit (Effizienz) oder auch einer Erhöhung der Legitimität öffentlichen Handelns. In diesem Sinne interessiert sich die auf die öffentliche Verwaltung gerichtete Evaluationsforschung insbesondere für folgende Fragen:

- Wie kann der Einfluss von Evaluationen im politischen Entscheidungsprozess gewährleistet werden?
- Wie geht die öffentliche Verwaltung mit den Ergebnissen von Evaluationen um?

Es ist leicht, diese Fragen zu stellen. Ihre Beantwortung ist jedoch ungleich schwieriger, und es besteht nach wie vor erheblicher, vor allem empirischer Forschungsbedarf.

2. Historische Entwicklung

Das Interesse von Evaluationspraktikern und Evaluationsforscher/innen/n an der öffentlichen Verwaltung geht eng einher mit der Entwicklung der Evaluationsforschung selbst. Verwaltung und Verwaltungshandeln (in seinen höchst unterschiedlichen Facetten und Interventionsfeldern) sind Gegenstände von Evaluationen und ihrer sozialwissenschaftlichen Erforschung, seitdem sich Politiker/innen, Verwaltungsakteure und (Sozial-)Wissenschaftler/innen ab den 1970er Jahren verstärkt für eine systematische Überprüfung der Wirkungen von öffentlichen Politikprogrammen, -instrumenten und Verwaltungsakten zu interessieren begannen. Dieses Interesse an der Evaluation öffentlicher Verwaltung wiederum hatte verschiedene Gründe:

Seit Ende der 1960er Jahre entwickelte sich innerhalb der deutschen Staats- und Verwaltungswissenschaft ein Diskurs über die politische Rolle der öffentlichen Verwaltung und ihre Funktionen. In Anknüpfung an diesen Diskurs fand ein rationales Politikmodell Verbreitung, das von der Idee einer objektiven Plan- und rationalen Steuerbarkeit öffentlicher Politik und administrativen Handelns getragen wurde (Wollmann, 2009, S. 384). Demnach vollzieht sich Politik idealtypisch als geordneter Zyklus der politisch-administrativen Themenfindung, Programmformulierung, Implementation sowie Ergebnis- bzw. Wirkungsanalyse (Evaluation) mit der Folge einer eventuellen Programmkorrektur (Janning & Schneider, 2006, S. 48–63).

In diesem Kontext entstand die auf öffentliches Verwaltungshandeln gerichtete Implementations- und Evaluationsforschung in Deutschland (Mayntz, 1980). Ziel war es einerseits, die öffentliche Verwaltung dabei zu unterstützen, geeignete Organisationsstrukturen und Prozesse zur Erfüllung der ihr politisch übertragenen Aufgaben zu finden. Andererseits ging es um eine systematische Überprüfung des öffentlichen Verwaltungshandelns (z.B. im Hinblick auf seine Zielerreichung und Wirkungen), die über die reine Kontrolle der Recht- und Ordnungsmäßigkeit sowie der Angemessenheit administrativer Akte hinausreichen sollte. *Zudem* bildete der kontinuierliche Wandel der wirtschaftlichen, technologischen und soziodemographischen Rahmenbedingungen staatlichen Handelns eine Triebfeder für die Analyse der öffentlichen Verwaltung als Gegenstand von Evaluation. Im Zuge der Wirtschaftskrise Mitte der 1970er Jahre setzte in Deutschland (wie in anderen westlichen Wohlfahrtsstaaten) eine öffentliche Diskussion über die Grenzen staatlicher Interventionsfähigkeit ein. Mit der Diskussion um die Steuerungsfähigkeit des Staates wurde zunehmend das Verwaltungshandeln zum Gegenstand wissenschaftlicher Analysen. Verwaltungsreformen sind seither zentraler Gegenstand der Verwaltungswissenschaft. Gefragt wird nach der Wirksamkeit, Wirtschaftlichkeit und Legitimation öffentlichen Verwaltungshandelns sowie nach Optimierungsmöglichkeiten (Holtkamp, 2012). Die Ausdifferenzierung unterschiedlicher Varianten oder Typen der Verwaltungsevaluation wurde nicht zuletzt durch diese Fragestellungen angeregt (Ex-post- oder summative Evaluation, Ex-ante-Evaluation/Kosten-Nutzen-Analyse/[Gesetzes-]Folgenabschätzung, Evaluierbarkeitsabschätzung, formative oder On-going-Evaluation, Begleitforschung, Monitoring, Erfolgskontrolle, Effizienzanalyse) (vgl. Wollmann, 2009, S. 382–383).

3. Evaluationsformen, Akteure und Standards

Evaluationen im Bereich der öffentlichen Verwaltung können auf zwei unterschiedlichen Ebenen ansetzen.

Erstens können Evaluationen auf Ebene der Verwaltungspolitik ansetzen, die darauf abzielt, organisatorische, personelle, instrumentelle und prozedurale Strukturen innerhalb der Verwaltung zu verändern. In diesem Zusammenhang wird dann untersucht, inwieweit diese Änderungen zu einer Steigerung der Effektivität, Effizienz etc. des Verwaltungshandelns beigetragen haben und welche weiterreichenden Effekte durch sie bewirkt wurden (Jann, 2001, S. 333; Wollmann, 2002, S. 75–77; Reiter et al., 2011). Als Beispiel kann hier auf das Konzept *Better Regulation* verwiesen werden, das zur Einführung bzw. verstärkten Nutzung von Folgenabschätzungen, Ex-post-Evaluationen, Konsultationen etc. beigetragen hat (vgl. hierzu ausführlich: Wegrich, 2012).

Zweitens geht es um die Evaluation konkreter Maßnahmen (Gesetze, Programme, Instrumente etc.) in bestimmten Politikfeldern (z.B. Wirtschaftspolitik, Innere Sicherheit). Zur Bewertung der jeweiligen Maßnahme werden Kriterien wie Effektivität, Effizienz und die nicht-intendierten Wirkungen herangezogen.

Bei der Planung und Durchführung von Evaluationen spielt die öffentliche Verwaltung eine zentrale Rolle. Je nach Konzeption eines Evaluationsvorhabens tritt sie als Auftraggeberin, als Impuls- und Konzeptgeberin, als Informationsquelle und/oder als Nutzerin der Evaluationsergebnisse auf. Grundsätzlich lassen sich zwei Evaluationsvarianten unterscheiden. Zum einen kann die öffentliche Verwaltung Evaluationen selbst durchführen und ist damit für alle Phasen des Evaluationsprozesses alleine verantwortlich. Dabei kommt es vor, dass die öffentliche Verwaltung für die Bearbeitung bestimmter – insbesondere methodischer – Fragestellungen auf externen Sachverstand zurückgreift. In diesen Fällen wird auch von einer sogenannten Methodenberatung gesprochen (Ziekow, Debus & Piesker, 2013, S. 30). Zum anderen kann die Planung und Durchführung von Evaluationsvorhaben nach außen gegeben werden. Die öffentliche Verwaltung (Bundes-, Landes- und Kommunalverwaltung) tritt somit als Auftraggeberin von externen Evaluationen auf. Zudem werden z.B. Gesetzesfolgenabschätzungen mittels gesetzlicher Evaluationsklauseln von den Parlamenten (Bundestag, Landtage) veranlasst. Da externe Evaluationen in den letzten Jahren – aufgrund internationaler Einflüsse und einem erhöhten Legitimationsbedarf – an Bedeutung gewonnen haben, hat sich hier ein neues Betätigungsfeld für unterschiedliche Akteure herausgebildet. Zu nennen sind Universitäten sowie außeruniversitäre Forschungseinrichtungen, die Evaluationsprojekte vielfach als drittmittelfinanzierte Auftragsforschung bearbeiten sowie privatwirtschaftlich arbeitende Beratungsunternehmen.

Die Einhaltung von Standards bei der Durchführung von Evaluationen ist kein gesondert diskutiertes Thema im Evaluationsfeld. Vielmehr werden die Standards der DeGEval bei Evaluationsvorhaben – sofern möglich – implizit berücksichtigt. Eine aktive Auseinandersetzung mit den Standards findet jedoch bislang nicht statt.

4. Perspektiven der Evaluation öffentlicher Verwaltung sowie ihrer Erforschung

Evaluationen im Bereich der öffentlichen Verwaltung sehen sich mit spezifischen Anforderungen des politischen und administrativen Systems (z.B. mit dem Wahlzyklus, mit der Komplexität des Akteursfeldes und mit dem hierarchischen Aufbau der öffentlichen Verwaltung) konfrontiert. Daher ist es von besonderer Bedeutung, Erkenntnisse darüber zu sammeln, zu welchem Zeitpunkt und auf welche Weise Evaluationen am besten durchzuführen sind. In diesem Zusammenhang ist es erforderlich, sich stärker als bisher mit der Frage zu beschäftigen, wie Evaluationsergebnisse tatsächlich von politischen Entscheidungsträgern genutzt werden und wie ggf. die Nutzungsmöglichkeiten verbessert werden können. Dies ist sowohl aus Sicht der Evaluationspraxis als auch aus Sicht der Evaluationsforschung von großem Interesse (Konzendorf, 2013). Allerdings gibt es bislang praktisch keine empirischen Analysen zur Nutzung von Evaluationsergebnissen durch Politik und Verwaltung im Policy-Making-Prozess in Deutschland.

Handlungsbedarf besteht darüber hinaus bei der Weiterentwicklung von Evaluationsverfahren. Bislang gibt es keinen Gesamtüberblick über durchgeführte Evaluationen; so fehlt eine Datenbank, die Informationen z.B. zu methodischen Aspekten, zu Evaluationsergebnissen und zur Umsetzung von Vorschlägen enthält (Konzendorf, 2009, S. 29). Solche systematisch aufbereiteten Informationen wären jedoch hilfreich, um beispielsweise eine Erfolgs- und Problemanalyse durchführen zu können. Damit könnte ein Lernprozess sowohl auf Seiten der Auftraggeber als auch auf Seiten der Evaluatoren ermöglicht und insgesamt eine Verbesserung und Weiterentwicklung von Evaluationen erzielt werden.

Eine interessante Entwicklung, die seit einigen Jahren zu beobachten ist, zeigt sich zudem in der Diskussion um die Einführung und Anwendung der sogenannten Nachhaltigkeitsprüfung, wie sie z.B. bereits auf Bundesebene und im Land Baden-Württemberg als Erweiterung der Gesetzesfolgenabschätzung durchgeführt wird. Mit ihrer Hilfe sollen die langfristigen Wirkungen erfasst und dargestellt werden. Jedoch sind mit der Nachhaltigkeitsprüfung noch einige – v.a. methodische – Herausforderungen für die öffentliche Verwaltung verbunden, die diese Prüfung durchführt. Zu nennen sind hier insbesondere die Komplexität und die Mehrdimensionalität des Nachhaltigkeitskonzepts. Eine ernst gemeinte Nachhaltigkeitsprüfung bedarf eines komplexen Erhebungsinstrumentariums und Bewertungsansatzes. Gleichzeitig müssen die Prüfergebnisse den politischen Entscheidungsträgern kurz und verständlich zur Verfügung gestellt werden können, ohne dass sie zu inhaltsleeren Aussagen verkommen. Interessant wird dabei sein, wie es gelingen wird, die Nachhaltigkeitsprüfung tatsächlich mit den Zielen der jeweiligen Nachhaltigkeitsstrategien zu verknüpfen.

Es ist davon auszugehen, dass Evaluationen in der öffentlichen Verwaltung auch in Zukunft eine wichtige Rolle spielen werden. Der Legitimationsdruck auf Politik und Verwaltung bleibt – nicht zuletzt aufgrund der beschränkten finanziellen Ressourcen – weiter hoch. Aus diesem Grund wird es auch zukünftig notwendig sein, politische Maßnahmen (z.B. Gesetze, Programme) sowohl bei ihrer Planung als auch bei ihrer

Durchführung auf ihre Wirksamkeit und Effizienz unter Berücksichtigung möglicher nicht-intendierter Nebenwirkungen zu überprüfen.

Literatur

Holtkamp, Lars (2012). *Verwaltungsreformen: problemorientierte Einführung in die Verwaltungswissenschaft*. Wiesbaden: VS Verlag.

Jann, Werner (2001). Verwaltungsreform als Verwaltungspolitik: Verwaltungsmodernisierung und Policy-Forschung. In: Schröter, Eckhard (Hrsg.), *Empirische Policy- und Verwaltungsforschung* (S. 321–344). Opladen: Leske + Budrich.

Janning, Frank, Schneider, Volker (2006). *Politikfeldanalyse*. Wiesbaden: VS Verlag.

Konzendorf, Gottfried (2009). Institutionelle Einbettung der Evaluationsfunktion in Politik und Verwaltung in Deutschland. In: Widmer, Thomas, Beywl, Wolfgang, Fabian, Carlo (Hrsg.), *Evaluation: ein systematisches Handbuch* (S. 29–39). Wiesbaden: VS Verlag.

Konzendorf, Gottfried (2013). Zum Einfluss von Evaluationen auf die politische Entscheidungsfindung. *Verwaltung & Management Heft 4/2013*, S. 171–178.

Mayntz, Renate (Hrsg.) (1980). *Implementation politischer Programme – Empirische Forschungsergebnisse*. Königstein /Ts.: Athenaeum.

Reiter, Renate, Ebinger, Falk, Grohs, Stephan, Kuhlmann, Sabine, Bogumil, Jörg (2011). Dezentralisierungsstrategien im Leistungsvergleich: Wirkungen von Dezentralisierungspolitik auf die Leistungsfähigkeit der Lokalsysteme in Deutschland, Frankreich und England. In: Europäisches Zentrum für Föderalismusforschung Tübingen (Hrsg.), *Jahrbuch des Föderalismus 2011* (S. 67–82). Baden-Baden: Nomos.

Wegrich, Kai (2012). *Das Leitbild „Better Regulation"*. Berlin: Edition Sigma.

Wollmann, Hellmut (2009). Kontrolle in Politik und Verwaltung: Evaluation, Controlling und Wissensnutzung. In: Schubert, Klaus, Bandelow, Nils C. (Hrsg.), *Lehrbuch der Politikfeldanalyse 2.0* (S. 379–400). München: Oldenbourg.

Wollmann, Hellmut (2002). Verwaltungspolitik und Evaluierung. *Zeitschrift für Evaluation, Heft 1/2002*, S. 75–99.

Ziekow, Jan, Debus, Alfred, Piesker, Axel (2013). *Die Planung und Durchführung von Gesetzesevaluationen*. Baden-Baden: Nomos.

Manfred Rolfes, Jan Lorenz Wilhelm

Evaluationspraxis und Evaluationsforschung im Kontext der Stadt- und Regionalentwicklung[1]

1. Der Evaluationskontext: Stadt- und Regionalentwicklung

Zu Beginn des Beitrages wollen wir den inhaltlichen Kontext skizzieren, in dem hier über Evaluationspraxis und Evaluationsforschung nachgedacht werden soll. Die Bezeichnung Stadt- und Regionalentwicklung ist erläuterungsbedürftig, denn zum einen kursieren in der Alltagssprache recht oberflächliche und verkürzte Vorstellungen darüber, um was es hierbei geht. Wie weitreichend diese Politikfelder das Alltagsleben aber berühren, wird häufig nicht wahrgenommen. Zum anderen fasst auch die Fach- bzw. Wissenschaftssprache darunter sehr unterschiedliche Handlungsfelder, die darüber hinaus nationalstaatliche Spezifika aufweisen können. Auch in Beiträgen, die sich mit Evaluation oder Monitoring in der Stadt- und Regionalentwicklung befassen, fehlt in der Regel eine Präzisierung dieses Kontextes (vgl. Jacoby, 2009; Sedlacek, 2004).

Zum einen kann Stadt- und Regionalentwicklung als Bezeichnung für die *Beschreibung von beobachteten Phänomenen und Prozessen* verstanden werden, die sich in Städten und Regionen zeigen. Insbesondere soziale, ökonomische, infrastrukturelle, ökologische oder städtebauliche Entwicklungen sind dabei von Interesse. Zum anderen werden unter der Bezeichnung Stadt- und Regionalentwicklung *planerische, strategische und/oder politische Handlungsfelder* gefasst: Akteure in Institutionen, die auf unterschiedlichen administrativ-räumlichen Ebenen operieren, organisieren Prozesse und treffen Entscheidungen, mit denen die zukünftige Entwicklung in diesen Räumen (z.B. Stadtquartiere, Städte, Landkreise und Regionen) gesteuert oder zumindest beeinflusst werden soll. Diese Steuerungsprozesse betreffen sehr unterschiedliche Handlungsfelder. So könnten der Stadtentwicklung insbesondere die Handlungsfelder Städtebau, Stadtentwicklungsplanung bzw. Aufstellung und Durchführung städtebaulicher Entwicklungskonzepte, Stadt- und Kommunalplanung oder Stadtumbau zugeordnet werden. Noch vielfältiger erscheint das Feld der Regionalentwicklung. Hierzu ließen sich die Handlungsfelder Landes-, Raum- und Regionalplanung, Landschafts- und Umweltplanung, Raumentwicklung, Raumordnung(spolitik), Aufstellung und Durchführung regionaler Entwicklungskonzepte, regionale Strukturpolitik, Regionalmanage-

---

1   Wir danken unseren Reviewer/inne/n Michael Kalman und Ute M. Metje sowie darüber hinaus Richard Hummelbrunner, Oliver Schwab, Thomas Weith und Brigitte Wotha für die konstruktiven Feedbacks zu dem Beitrag.

ment oder -marketing, Verkehrsplanung sowie kommunale/regionale Wirtschaftsförderung rechnen (vgl. Akademie für Raumordnung und Landesplanung, 2005).

Sowohl bei der Stadtentwicklung als auch bei der Regionalentwicklung werden folglich neben fachplanerischen Aufgaben insbesondere querschnittsorientierte *politische Handlungsfelder* auf allen administrativ-räumlichen Maßstabsebenen bedient, und zwar von der Quartiersebene bis zur EU-Ebene. Und in dieser Eigenschaft sind sie für diesen Beitrag von Bedeutung. Es geht also um die politische Koordination und Planung von ökonomischen, soziodemographischen, ökologischen und infrastrukturellen Entwicklungen und Anforderungen, unter Berücksichtigung potenzieller oder beobachteter Wechselwirkungen zwischen diesen Feldern. Stadt- und Regionalentwicklung als politische Steuerungsaufgabe behandelt somit erstens die Erfordernisse der räumlichen Planung. Hierbei steht der Versuch einer koordinierten Arrondierung sozialer, ökonomischer sowie ökologischer Raumnutzungen und Raumentwicklungen im Vordergrund. Zweitens geht es, insbesondere auf der kommunalen Ebene, auch um die Sicherung der öffentlichen Daseinsvorsorge, also die Abfallbeseitigung, Versorgung mit Wasser, Gas und Strom sowie Angebote im öffentlichen Personennahverkehr. Eine weitere Systematisierung der Stadt- und Regionalentwicklung ist im Kontext von Evaluierungen von Bedeutung: die Unterscheidung in zeitlich begrenzte, ressortbezogene und/oder fördermittelfinanzierte Planungs- und Entwicklungsprogramme auf der einen Seite (z.B. EU-Förderprogramme oder die in Deutschland durchgeführten Bund-Länder-Programme wie Soziale Stadt oder Stadtumbau Ost/West oder die in der Schweiz im Rahmen der Neuen Regionalpolitik (NRP) zu implementierenden Programme und Projekte zur Stärkung der Innovationskraft, Wertschöpfung und Wettbewerbsfähigkeit der Regionen) und kontinuierliche, öffentliche Daueraufgaben der kommunalen und räumlichen Planung auf der anderen Seite (z.B. die Erstellung von Planwerken, Bauleitplanung, Regionalplanung, Maßnahmen der öffentlichen Daseinsvorsorge).

2. Entwicklung der Evaluationspraxis

Stadt- und Regionalentwicklung ist heute ohne Evaluation nicht mehr denkbar. Der Versuch, einen Überblick über die Entwicklung der **Evaluationspraxis** innerhalb der Stadt- und Regionalentwicklung zu geben, gestaltet sich jedoch nicht einfach. Er wird dadurch erschwert, dass in diesem Politikfeld eine Reihe von Aktivitäten und Instrumenten der Selbst- und Fremdbeobachtung existieren, die nicht mit dem Begriff Evaluation verknüpft werden, und zwar teilweise schlicht deswegen, weil der Evaluationsbegriff erst danach etabliert wurde (vgl. Hübler, 1984). Altrock weist beispielsweise (2007, 29 f.) darauf hin, dass bereits ab Mitte der 1970er Jahre in den alten Bundesländern der BRD im Bereich der Stadtentwicklung wissenschaftliche Erkenntnisse zur Wirkung und den Effekten von Stadterneuerungs- und Stadtumbauprozessen generiert wurden. Ein anderes Beispiel liefert Jacoby (2009, 1): Seiner Auffassung nach hat sich für die Raumplanung die Laufende Raumbeobachtung[2] schon lange als wichti-

---

2   Die Laufende Raumbeobachtung ist in Deutschland wie in Österreich eine dauerhafte, Indikatoren gestützte Erfassung und Darstellung der räumlichen Entwicklung in Bereichen wie

ges Monitoring-Instrument zur Generierung raumrelevanter Informationen und zur Bewertung der Umweltauswirkungen von Plänen und Programmen bewährt. Diese Selbstbeobachtungen dokumentieren einen grundsätzlichen Willen und Wunsch der Akteure, Informationen über die Effizienz, die Wirkung oder den Erfolg ihrer Programme und Maßnahmen zu bekommen, ohne explizit von Evaluationen zu sprechen. Im Feld der Stadt- und Regionalentwicklung gibt es daher Versuche, die unter den Begriffen Controlling, Monitoring, Erfolgs- und Wirkungskontrolle und Evaluation subsummierten Aktivitäten zueinander in Beziehung zu setzen oder voneinander abzugrenzen (vgl. Diller, 2012, 2; Jacoby, 2009, 11 ff.). Es zeigt sich: Was dann unter den jeweiligen Begriffen konkret verstanden wird, hängt zum einen sehr stark von den spezifischen Organisations- und Politikkontexten ab, in denen diese evaluierenden Aktivitäten stattfinden. Und zum anderen wird die inhaltliche Ausrichtung dieser Aktivitäten erheblich davon beeinflusst, von wem welche Konsequenzen aus den erwarteten Ergebnissen gezogen werden. So kann leider eine begriffliche Diffusität nicht ganz ausgeräumt werden, auch wenn sich in der aktuellen Debatte die Bezeichnungen Evaluation oder Evaluierung als übergeordnete, zusammenfassende Begriffe weitgehend durchgesetzt haben. Dies berücksichtigend, sollen einige grundsätzliche Entwicklungslinien zur Evaluationspraxis in der Stadt- und Regionalentwicklung skizziert werden.

Evaluationen gewinnen an Bedeutung

Evaluationen haben in der Stadt- und Regionalentwicklung in den vergangenen drei Jahrzehnten erheblich an Bedeutung gewonnen. Nach unserer Ansicht lassen sich drei teilweise stark interagierende Prozesse bzw. Diskurse benennen, die diesen Bedeutungszuwachs kennzeichnen. *Erstens* ist die im Zuge des ökonomischen Strukturwandels der 1970/1980er Jahre einsetzende Reduzierung öffentlicher Mittel und die damit einhergehende Forderung nach einer nachweisbaren, effizienten Verwendung von Steuergeldern und Verringerung von Subventionen zu nennen (vgl. Becker, 2003, 209; Göddeke-Stellmann, 2007, 99; Schwab, 2009, 406). Die sachgerechte Nutzung der öffentlichen Gelder muss explizit legitimiert werden. *Zweitens* ist die Europäische Union sowohl durch ihre Rolle als Fördermittelgeber als auch durch die Etablierung von Prüflogiken innerhalb der Stadt- und Regionalentwicklung diskursbestimmender geworden. Auch der EU-Mittelfluss wird vor allem daran gebunden, inwieweit Zweckmäßigkeit und Wirksamkeit von Fördermaßnahmen nachgewiesen werden können. Dementsprechend hat eine vermehrte EU-Förderung ebenfalls dazu beigetragen, in der Stadt- und Regionalentwicklung eine Effizienz- und Bewertungslogik zu etablieren (vgl. Sedlacek, 2004, 21 f.; Thierstein, 2009, 425; Hummelbrunner/Maier, 2009, 415). *Drittens* wird seit Mitte der 1990er Jahre im deutschsprachigen Raum eine Privatisierung und Ökonomisierung innerhalb der öffentlichen Verwaltung diskutiert und beobachtet. Diese zeigt sich z.B. in Debatten über das New Public Management oder das Neue Steuerungsmodell, die vor allem an die Kommunalverwaltungen erhebliche Reform- und Modernisierungsanforderungen gestellt haben (vgl. Bogumil, 2007, 12 ff.;

Arbeitsmarkt, (Aus-)Bildung, Wirtschaft, Bevölkerung, Verkehr oder Umwelt. Der Bund und die meisten Bundesländern führen sie durch. Sie ist häufig Grundlage räumlicher Planung.

Rolfes/Weith, 2005, 9; Wirth/Bauer, 2000, 29 ff.). Dadurch bilden ökonomische Effizienz- und Bewertungslogiken und eine verstärkte Ergebnisorientierung einen wesentlichen Kontext für das Handeln öffentlicher Planungsverwaltungen (vgl. Wilhelm, 2012, 20 f.).

Dominanz der Legitimations- und Kontrollfunktion

Angesichts dieser Metadiskurse in der Stadt- und Regionalentwicklung waren die Debatten um die Evaluationspraxis in diesem Politikfeld Ende der 1990er und zu Beginn der 2000er häufig geprägt von der Aussage, dass die Potenziale von Evaluationen nicht hinreichend genutzt würden, Evaluationen nicht selbstverständlich seien oder zu langsam an Boden gewinnen würden (vgl. Weith, 2007, 11 f.). Auch ist kritisiert worden, dass die öffentlichen Routine- und Verwaltungsaufgaben in der Stadt- und Regionalentwicklung nur selten einer systematischen Evaluation unterzogen würden (vgl. Einig, 2012, 1 f.; Wollmann, 2005, 279). Dies geschehe häufig nur dann, wenn explizite rechtliche Vorschriften existierten, die eine Evaluation, Bewertung oder Berichterstattung vorsehen (vgl. Jacoby, 2009, 1 ff.). Dementsprechend wurde eine ziel- und zweckbezogene Ressourcenverwendung vermehrt politisch gefordert (vgl. Göddeke-Stellmann, 2007, 99) und schließlich für Teilbereiche (z.B. in der BRD im Hinblick auf die Umweltwirkungen von Planungsmaßnahmen oder beim Einsatz staatlicher Fördermittel, vgl. § 104b Grundgesetz) gesetzlich vorgeschrieben. Vielfach stehen deshalb die Legitimations- und Kontrollfunktionen von Evaluationen im Vordergrund. Dies konkretisiert sich unter anderem darin, dass Evaluierungen für die Stadt- und Regionalentwicklung im bundesdeutschen Kontext je nach Ebene (Bund, Land, Kommune) mitunter einen Bedrohungskontext („Schreckgespenst") darstellen, weil insbesondere auf kommunaler Ebene mit Einsparungen, Ressourcenkürzungen oder sogar Rückzahlungen zu rechnen ist (vgl. Rolfes/Wilhelm, 2007, 113 ff.; Rolfes/Weith, 2005, 9 f.). Und auch für die Schweiz lässt sich beobachten, dass in der Raumentwicklung, Regional- und Strukturpolitik extern durchgeführte Ex-Post-Evaluationen dominieren (vgl. Thierstein, 2009, 425). Die Lernfunktion von Evaluationen geriet dadurch zusehends in den Hintergrund (vgl. Rolfes, 2007, 95 f.). Lern- und Dialogfunktionen scheinen vor allem bei den kleineren Maßnahmenevaluationen möglich und eben dann, wenn sie in einem geschützten und vertrauensvollen Rahmen stattfinden (vgl. Kalman u.a., 2011, 114).

Evaluationsvorhaben gewinnen an Qualität

Sowohl aus Sicht der Praxis als auch der Forschung sind mittlerweile erhebliche inhaltliche wie methodische Fortschritte gemacht worden. Innerhalb der Stadtentwicklung können hier insbesondere die Evaluationsaktivitäten der so genannten „Lernenden Programme" der nationalen Städtebauförderung in der Bundesrepublik Deutschland positiv angeführt werden. „Mit Programmevaluierungen werden staatlich geförderte stadtentwicklungspolitische Maßnahmen mit Blick auf ihre nachhaltige Wirksamkeit von Beginn an kontinuierlich begleitet und ausgewertet" (Altrock u.a.,

Abbildung 1:   Evaluationsmeilensteine des Programms Soziale Stadt
Quelle: eigene Darstellung.

2012, 7). Dies beinhaltet z.B. Zwischenevaluierungen, die der Optimierung der Programme dienen, oder die Einrichtung von Bundestransferstellen, die einen systematischen Erfahrungsaustausch der Programmbeteiligten sichern (vgl. Göddeke-Stellmann 2007: 104; Altrock, 2007, 47). Darüber hinaus verdeutlichen Selbstevaluierungen z.B. durch ein Quartiermanagement und partizipative Ansätze, bei denen die Akteure in die Evaluationen einbezogen werden, den hohen Standard dieser Programmevaluationen (vgl. Altrock u.a., 2012, 15 ff.). Abbildung 1 verdeutlicht am Beispiel des deutschen Bund-Länder-Programms Soziale Stadt, wie sich die Evaluationspraxis seit Programmbeginn entwickelt hat.

Evaluierungen und Erfolgskontrolle sind somit in Deutschland, Österreich und der Schweiz zu integrativen Bestandteilen von nationalen und europäischen Förderprogrammen geworden und werden zu ihrer Optimierung und Nachsteuerung genutzt (vgl. DIfU, 2005, 62 ff.; BMVBS, 2012, 8 ff.; Hummelbrunner/Maier, 2009; Thierstein, 2009). Im Bereich der Regionalentwicklung wurden z.B. in Deutschland eine Vielzahl guter Fallbeispiele für wirkungsanalytische Evaluationen von Regional- und Raumordnungsplänen identifiziert (vgl. Diller, 2012, 8 ff.). Dementsprechend kann resümiert werden: „Zur Steuerungswirkung der Regionalplanung auf die Siedlungsentwicklung liegt eine Reihe von Untersuchungen vor, die zumindest einzelne Teile hypothesenbasierter Wirkungsketten umfassen. [...] das methodische Rüstzeug zu einer umfassenden vergleichenden Evaluierung deutscher Regionalplanungen [ist] vorhanden ..." (Diller, 2012, 13). Mittlerweile müssen die EU-Mitgliedstaaten in Folge der Richtlinie 2001/42/EG des Europäischen Parlaments und des Rates seit 2001 die Umweltauswirkungen von Planungsaktivitäten (Raumordnungs- und Regionalplanung, Landschaftsplanung, Bauleitplanung, ...) prüfen und überwachen (vgl. Jacoby, 2009, 14 f.; Blechschmidt u.a., 2006, 9 f.). Es wurden auf Bundes-, Landes- und auch kommunaler Ebene komplexe, z. T. GIS-basierte Monitoring-Systeme entwickelt, die unter anderem eine „Umweltüberwachung" von Planungshandeln (teilweise auch im Sinne einer nachhaltigen Stadt- und Regionalentwicklung) sicherstellen sollen. Diese Systeme (z.B. Laufende Raumbeobachtung des Bundes, aber auch Landes- und kommunale Systeme) werden zur kontinuierlichen Beobachtung der Prozesse in der Kommunal- und Regionalplanung/-entwicklung genutzt (vgl. Diller, 2012, 2; Göddeke-Stellmann, 2007, 99 f.; Sedlacek, 2004, 19). In Österreich wurden erste Erfahrungen mit Wirkungsevaluierungen im Umweltbereich gemacht (vgl. ÖAR, 2011). Gerade bezüglich der Auswahl und Erhebung aussagekräftiger Indikatoren zeichnet sich noch Forschungsbedarf ab (vgl. Weick u.a., 2007, 54).

3. Aktuelle Herausforderungen bei Evaluierungen in der Stadt- und Regionalentwicklung – Anmerkungen aus Sicht der Evaluationsforschung

Im Kapitel 2 wurde deutlich, dass Evaluationen in der Stadt- und Regionalentwicklung durchaus weit verbreitet sind. Dabei hat die Etablierung und Berücksichtigung von Evaluationsstandards über die Jahre zugenommen. Evaluationsvorhaben folgen tendenziell immer elaborierteren Designs. Dennoch haben sowohl die Evaluationspraxis in der Stadt- und Regionalentwicklung als auch die disziplinäre Evaluationsforschung spezifische Herausforderungen identifiziert, die die ursprüngliche Euphorie in Bezug auf die Leistungsfähigkeit von Evaluierungen dämpfen. Die Erschwernisse, mit denen sich Evaluationen in der Stadt- und Regionalentwicklung konfrontiert sehen, können nach unserem Dafürhalten in drei Gruppen eingeteilt werden:
1) Technisch-methodische Herausforderungen
2) Organisationsstrukturelle und kontextuelle Interessen und Spannungen
3) Verschattung der Symbolfunktion und ihre Konsequenzen.

3.1 Technisch-methodische Herausforderungen

Nach einer Durchsicht der einschlägigen wissenschaftlichen Literatur zu den Problemaspekten von Evaluationen in der Stadt- und Regionalentwicklung werden regelmäßig die folgenden technisch-methodischen Herausforderungen besonders herausgestellt (vgl. auch Kühn, 2004, 41 f.; Einig, 2012, I ff.; Wilhelm, 2012, 54ff.):
Erstens ist der eindeutige Nachweis von Wirkungen sowohl in der räumlichen Planung als auch in der Stadt- und Regionalentwicklung nicht immer leicht zu führen. Gerade bei Programmen, die einen multisektoralen Interventionsansatz verfolgen

und eine Mehrzielstruktur beinhalten (z.B. Soziale Stadt, Leader), ist die Identifikation von Ursache-Wirkungs-Zusammenhängen aufgrund der komplexen Kausalbezüge recht schwierig. Es könnte beispielsweise die Entwicklung in sozioökonomisch ähnlich strukturierten Raumeinheiten (einmal mit und einmal ohne Intervention) verglichen werden. Solche Ursache-Wirkungs-Modelle müssten aber auch die Langfristigkeit von Stadt- und Regionalentwicklungsprozesse einkalkulieren (vgl. Einig, 2012, 1; Kühn, 2004, 41 f.; Strubelt, 2004, 31). Der Abriss von Wohneinheiten oder der Bau von Begegnungszentren kann zwar rasch beobachtet werden, die Einflüsse auf die Lebensqualität oder die Sozial- und Wirtschaftsstruktur zeichnen sich häufig aber erst langfristig ab – wodurch wieder der Kausalitätsnachweis erschwert wird.

Zweitens ist die Schwierigkeit zu nennen, auf den unterschiedlichen räumlichen Planungs- und Interventionsebenen an valide und aussagekräftige Daten und Indikatoren zu gelangen. Insbesondere auf der kommunalen oder innerkommunalen Ebene (Quartiere, Baublöcke) fehlen in der Regel wichtige statistische Daten oder sind aus Datenschutzgründen nicht zugänglich. Vor allem über Zeitreihen – so die Erwartung – könn(t)en im Rahmen von Evaluierungen räumliche Veränderungen nachvollzogen und die Wirkungen von Interventionen sichtbar gemacht werden (vgl. Einig, 2012, I f.; Einig/Zaspel, 2012, 31 ff.; Weick u.a., 2007, 54; Göddeke-Stellmann, 2007, 103 ff.).

Drittens muss zumindest im Hinblick auf die überörtliche Planung (vor allem die Raumordnung, Landes- und Regionalplanung) festgehalten werden, dass mit diesen Planwerken in der Regel keine konkreten Interventionen durchgeführt oder angestoßen werden. Sie stellen in erster Linie eine Kontextsteuerung dar (vgl. Einig, 2012, II). Die überörtlichen Planwerke liefern einen Rahmen, der dann von nachgeordneten Planungseinheiten mit zielführenden Maßnahmen ausgefüllt werden kann oder auch nicht. Nur in Ausnahmefällen können in übergeordneten Planwerken Interventionen und Maßnahmen explizit vorherbestimmt werden (vgl. Einig/Zaspel, 2012, 18 f.).

Viertens, und dies ist eine Besonderheit von Evaluationen in der Stadt- und Regionalentwicklung, wird mal expliziter, mal impliziter ein raumbezogener Blick mitgeführt. Bei Evaluierungen räumlicher Planungsprozesse geht es sehr häufig um Beobachtungen in spezifischen Raumeinheiten und die in diesen Raumeinheiten stattfindenden Entwicklungs- und Veränderungsprozesse, z.B. Aufwertungen in einem sozial benachteiligten Stadtteil, ökonomische Entwicklungen in einer wirtschaftsschwachen Kommune oder Infrastrukturverbesserungen in einer ländlich-peripheren Region. Dieser räumliche Blick verleitet manchmal dazu, zum einen räumlich nahe beieinander Liegendes kausal miteinander zu verknüpfen. So lassen sich auf der Quartiersebene z.B. die Indikatoren ökonomische Armut und abweichendes Verhalten (z.B. Drogenkonsum, Kriminalität, …) häufig gleichzeitig beobachten und können deshalb in einen Ursache-Wirkungs-Zusammenhang gebracht werden. Zum anderen unterstützt der räumliche Blick Homogenisierungen und Stigmatisierungen von Räumen. Differenzierungen innerhalb von Raumeinheiten werden dadurch verwischt (vgl. Rolfes, 2011, 198 ff.).

3.2 Organisationsstrukturelle und kontextuelle Interessen und Spannungen

Über Evaluationen wird innerhalb der Stadt- und Regionalentwicklung in sehr unterschiedlichen Kontexten und auf verschiedenen Ebenen verhandelt. Von den organisationsstrukturellen Kontexten hängt jeweils ab, wie offen und transparent über Evaluationen kommuniziert wird und wie Evaluationen bewertet und instrumentalisiert werden.

Hinsichtlich der Offenheit und Transparenz kann nach unseren Erfahrungen (vgl. Wilhelm, 2012; Rolfes/Wilhelm, 2007; Rolfes, 2007) vereinfachend zwischen einer Vorder- und einer Hinterbühne unterschieden werden. Die *Vorderbühne* ist als diejenige Kommunikationsplattform zu verstehen, auf der sich die Akteure vorwiegend „politisch korrekt" äußern. Es handelt sich um grundsätzlich zitierfähige und offizielle Aussagen, die die Beteiligten im Rahmen ihrer formalen Organisationszugehörigkeit treffen. Evaluationen werden auf der Vorderbühne zwar als aufwändig angesehen, insgesamt aber als sinnvoller, hilfreicher und positiver Bestandteil von z.B. Förderprogrammen oder Planevaluationen thematisiert. Die offiziellen Anforderungen an Evaluationen und Monitoringsysteme werden bedient, um den Förderbedingungen und Zielsetzungen formal gerecht zu werden. Als *Hinterbühne* werden hier diejenigen Sicht- und Handlungsweisen bezeichnet, die eher hinter „vorgehaltener Hand" getätigt werden und einen inoffiziellen und informellen Charakter besitzen. Das bedeutet nicht, dass Evaluationen auf der Hinterbühne abgelehnt werden müssen, sondern vielmehr, dass sie eine „hausinterne" Funktion zugeschrieben bekommen, die von der offiziellen Lesart abweichen kann. So kann bspw. eine offiziell dem Lernen dienende Selbstevaluation „hausintern" den Stempel einer eher lästigen und daher kurz und knapp zu erfüllenden Pflichtaufgabe aufgedrückt bekommen. Diese Vorder- und Hinterbühne führt dazu, dass sich Parallelstrukturen z.B. einer offiziellen und inoffiziellen Bewertungspraxis etablieren können. Dazu gehört, dass teilweise für *ein* Evaluationsvorhaben Doppelevaluationsberichte verfasst werden: ein offizieller und ein „hausinterner" (vgl. Rolfes/Wilhelm, 2007, 113 f.).

Es existieren somit sowohl formelle als auch informelle Handlungs- und Kommunikationsschemata. Es wird deutlich, dass ein polit-strategischer Umgang mit Evaluationen in der Stadt- und Regionalentwicklung eine beachtenswerte Rolle spielt. Die an Evaluationen Beteiligten wissen in der Regel sehr genau, wie in dem politischen Handlungsfeld der Stadt- und Regionalentwicklung mit Evaluationen umzugehen ist und stellen sich auch auf diese Evaluationserfordernisse ein. Der Tatsache, dass Evaluationen durchgeführt werden müssen und im Kontext der Stadt- und Regionalentwicklung eine mehr oder weniger zentrale Rolle im Hinblick auf Legitimierung, Kontrolle und Monitoring spielen, sind sich alle Akteure bewusst. Sie nutzen, instrumentalisieren und interpretieren die Evaluationen in ihrem Sinne. Stockmann und Meyer (2010, 75) haben dies als taktische Evaluationsfunktion beschrieben, und Wilhelm (2012, 223) spricht daran anknüpfend von der Symbolisierungsfunktion von Evaluationen.

Es ist evident, dass bei Evaluationen in der Stadt- und Regionalentwicklung sehr unterschiedliche Organisationen und Akteure involviert sind (s. Kap. 1). Ergebnisse der Organisations- und Evaluationsforschung zeigen (vgl. Rolfes/Wilhelm, 2007; Rolfes, 2007; Wilhelm, 2012), dass die beteiligten Organisationen ganz eigene „Kulturen" und soziale Praktiken entwickeln. Sie beurteilen die von ihnen angestoßenen oder zu

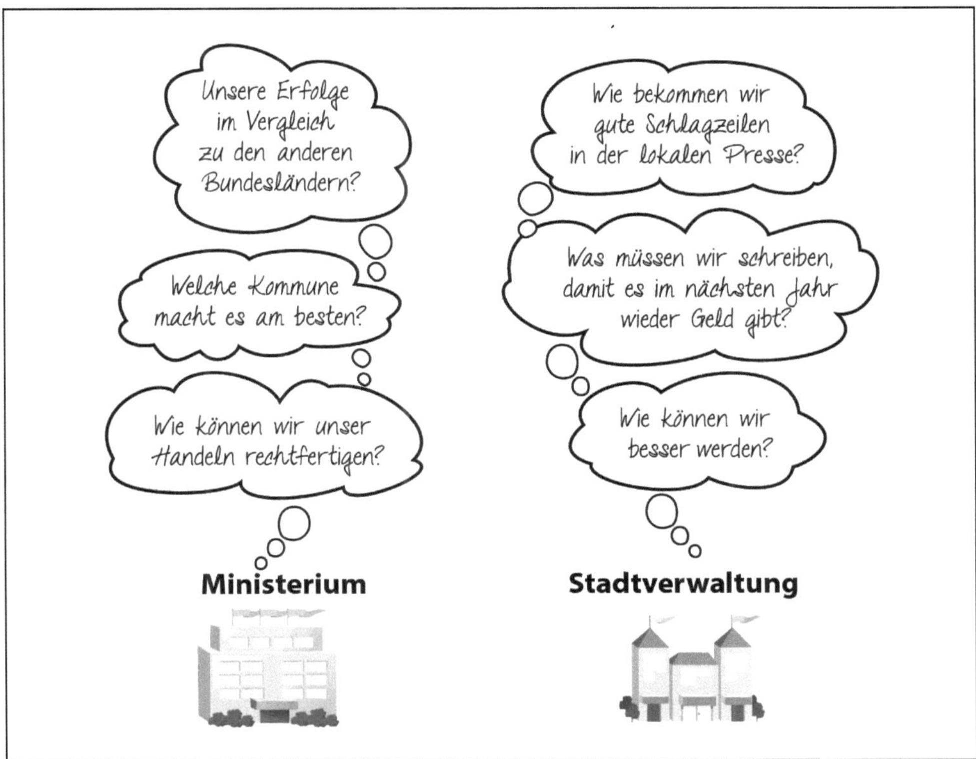

Abbildung 2:   Unterschiedliche Erwartungen an Evaluation
Quelle: eigene Darstellung.

verantwortenden Planungs- und Entwicklungsprozesse aus ihren spezifischen Perspektiven. Auch Evaluationen werden auf der Basis der Funktions- und Eigenlogiken der institutionellen oder organisationalen Kontexte genutzt und bewertet. Die unterschiedlichen Organisationsperspektiven führen dazu, dass bei Evaluationen sehr unterschiedliche Bezugsnormen der Bewertung von Programmaktivitäten ins Spiel kommen. Fördermittelgeber/innen werden bei Evaluationen eher Hinweise darauf erwarten, wie z.B. Fördergebiete im kommunalen Wettbewerb untereinander abschneiden. Sie interessiert, im Sinne einer komparativen Bezugsnorm, welches Gebiet mit welcher Strategie den größeren Erfolg hat, in welcher Kommune die Mittel „sinnvoller" oder „besser" ausgegeben werden (Kontrollfunktion). Vertreter/innen von Kommunen werden eher den individuellen Fortschritt ihrer Kommune oder ihres Stadtteils im Fokus haben. Sie fragen sich, inwieweit sich durch die Intervention die Situation in den städtischen „Problemgebieten" verbessert hat (Erkenntnisfunktion) (vgl. Rolfes, 2007, 77).

Es ist leicht zu erkennen, dass die unterschiedlichen Erwartungen an Evaluationen und ihre unterschiedlichen Funktionen simultan und zwar sowohl auf der Vorder- als auch auf der Hinterbühne auftreten. Wie Abbildung 2 zum Ausdruck bringt, kann ein Ministerium mit einem Evaluationsvorhaben ganz andere Vorstellungen verknüpfen als z.B. eine Stadtverwaltung. Bei derart unterschiedlichen Erwartungen an Evaluationen sind Widersprüche, Zielkonflikte und auseinanderdriftende Interpretationsspielräume vorprogrammiert. Damit zeigt sich bei Evaluationen in der Stadt- und Regionalentwicklung (aber nicht nur dort) ein kontextspezifisches Spannungsfeld, da die Ansprüche an ein konkret zu entwickelndes Evaluationsdesign je nach Organisationskontext zum Teil stark variieren können.

3.3 Verschattung der Symbolisierungsfunktion und ihre Konsequenzen

In diesem Abschnitt wollen wir noch einmal etwas genauer auf diese Symbolisierungsfunktion von Evaluationen schauen und darstellen, welche Konsequenzen sich daraus ergeben können. Sie wird von uns in diesem Kap. 3 (Herausforderungen) mitgeführt, weil sie bei nahezu allen Evaluationen ihre Wirkungen entfaltet, allerdings als Funktion kaum explizit thematisiert wird. Sie liegt im Schatten. Zunächst noch einmal zum Verständnis: Symbolisierungsfunktion drückt aus, dass die Umsetzung einer Evaluation mit einer bestimmten Tätigkeit (z.B. Lernen, Kontrollieren, Legitimieren, Reflektieren) verknüpft wird, ohne dass sich diese Tätigkeit wirklich einstellen muss. Zwar können sich die versprochenen Tätigkeiten einstellen, dies ist jedoch auf der Ebene einer Symbolisierungsfunktion zunächst nachrangig. Wenn bspw. ein Ministerium die Evaluation eines Städtebauförderprogramms durchführt, zeigt (symbolisiert) es damit, dass es Interesse an den Wirkungen und an den Verfahren des Programms hat und dass es z.B. aus *Good* und *Bad Practices* lernen möchte. Und natürlich wird die Durchführung einer Evaluation keine Irritationen oder Fragen auslösen, symbolisiert sie doch zum einen die Positiveigenschaft guten Regierens und zum anderen die Bereitschaft, in Deutschland der Berichtspflicht gegenüber Bundesrat, Bundesregierung und Bundestag (Artikel 104b GG) nachzukommen (vgl. zur Symbolisierungsfunktion Wilhelm, 2012, 233 ff.).

Welche Konsequenzen zieht die Symbolisierungsfunktion nach sich? Zum einen ist beobachtbar: Je selbstverständlicher Evaluationen mit Themen wie Lernen, Legitimation, Kontrolle oder Wirkungsmessung gleichgesetzt werden, desto größer erscheint die Versuchung seitens der beteiligten Akteure, Evaluationen mit einem taktischen Kalkül umzusetzen. Werden von Organisationen in der Stadt- und Regionalentwicklung Evaluierungen durchgeführt, so sind diese (häufig) sehr positiv konnotiert. Allein aus dieser positiven Konnotierung lässt sich eine Systemstabilisierung für diese Organisationen ableiten. Zum anderen stellt sich für Evaluator/inn/en die Herausforderung, dass sie in der Regel nicht ermessen können, welchen Stellenwert die Symbolisierungsfunktion innerhalb eines Evaluierungskontextes besitzt. Sie entfaltet sich inoffiziell, wird also quasi verschattet.

4. Entwicklungsperspektiven und Ausblick

Die vorangegangenen Ausführungen haben gezeigt, dass Evaluationen in der Stadt- und Regionalentwicklung kontinuierlich an Relevanz gewonnen haben. Gleichzeitig werden aber auch einige zukünftige Herausforderungen für die Evaluationsforschung und Evaluationspraxis deutlich. Dazu zählen zum einen die Spezifika des Handlungsfeldes der Stadt- und Regionalentwicklung, namentlich die Besonderheit der poli-

Abbildung 3:   Komplexität als Evaluationsherausforderung
Quelle: in Anlehnung an Wilhelm 2012: 23.

tischen Sphäre, die raumbezogene Interventionsstrategie und das Agieren im Netzwerk. Zum anderen spiegeln sich in den zukünftigen Erfordernissen auch die allgemeinen aktuellen Debatten über Möglichkeiten und Schwierigkeiten in der Evaluation
wider. So wurden zum Beispiel auf der Jahrestagung der DeGEval im Jahr 2013 unter
dem Leitthema „Komplexität" Themenbereiche wie Mehrperspektivität, Zielkonflikte,
Planungsunsicherheit und Entwicklungsdynamiken kontrovers diskutiert und For-
schungs- und Entwicklungsbedarf offenbart. Diese Aspekte beinhalten auch Fragestellungen, die für Evaluation in der Stadt- und Regionalentwicklung bearbeitet werden
müssen.

Viele wahrgenommene Anforderungen an Evaluationen resultieren damit aus
einem sich wandelnden Steuerungsverständnis. Dominierte noch vor 15 bis 20 Jahren
– in der recht euphorischen Aufschwungsphase von Evaluationen – in der Stadt- und
Regionalentwicklung ein lineares Steuerungsverständnis (das auf der Idee von Objektivität und Kausalität aufbaut), so nimmt seitdem das Bewusstsein von Zirkularität und
Komplexität zu (vgl. Abb. 3). Infolgedessen wird in verschiedenen Abhandlungen zur
Stadt- und Regionalentwicklung das häufig in Evaluationsvorhaben zugrunde gelegte
lineare Planungs- bzw. Organisationsverständnis kritisch angesprochen (vgl. z.B. Rolfes, 2007, 87 f.; Sedlacek, 2004, 17 f.; Kühn, 2004, 41; Hummelbrunner/Maier, 2009, 419
oder Wilhelm, 2012, 82 ff.).

In Anbetracht der oben thematisierten Herausforderungen ist es erforderlich, bei
der Weiterentwicklung von Evaluationsansätzen die Organisationsstrukturen und
-kontexte stärker zu berücksichtigen. Dies erfordert ein Nachdenken darüber, wie
räumlich planende Organisationen zu verstehen sind und wie die Steuerung von Stadt-
und Regionalentwicklung angesichts der Beobachtung von Komplexität, Perspektivität (Vorder- und Hinterbühne) und Eigenreflexion über politstrategisches Handeln
gedacht werden kann (vgl. Wilhelm, 2012, 265 ff.).

Wie sich diese veränderte Sicht auf Evaluation ganz konkret für Evaluationen zeigt,
verdeutlicht ein Blick in die Ausschreibung einer deutschen Großstadt aus den letzten
Jahren. Es geht dabei um die Evaluation eines integrierten, millionenschweren Stadt-
entwicklungsprogramms. In der Ausschreibung wird festgehalten, dass das Programm

in einem „komplexen Umfeld" mit verschiedenen Akteuren unterschiedlichster Interessen stattfindet. Diese Akteure hätten „unterschiedlichen Einfluss auf die Umsetzung, die öffentliche Wahrnehmung und den Erfolg des Programms". Die Evaluator/inn/en werden in der Ausschreibung aufgefordert, dies in ihren Evaluationsdesigns zu berücksichtigen und auch zu bedenken, dass „die Wahrnehmung erzielter Wirkungen stark davon abhängig ist, wer die Beobachtung macht [...]".[3]

Zweifellos werden auch weiterhin klassische Evaluationsvorhaben/-mechanismen nachgefragt werden. Allerdings zeigt nicht nur die erwähnte Ausschreibung, dass die identifizierten Herausforderungen (s. Kap. 3) von den Akteuren in der Stadt- und Regionalentwicklung wahrgenommen werden. Dies müssen Evaluationspraxis und Evaluationsforschung „auf dem Schirm haben": Welche neuen Konzepte bieten sich an? Welche Fragen können wie beantwortet werden?

Die Erarbeitung von Evaluationsansätzen auf Basis der Beobachtung von Perspektivität, Reflexivität und Komplexität stößt schnell an Grenzen und erweist sich als sensible Gratwanderung. In der Frage, welche Konzepte und Methoden einen verbesserten Umgang mit Mehrperspektivität im Rahmen von Evaluationen versprechen, ohne dabei die Akteure zu überfordern, besteht noch Forschungs- und Erprobungsbedarf. Nach unserer Einschätzung sind in Teilbereichen Evaluationen neu zu denken, zumindest sollte das Methodenspektrum kreativ erweitert werden. Ergiebig könnte ein Blick in die systemische Organisationsberatung sein. Es handelt sich um ein Beratungsfeld, in welchem detailreich Verfahren und Methoden entwickelt wurden, wie z.B. Wirklichkeitskonstruktionen und zirkuläre Positionen transparent und damit handhabbarer gemacht werden können (vgl. v. Ameln, 2004; Groth, 1999; Königswieser/Hillebrand, 2005; v. Schlippe/Schweitzer, 2007).[4] Diese systemischen Beratungskonzeptionen stehen dabei auf einem breiten und in sich nicht geschlossenen theoretischen Fundament. Neben systemtheoretischen Annahmen von Luhmann (2006) werden auch organisationspsychologische und familientherapeutische Konzeptionen (vgl. z.B. Simon, 2005; Watzlawick u.a., 2011) zugrunde gelegt. Im Arbeitskreis Entwicklungspolitik der DeGEval wurde 2013 ein Paper zu systemischen Ansätzen in der Evaluation veröffentlicht (vgl. Hummelbrunner u.a., 2013b). Die Autoren kommen zu dem Schluss, dass sich systemische Ansätze insbesondere dann eignen, wenn mit der Evaluation Lern- und Reflexionsprozesse angeregt werden sollen (vgl. Hummelbrunner u.a., 2013, 33b). Wenn jedoch wenig Handlungsspielraum bei der Implementierung eines Evaluationsvorhabens bestehe und wenn eine „unabhängige" Prüfung bzw. die Legitimation durch Expert/inn/en im Vordergrund stehe, stoßen diese Ansätze schnell an Grenzen. Dies zeigt, dass die Suche nach neuen Ansätzen noch lange nicht zu Ende sein wird, denn gerade in der Stadt- und Regionalentwicklung müssen häufig Evaluationsansätze die Kontroll- und Legitimationsfunktion erfüllen.

---

3   Der Ausschreibungstext liegt den Verfassern vor. Er kann allerdings aus wettbewerbsrechtlichen Gründen nicht öffentlich zitiert werden.

4   Auch ließe sich in diesem Zusammenhang an die im Jahr 2002 im Auftrag des österreichischen Bundeskanzleramtes unter der Leitung von Richard Hummelbrunner verfassten Studie „Systemische Instrumente für die Regionalentwicklung" anknüpfen. Vgl. auch die Überlegungen und Ansätze in Hummelbrunner u.a., 2013a, 106 ff.

Literatur

Akademie für Raumordnung und Landesplanung (2005) (Hrsg.): *Handwörterbuch der Raumordnung*. Hannover: Verlag der ARL.

Altrock, U. (2007): Evaluation und Monitoring in Stadterneuerung und Stadtplanung – Traditionen und Entwicklungstrends. In: Weith, T. (Hrsg.): *Stadtumbau erfolgreich evaluieren*. Münster: Waxman. S. 29–55.

Altrock, U.; Gerlach, U.; Göddecke-Stellmann, J.; Haller, C.; Pietschmann, H.; Rolfes, M.; Weith, T.; Wilhelm, J. L. (2012): *Evaluierung der Städtebauförderung. Leitfaden für Programmverantwortliche*. Berlin: hrsgg. durch Bundesministerium für Verkehr, Bau und Stadtentwicklung.

Becker, H. (2003): Qualitätsmanagement und Politiksteuerung durch Evaluierung und Monitoring. In: Deutsches Institut für Urbanistik (Difu) (Hrsg.); Bundesministerium für Verkehr, Bau- und Wohnungswesen (BMVBW) (Auftraggeber): *Strategien für die Soziale Stadt. Erfahrungen und Perspektiven – Umsetzung des Bund-Länder-Programms „Stadtteile mit besonderem Entwicklungsbedarf – die soziale Stadt"*. Berlin, S. 208–223.

Blechschmidt, R.; Bunzel, A.; Jekel, G. (2006): *Monitoring und Bauleitplanung*. BBR online-Publikation Nr. 5/2006.

BMVBS Bundesministerium für Verkehr, Bau und Stadtentwicklung (Hrsg.) (2012): *10 Jahre Stadtumbau Ost – Berichte aus der Praxis. 5. Statusbericht der Bundestransferstelle Stadtumbau Ost*. Berlin.

Bogumil, J. (2007): Paradigmenwechsel durch Ergebnisorientierung. In: Schimanke, D. (Hrsg.): *Qualität und Ergebnis öffentlicher Programm. Ein Werkstattbericht*. Münster u.a.: Waxman. S. 12–24.

DIfU Deutsches Institut für Urbanistik (2003): *Strategien für die Soziale Stadt. Erfahrungen und Perspektiven – Umsetzung des Bund-Länder-Programms „Stadtteile mit besonderem Entwicklungsbedarf – die soziale Stadt"*. Berlin.

DIfU Deutsches Institut für Urbanistik (2005): *Zweiter fachpolitischer Dialog zur Sozialen Stadt Ergebnisse der bundesweiten Zwischenevaluierung und Empfehlungen zum Ergebnistransfer*. Berlin.

DIfU Deutsches Institut für Urbanistik (2006): *Dritte bundesweite Befragung Programmgebiet „Soziale Stadt" – Endbericht zur Auswertung*. Berlin.

Diller, C. (2012): Evaluation in der regionalen Raumordnungsplanung. In: *Informationen zur Raumentwicklung. Heft 1/2, 2012*. S. 1–15.

Einig, K. (2012): Evaluation in der Regionalplanung. In: *Informationen zur Raumentwicklung. Heft 1/2, 2012*. S. I-IV.

Einig, K.; Zaspel, B. (2012): Vergleichende Planevaluation mit dem Raumplanungs-Monitor. In: *Informationen zur Raumentwicklung. Heft 1/2, 2012*. S. 17–34.

Göddeke-Stellmann, J. (2007): Monitoring der Stadtentwicklung im Bundesamt für Bauwesen und Raumordnung. In: Weith, T. (Hrsg.): *Stadtumbau erfolgreich evaluieren*. Münster: Waxman. S. 99–114.

Groth, T. (1999): *Wie systemtheoretisch ist „Systemische Organisationsberatung"? Neuere Beratungskonzepte für Organisationen im Kontext der Luhmannschen Systemtheorie*. Münster: LIT.

Hübler, K.-H. (1984): *Wirkungsanalysen und Erfolgskontrolle in der Raumordnung*. (Veröffentlichungen der Akademie für Raumforschung und Landesplanung: Forschungs- und Sitzungsberichte.) Hannover: Vinzentz.

Hummelbrunner, R.; Baumfeld, L.; Lukesch, R. (2013a): Anwendung systemischer Instrumente in der Regionalentwicklung. In: *Informationen zur Raumentwicklung. Heft 1, 2013.* S. 97–110.

Hummelbrunner, R.; Causemann, B.; Mutter, T.; Raab, M. (2013b): *Systemische Ansätze in der Evaluation.* Diskussionspapier der Arbeitsgruppe „Systemische Ansätze" des Arbeitskreises Evaluation von Entwicklungszusammenarbeit in der DeGEval.

Hummelbrunner, R.; Maier, A. (2009): Evaluation von Raumentwicklungspolitik in Österreich. In: Widmer, T.; Beywl, W.; Fabian, C. (Hrsg.): *Evaluation: Ein systematisches Handbuch.* Wiesbaden: VS Verlag. S. 413–421.

Jacoby, C. (2009): Monitoring und Evaluation von Stadt- und Regionalentwicklung. Einführung in Begriffswelt, rechtliche Anforderungen, fachliche Herausforderungen und ausgewählte Ansätze. In: Jacoby, C. (Hrsg.): *Monitoring und Evaluation von Stadt- und Regionalentwicklung.* Hannover: Verlag der ARL (Arbeitsmaterial der Akademie für Raumforschung und Landesplanung 350). S. 1–24.

Kalman, M.; Metje, U. M.; Rolfes, M.; Kohlmeyer, K. (2011): Evaluation von Integrationspolitik. In: *Zeitschrift für Evaluation. Heft 2/2011.* S. 111–115.

Königswieser, R.; Hillebrand, M. (2005): *Einführung in die systemische Organisationsberatung.* Heidelberg: Carl-Auer Verlag.

Kühn, M. (2004): Wirkungsanalysen in der Stadt- und Regionalentwicklung. Chanen und Probleme der Evaluation. In: Sedlacek, P. (Hrsg.): *Evaluation in der Stadt- und Regionalentwicklung.* Wiesbaden: VS Verlag (Stadtforschung aktuell, Bd. 90). S. 39–46.

Luhmann, N. (2006): *Organisation und Entscheidung.* Wiesbaden: VS Verlag für Sozialforschung.

ÖAR-Regionalberatung GesmbH; Research Institute for Managing Sustainability der Wirtschaftsuniversität Wien (2011): *Wirkungsevaluierung – ein Praxistest am Beispiel der EFRE-geförderten Umweltmaßnahmen des Bundes in Österreich in der Periode 2007–2013.* Wien: ÖROK-Geschäftsstelle.

Rolfes, M. (2011): Ganztagsschulen im räumlichen Fokus: Potenziale und Herausforderungen aus der Sicht von Stadt- und Regionalforschung. In: Speck, K.; Olk, T.; Böhm-Kasper, O.; Stolz, H.-J.; Wiezorek, C. (Hrsg.): *Ganztagsschulische Kooperation und Professionsentwicklung.* Weinheim und Basel. Beltz Juventa. S. 197–211.

Rolfes, M. (2007): Aus Evaluationen lernen?! Ergebnisse von Evaluationen Integrierter Stadtentwicklungsprogramme in Brandenburg. In: Weith, Thomas (Hrsg.): *Stadtumbau erfolgreich evaluieren.* Münster: Waxman. S. 75–97.

Rolfes, M.; Weith, T. (2005): Ein Schreckgespenst verblasst. Zur Praxis der Evaluation in der Stadt- und Regionalentwicklung. In: Rolfes, M.; Weith, T. (Hrsg.): *Evaluation in der Praxis. Aktuelle Bei-spiele aus der Stadt-, Regional- und Umweltplanung.* Potsdam: Universitätsverlag. (Praxis Kultur- und Sozialgeographie, PKS 33), S. 7–14.

Rolfes, M.; Wilhelm, J. L. (2007): Politische Steuerung und Zielperspektiven einer sozialintegrativen Stadtentwicklung im Bundesland Brandenburg. In: *Raumforschung und Raumordnung, 65. Jg., H. 2.* S. 109–121.

Schwab, O. (2009): Evaluierung von Raumentwicklungspolitik in Deutschland. In: Widmer, T.; Beywl, W.; Fabian, C. (Hrsg.): *Evaluation: Ein systematisches Handbuch.* Wiesbaden: VS Verlag. S. 403–412.

Sedlacek, P. (2004): Evaluation in der Stadt- und Regionalentwicklung. Herausforderungen für Wissenschaft und Praxis. In: Sedlacek, P. (Hrsg.): *Evaluation in der Stadt- und Regionalentwicklung.* Wiesbaden: VS Verlag (Stadtforschung aktuell, Bd. 90). S. 11–26.

Simon, F. B. (2005): *„Radikale" Marktwirtschaft. Grundlagen des systemischen Managements.* Heidelberg: Carl-Auer Verlag.

Stockmann, R.; Meyer, W. (2010): *Evaluation. Eine Einführung.* Opladen: Barbara Budrich.

Strubelt, W. (2004): Evaluationen in der Stadt- und Regionalentwicklung. In: Sedlacek, Peter (Hrsg.): *Evaluation in der Stadt- und Regionalentwicklung.* Wiesbaden: VS Verlag (Stadtforschung aktuell, Bd. 90). S. 27–36.

Thierstein, Alain (2009): Evaluation von Raumentwicklung, Regional- und Strukturpolitik in der Schweiz. In: Widmer, T.; Beywl, W.; Fabian, C. (Hrsg.): *Evaluation: Ein systematisches Handbuch.* Wiesbaden: VS Verlag. S. 422–432.

von Ameln, F. (2004): *Konstruktivismus. Die Grundlagen systemischer Therapie, Beratung und Bildungsarbeit.* Tübingen: UTB.

von Schlippe, A.; Schweitzer, J. (2007): *Lehrbuch der systemischen Therapie und Beratung.* Göttingen: Vandenhoeck & Ruprecht.

Watzlawick, Paul; Beavin, J. H.; Jackson, D. D. (2011): *Menschliche Kommunikation. Formen Störungen Paradoxien.* Bern: Verlag Hans Huber.

Weick, K. E. (1985): *Der Prozeß des Organisierens.* Frankfurt am Main: Suhrkamp.

Weick, T.; Jacoby, C.; Germer, S. M. (Hrsg.) (2007): *Monitoring in der Raumordnung. Beispiele für Ansätze zur Überwachung der Umweltauswirkungen bei der Plandurchführung aus Hessen, Rheinland-Pfalz und Saarland.* Hannover: Selbstverlag Akademie für Raumforschung und Landesplanung, (Arbeitsmaterial der ARL 336).

Weith, T. (2007): Stadtumbau und Evaluation. In: Weith, Thomas (Hrsg.): *Stadtumbau erfolgreich evaluieren.* Münster: Waxmann. S. 11–25.

Wilhelm, J. L. (2012): *Wozu Evaluation? Organisationssysteme bewerten Stadtteilförderung mit Kalkül.* Potsdam: Universitätsverlag (Potsdamer Geographische Praxis. Bd. 2).

Wirth, K.; Bauer, H. (2000): *Der öffentliche Sektor im Umbruch – Die Verwaltung auf dem Weg zum New Public Management.* Wien: KDZ – Zentrum für Verwaltungsforschung. S. 1–33.

Wollmann, H. (2005): Evaluation. In: Akademie für Raumordnung und Landesplanung (2005) (Hrsg.): *Handwörterbuch der Raumordnung.* Hannover: Verlag der ARL. S. 274–280.

Regina Grajewski, Stefan Meyer

Stand der Evaluation in der Strukturpolitik

Im Folgenden wird ein Überblick über das Evaluationssystem und -geschehen im Politikfeld „Strukturpolitik" gegeben. Dabei wird zunächst das Evaluationsfeld, das sich im Kern auf die europäische Struktur- und ländliche Entwicklungspolitik bezieht, vorgestellt (Kapitel 3.1). Die Entwicklung des Evaluationsfeldes ist eng mit dem Bedeutungszuwachs und der Strukturierung der EU-Strukturpolitik und Politik für ländliche Räume verbunden (Kapitel 3.2). Kern von Kapitel 3.3 ist ein Überblick über den aktuellen Stand des Evaluationsgeschehens. Hier werden u.a. die Themen, Schwerpunkte, Methoden und die Nutzung der Evaluationen aufgezeigt. Kapitel 3.4 schließt mit einem Fazit, in dem Herausforderungen und Entwicklungsmöglichkeiten diskutiert werden.

1. Evaluationsfeld

Der Titel des Arbeitskreises verweist auf den Begriff der (Wirtschafts-)Strukturpolitik, sowohl aus einer sektoralen wie auch regionalen Perspektive. Im Zentrum des Evaluationsfeldes liegt die europäische Struktur- und ländliche Entwicklungspolitik. Wir beschäftigen uns mit dem Europäischen Fonds für regionale Entwicklung (EFRE), dem Europäischen Sozialfonds (ESF) (zusammen die EU-Strukturfonds), dem Europäischen Landwirtschaftsfonds für die Entwicklung des ländlichen Raums (ELER) als Teil der Gemeinsamen Agrarpolitik (GAP) und dem Europäischen Fischereifonds (EFF). Diese Fonds machen einen erheblichen Anteil des europäischen Haushalts aus. Sie werden als einzige europäische Politik über ein eigenes Implementationssystem umgesetzt, in dem die Mitgliedstaaten und – im föderalen System Deutschlands und Österreichs – vor allem die Regionen eine wichtige Rolle spielen. Die EU-Mittel dienen auf regionaler Ebene als zentrale Finanzierungsquelle für eine Reihe von Politikbereichen. Im Zeitraum 2007 bis 2013 stehen für Deutschland 35.575 Mio. Euro zur Verfügung, in Österreich 5.491 Mio. Euro. Der Anteil von EFRE und ESF liegt in Deutschland bei 74 %, der Anteil des ELER bei 25,5 %. In Österreich ist das Verhältnis genau umgekehrt (GD Finanzplanung und Haushalt, 2007).

Ziel der Politik der EU in den genannten Bereichen ist die Stärkung des wirtschaftlichen, sozialen und territorialen Zusammenhaltes der Union. Dafür sollen „die Unterschiede im Entwicklungstand der verschiedenen Regionen und den Rückstand der am stärksten benachteiligten Gebiete bzw. Inseln" (Art. 174 AEUV[1]) verringert werden. Neben dieses „Kohäsionsziel" treten in jüngerer Zeit die Lissabon-Strategie der EU bzw. die Strategie für intelligentes, nachhaltiges und integratives Wachstum (EU-COM, 2010). Für den ELER sind zudem die spezifischen Ziele der GAP relevant.

Die Umsetzung der EU-Politiken hat früh die regionale Ebene betont. Deren Einbindung erfolgt durch Operationelle Programme (OP)[2], die für die jeweils zwischen fünf und sieben Jahren dauernden Förderperioden durch die Mitgliedstaaten als strategischer Rahmen entwickelt werden. In föderalen Systemen wie Deutschland und Österreich werden die OPs überwiegend auf Ebene der Länder entwickelt, umgesetzt und auch evaluiert. Nur in Einzelfällen werden zur Politikumsetzung spezifische Förderansätze entwickelt; in aller Regel werden bestehende Einzelprogramme durch europäische Mittel ergänzt. Politik- und Evaluationsfelder reichen daher weit über die eigentlichen EU-Fonds hinaus. Die Evaluationsaktivitäten der Mitglieder des AK decken nahezu alle Bereiche der involvierten Fachpolitiken ab.

Mit dem auch finanziellen Bedeutungszuwachs der europäischen Politik und veränderten politischen Zielen hat sich das Spektrum der OP deutlich erweitert. So haben im EFRE die Umweltpolitik, die Stadtentwicklung und zuletzt die Klimapolitik deutlich an Bedeutung gewonnen und die „klassische" regionale Wirtschaftspolitik ergänzt. Gleiches gilt für den ELER, der sich ebenfalls stark aufgefächert hat, und insbesondere bei einzelnen Umweltthemen, wie beispielsweise Biodiversität, ein wesentliches Finanzierungsinstrument darstellt. Die OP kombinieren und integrieren inzwischen einen erheblichen Teil der Einzelinstrumente der verschiedenen Fachpolitiken. Die Programme umfassen inzwischen in aller Regel mindestens 20, oft 30 bis 40 sehr unterschiedliche Einzelprogramme, Richtlinien und Förderinstrumente.

Dementsprechend überdeckt oder überlappt sich das Evaluationsfeld „Strukturpolitik" mit einem breiten und wachsenden Spektrum unterschiedlicher Politikfelder. Dazu gehören z.B. die Regional-, Struktur-, und Arbeitsmarktpolitik, die Agrarpolitik, die Innovations- und Forschungspolitik, die Stadtentwicklung oder die Umwelt-, Energie- und Klimapolitik. Die Themenvielfalt ist entsprechend hoch. Gefördert werden z.B. betriebliche Investitionen, Forschung und Entwicklung in Unternehmen, Hochschulen und Wissenschaft, Verkehrswege, technologische Infrastrukturen, der Stadtumbau, Stadtteilinitiativen, lokale Arbeitslosenorganisationen, der Tourismus, Umweltschutzmaßnahmen, Abwasserinfrastrukturen, Aus- und Weiterbildung, Beratung und Coaching von Gründerinnen, Landwirten oder Beschäftigten, die Vernetzung von Unternehmen, flächenbezogene Agrarumweltmaßnahmen in der Landwirtschaft oder der Küsten- und Hochwasserschutz.

Die Programmstruktur für die Förderperiode 2007 bis 2013 stellt Tabelle 1 dar. Jedes dieser Programme ist einer Evaluation zu unterziehen, deren Ausgestaltung variiert.

---

1   Der Vertrag über die Arbeitsweise der Europäischen Union (AEUV) zählt zum Primärrecht der EU und ist seit 1. Dezember 2009 in Kraft.

2   Im ELER spricht man von Entwicklungsprogrammen für den Ländlichen Raum (EPLR). Sie sind hinsichtlich der Maßnahmenbeschreibungen wesentlich konkreter ausgestaltet als die OP der Strukturfonds. Wenn im Folgenden von OP die Rede ist, sind die EPLR eingeschlossen.

Tabelle 1: EU-kofinanzierte Operationelle Programme 2007 bis 2013 in Deutschland und Österreich

Deutschland	
EFRE	18 Operationelle Programme, darunter ˉ Bundesprogramm EFRE „Verkehr" und 1 zusätzliches Programm in Niedersachsen. In Westdeutschland sind die finanzstärksten Maßnahmen: allgemeine Unternehmensinvestitionen (12 %), F&E-Infrastrukturen (9 %), Stadtentwicklung sowie Technologietransfer und Netzwerke (jeweils 8 %). In Ostdeutschland werden 21 % für Unternehmensinvestitionen, jeweils 10 % für F&E-Infrastrukturen und Straßenbau verwendet (Stand 12/2011). (IfS, 2012c).
ESF	18 Operationelle Programme, darunter ˉ Bundesprogramm ESF „Humanressourcen" und 1 zusätzliches Programm in Niedersachsen. Finanzstärkste Maßnahmen in Westdeutschland: Reformen in Ausbildungssystemen (22 %), Aktionen zur Erwerbsbeteiligung von Migranten (21 %), integrierte Stadtentwicklung (11 %) und Maßnahmen zur Verlängerung der Beschäftigungsfähigkeit (10 %). In Ostdeutschland entfallen 22 % auf die Steigerung der Teilnahme an Ausbildungsmaßnahmen, 20 % auf Integration und Wiedereingliederung benachteiligter Personengruppen, 12 % auf Systeme des lebenslangen Lernens und 11 % auf die Unterstützung von Selbstständigkeit und Gründungen (Stand 12/2011) (IfS, 2012c).
ELER	14 Operationelle Programme. Schwerpunkte Wettbewerbsfähigkeit der ländlichen Unternehmen (27 %), Umwelt (43 %) und Ländliche Entwicklung/LEADER (29 %).[1] Finanzstärkste Einzelmaßnahmen in absteigender Reihenfolge: Agrarumweltmaßnahmen, Ausgleichszulage in benachteiligten Gebieten, Agrarinvestitionsförderung (BMELV, 2011, S. 8).
EFF	1 Programm
Österreich (ÖROK, 2009, S. 16)	
EFRE	9 Operationelle Programme (8 OP zur „Regionalen Wettbewerbsfähigkeit", 1 OP Konvergenz)
ESF	Nationales Programm „Beschäftigung", 1 OP Konvergenz
ELER	1 Nationales Programm, 73 % der Mittel fließen in Agrarumweltmaßnahmen und die Ausgleichszulage für die Berg- und sonstigen benachteiligten Gebiete (Knöbl, 2011).
EFF	1 Gemeinschaftsprogramm

[1] Angaben in Klammern stellt die Verteilung der ELER-Mittel mit Stand 2009 dar (Tietz, 2010, S. 25).

Quelle: Eigene Darstellung.

2. Historische Entwicklung

Bis 1993 – „Zarte Pflänzchen" der Evaluation

„The project based co-financing and the absence of any type of monitoring and evaluation were considered as the key factors of inefficiency." (Bougas, 2001, S. 311). Diese Feststellung führte zunächst dazu, dass die in den 1980er Jahren von der EU aufgelegten Integrierten Mittelmeerprogramme[3] systematisch evaluiert wurden. Mit der Reform der Strukturfonds von 1988[4] wurde der Programmansatz für die gesamte Strukturfondsförderung eingeführt und löste das projektbezogene Erstattungsverfah-

---

3   Es handelte sich um mehrjährige Regionalentwicklungsprogramme für Griechenland und ausgewählte französische und italienische Regionen angesichts des 1986 erfolgten Beitritts Portugals und Spaniens zur EU.

4   Im Rahmen des Delors-I-Paketes wurden die Strukturfondsmittel deutlich erhöht. Fünf vorrangige Ziele wurden eingeführt und mit Gebietskulissen hinterlegt. Der relative Anteil der Strukturfonds stieg von 16 auf 31 % des EU-Haushaltes (Becker, 2013).

ren ab. Seither gibt es eine rechtliche Verpflichtung (der Mitgliedstaaten) zur Evaluation EU-kofinanzierter Programme und Maßnahmen.

Erste Erfahrungen mit einem breiteren Ansatz von Evaluation wurden in der Förderperiode 1989 bis 1993 gesammelt. Bougas (2001) stellt heraus, dass unter dem Denken des New Public Management ein wesentlicher Schwerpunkt auf den Aufbau von Monitoringsystemen gelegt wurde, um Finanzflüsse zu kontrollieren. Dies ging zu Lasten der Qualität der Ex-ante- und Ex-post-Evaluationen. Evaluationen waren sehr unterschiedlich, z.T. von einer geringen Qualität, Ergebnisse inkonsistent und die Informationen wenig nutzbar sowohl für die Programmverantwortlichen als auch für die Politikgestaltung auf EU-Ebene (Bachtler und Michie, 1995; Bougas, 2001; Williams, Laat und Stern, 2002). Die Aufträge zur Evaluation wurden in dieser Periode auch für die dezentralen Programme stichprobenhaft von der EU vergeben.

Förderperiode 1994 bis 1999 – Sprunghafter Anstieg der EU-Evaluationen

In der Förderperiode 1994 bis 1999 erfolgte eine quantitative und qualitative Ausweitung der Evaluationsaktivitäten, die auch benachbarte EU-Politikfelder erfasste,[5] aber auch auf andere nationale Politikbereiche „überschwappte". Die strukturpolitischen Programme wurden nach ihrer Einreichung in Brüssel einer Ex-ante-Bewertung, die von der EU-Kommission (EU-KOM) beauftragt wurde, unterzogen. Darüber hinaus waren Zwischen- und Ex-post-Bewertungen zu erstellen, letztere z.T. von der EU-KOM beauftragt (siehe z.B. Stumm et al., 2003). Durch die – aufgrund der föderalen Zuständigkeit – disperse Programmierungsstruktur in Deutschland und der Zersplitterung der Strukturpolitik in sechs für Deutschland relevante Ziele, ergab sich eine sprunghafte Mehrung von Evaluationen. Viele der zu dieser Zeit tätigen Forschungseinrichtungen und Beratungsunternehmen sind auch noch heute im Bereich der Evaluation EU-kofinanzierter Programme und Maßnahmen tätig. Gleiches gilt für Österreich, das 1995 der EU beitrat. Einen Überblick über die Evaluation von Strukturfondsprogrammen und kofinanzierter Projekte/Maßnahmen in Österreich ab 1995 gibt Holzinger (2001). Wie auch für Deutschland zu konstatieren, kommt die österreichische Studie, trotz aller Kritik an den Evaluationsvorgaben der EU-KOM, zu dem Ergebnis, dass der EU-Beitritt Österreichs die Evaluation in vielen Politikfeldern aufgewertet hat, die bis zum EU-Beitritt nur im Bereich der Arbeitsmarktpolitik eine nennenswerte Rolle spielte.

Struktur und Qualität der Evaluationen divergierten sehr stark; damit war die Vergleichbarkeit und Nutzbarkeit der Studien stark eingeschränkt. Leitfäden zur Evaluation gab es nur rudimentär und oftmals mit erheblicher Verspätung nach der Programmerstellung (Bergschmidt und Plankl, 1999). Die Leitlinien wiesen oftmals erhebliche Schwächen in der Präzisierung der Anforderungen auf. Evaluation war ein neues Instrument, so dass es ohne die entsprechenden Vorgaben in der Programmerstellung nicht berücksichtigt wurde. Daher waren sowohl die Beschreibung der Interventionslogik, der Ziele und der zu erfassenden Daten oftmals fragwürdig und lückenhaft. Die Ausschreibungen waren nicht hinreichend spezifisch; Steuerungsgrup-

---

5   Z. B. die sog. Flankierenden Maßnahmen im Zuge der MacSharry-Reform von 1992 (Agrarumweltmaßnahmen, Erstaufforstung und Vorruhestand).

pen, wie sie jetzt eigentlich Standard sind, gab es in dieser Periode gar nicht. Holzinger (2001, S. 28) stellt heraus, dass auch der Zeitpunkt für die Zwischenbewertung mit Ende 1996 falsch gewählt war. Für Kurskorrekturen war der Zeitpunkt zu spät, für die Feststellung von Wirkungen noch viel zu früh. Darüber hinaus war „die Aussagekraft der Ergebnisse in Hinblick auf Struktur-, Mitnahmeeffekte oder Subsidiarität [...] beschränkt, da weder eine Referenzbasis (Datenset zur Beurteilung der Ausgangslage) existierte, noch ein Zusammenhang zu anderen (nicht EU-kofinanzierten) Förderungen hergestellt werden konnte." (Holzinger, 2001, S. 28). Ein wesentlicher Problembereich lag auch in Deutschland in völlig unzureichenden Monitoringsystemen, so dass wesentliche Arbeitskapazitäten der Evaluation allein mit der Vollzugsanalyse gebunden wurden (Grajewski und Koch, 2002). Neben diesen unmittelbar evaluationsbezogenen Punkten schränkten weitere Aspekte die Evaluierbarkeit ein:

- Unzureichende Spezifizierung und Quantifizierung der Ziele und Referenzsituation und generelle Zielüberfrachtung als wesentliches Handicap bei der Zielerreichungs- und Effizienzanalyse;
- methodische Unsicherheiten bei der Aggregation von Maßnahmenbewertungen auf Programmebene;
- mangelnde Motivation eines Teils der Durchführungsbehörden sowie Unsicherheit mit dem neuen Instrument der Evaluation.

Das MEANS[6]-Programm war der Versuch der DG Regio, die Qualität von Evaluation zu verbessern. Dieses Programm endete mit der Veröffentlichung von sechs Handbüchern im Jahr 1999 „Evaluating socio-economic programmes" (1999j; 1999i; EU-KOM, 1999e; 1999g; 1999f; 1999h) die ihren Niederschlag auch in den diversen Arbeitspapieren zur Strukturfondsevaluation 2000 bis 2006 fanden. Die MEANS-Handbücher bieten eine Übersicht über mögliche Evaluierungsmethoden, in den Praxisbeispielen allerdings häufig auf große Programme und Aktivitäten abzielend. Auf die eher kleinteilige Programmstruktur in den deutschen Bundesländern geht das Methodenset z.T. zu wenig ein. Viele Methoden, vor allem die quantitativer Art, erfordern eine ausreichend große Fallzahl. „Der MEANS-Rahmen wurde auch von der DG Agri als Ausgangspunkt genutzt, um der Bereich der Evaluation durch entsprechende Leitlinien (EU-KOM, 2000) zu stärken."

Förderperiode 2000 bis 2006 – Wachsende Institutionalisierung der Evaluation

Für die Förderperiode 2000 bis 2006 wurde Evaluation in den zugrunde liegenden Verordnungen und Durchführungsbestimmungen für alle Programme festgeschrieben. Drei Evaluationen waren verpflichtend durchzuführen: eine Ex-ante-Bewertung, eine Halbzeitbewertung Ende 2003 und eine Ex-post-Bewertung 2008. Optional war eine Aktualisierung der Halbzeitbewertung Ende 2005 vorgesehen, die als Vorbereitung für die Förderperiode ab 2007 als sinnvoll angesehen wurde und daher für die meisten Programme in Auftrag gegeben wurde.

---

6   Méthodes d'Evaluation des Actions de Nature Structurelle.

Für den Bereich der Strukturpolitik hielt sich die EU die Möglichkeit offen, neben den Ex-post-Bewertungen auch eigene thematische Studien in Auftrag geben zu können. DG Agri hingegen setzte ausschließlich auf Syntheseberichte der dezentral erstellten Evaluationsstudien. Neben den formalen Vorgaben in den Verordnungen wurde in verschiedenen Leitfäden auf die Probleme der Vorperiode reagiert.

Die Ex-ante-Bewertung war im Förderzeitraum 2000 bis 2006 erstmalig parallel zur Programmerstellung durchzuführen, in einem iterativen Prozess. Themen der Ex-ante-Bewertung waren die Nachvollziehbarkeit der Stärken-Schwächen-Analyse, daraus abgeleitet Strategien und Ziele, der gewählte Maßnahmenmix und die Budgetverteilung. Beabsichtigt war eine deutliche Verbesserung der Qualität der Programmplanung durch die kritische Reflektion von außen. Dies ließ sich in der Praxis jedoch nur eingeschränkt erreichen. Zwar trug die Ex-ante-Evaluierung zur Transparenz bei (Kugler, 2000, S. 421), der Planungsprozess verlief und verläuft aber nicht ergebnisoffen, was die Integration von Ergebnissen der Ex-ante-Evaluierung einschränkt. Häufig waren die budgetären Entscheidungen schon vor der Ex-ante-Bewertung getroffen, was die realen Einflussmöglichkeiten auf „kosmetische" Anpassungen beschränkte.

In der Halbzeitbewertung sollten Ergebnisse und erste Wirkungen dargestellt werden. Durch die sehr späte Programmgenehmigung und das verzögerte Anlaufen der Maßnahmen lagen oftmals nur Daten für ein Förderjahr vor, kaum ausreichend für belastbare Analysen. Daher lag ein Schwerpunkt der Untersuchungen auf Umsetzungsstrukturen und -prozessen, wobei mit der Verpflichtung, bis Ende 2006 die Programme abzuschließen, kaum noch grundsätzliche Umsteuerungen möglich waren. Aus diesem Grund wurde die Aktualisierung der Halbzeitbewertung im Jahr 2005 aus Sicht der Verwaltung als deutlich nützlicher eingeschätzt, da die Ergebnisse in den Prozess der Programmerstellung 2007 bis 2013 einfließen konnten.

Die Ex-post-Bewertung 2008 bot die Chance, auf einer solideren Datenbasis anspruchsvollere methodische Ansätze der Wirkungsevaluation zu erproben. Der praktische Nutzen der Evaluationsstudien im Blick auf Programmverbesserungen ist aber gering. Der Nutzen liegt in höherem Maß auf Ebene der EU, die die Ergebnisse der Ex-post-Bewertungen und insbesondere den EU-weiten Synthesebericht für den ELER (IfLS und KANTOR Management Consultants S.A., 2011) zur Konzeptionierung der neuen Förderperiode ab 2014 nutzt. Die Erstellung des ELER-Syntheseberichtes litt allerdings unter der sehr heterogenen Struktur der Programmbewertungsberichte, die sich kaum zusammenfassen ließen. Die DG REGIO startete 2007 die Ex-post-Bewertung des EFRE mit 14 miteinander verknüpften Arbeitspaketen über verschiedene Aspekte der Politik (http://ec.europa.eu/regional_policy/sources/docgener/evaluation/rado2_de.htm). Dieses Vorgehen erscheint sinnvoll, weil es die Möglichkeit bietet, vertieft einzelne Fragestellungen nach einer einheitlichen Methodik zu untersuchen.

Da die Datenverfügbarkeit ein wesentliches Problem für die Durchführung von Evaluationen darstellt, wurde in der Förderperiode ein größeres Gewicht auf die Erfassung von Projektdaten gelegt. Die EU-KOM hat für alle EU-Fonds zu erfassende Indikatoren vorgegeben. Zum Monitoring der Programme wurden im Laufe der Zeit umfangreiche Datenbanksysteme eingerichtet. Damit hat die Berichterstattung über das „Was wurde gefördert?" deutliche Fortschritte gemacht. Dies bedeutet aber nicht unmittelbar, dass sich die Grundlage für die Evaluation verbessert. So werden weiterhin nur selten systematisch Daten erhoben, die Ausgangspunkt für eine Wirkungsanalyse darstellen können. Auch Mit-Ohne-Vergleiche sind ausschließlich auf Basis von Förderdaten nicht möglich.

Förderperiode 2007 bis 2013 – Ausdifferenzierung der Evaluationssysteme

Das Evaluationssystem der Förderperiode 2007 bis 2013 hat sich für die verschiedenen Strukturpolitiken der Gemeinschaft, die aus den EU-Fonds finanziert werden, trotz ähnlicher Zielsetzungen und Instrumente stark ausdifferenziert.

Als Reaktion auf die Probleme mit der starren Terminierung und des programmumspannenden Evaluationsansatzes der Vorperioden hat die DG Regio zu einem Ansatz einer flexibleren und bedarfsgesteuerten Bewertung umgesteuert. Verbindlich vorgesehen im Evaluationszyklus sind eine Ex-ante- und eine Ex-post-Bewertung, letztere weiterhin durch die EU-KOM selbst beauftragt. Darüber hinaus sind Programmänderungen in bestimmten Fällen Evaluationen beizufügen. Weitere Evaluationen können bedarfsabhängig beauftragt werden. Grundlage ist ein Evaluationsplan, der mit dem Begleitausschuss[7] eines jeden Programms abzustimmen ist. D.h., möglich sind thematische Bewertungen ebenso wie die Bewertung von einzelnen Förderinstrumenten oder weiterhin umfassende Programmbewertungen.

Im ELER hingegen wurde das bestehende System einer festen Terminierung beibehalten. D. h., nicht nur Ex-ante- und Ex-post-Bewertung sind verbindlich vorgeschrieben, sondern auch eine Halbzeitbewertung. Die in der Vorperiode vorgeschriebene Aktualisierung der Halbzeitbewertung hingegen wurde nicht mehr vorgesehen.

Neben den „normalen" Leitfäden zur Evaluation (EU-KOM, 2007; EU-KOM, 2006) wurden in allen Förderbereichen erhebliche Anstrengungen zur Kapazitätsentwicklung auf Seite der Auftragnehmenden und -gebenden unternommen, Evaluationsmethoden, die Aussagefähigkeit der Evaluationen und die Verbreitung von Ergebnissen zu verbessern. DG Regio ist dabei den Weg gegangen, auch eigene thematische Studien zu beauftragen, z. B. zum Thema Kontrollgruppenansatz (GEFRA und IAB, 2010) oder zur Evaluation von Innovation (technopolis und Manchester Institute of Innovation Research, 2012). DG Agri hat stärker auf die Sammlung von best-practice-Beispielen aus Evaluationsstudien gesetzt ergänzt durch bestehende empirische Forschungsansätze (Beaufoy und Cooper, 2008; Lukesch et al., 2010). Für einen verstärkten Austausch zwischen Mitgliedstaaten hat die EU-KOM ihre Netzwerkaktivitäten verstärkt, für den Bereich der Strukturfonds mit einem Evaluation Network (http://ec.europa.eu/regional_policy/impact/evaluation/tech_en.cfm), im Bereich des ELER durch ein Expertenkommittee zur Evaluation ländlicher Entwicklungsprogramme und die Einrichtung eines sogenannten Help desks. (http://enrd.ec.europa.eu/evaluation/en/).

---

7   Die Begleitausschüsse setzen sich aus Ministerien, Wirtschafts- und Sozialpartnern und Umweltverbänden zusammen und treffen sich in regelmäßigen Abständen, um über Fragen der Programmumsetzung zu beraten.

3. Aktueller Stand

Einen Überblick über den aktuellen Stand oder die jüngst durchgeführten Evaluations-studien in Deutschland und Österreich zu geben, ist angesichts der Vielfalt von Fonds, Programmen und Regionen nur ansatzweise möglich. Darüber hinaus vermischen sich Evaluationen mit anderen Studien im Feld.

Die 2012 erstellten Strategieberichte für den EFRE und den ESF listen für Deutsch-land 42 Evaluationsstudien, für Österreich 41 Studien (IfS, 2012a; ÖROK, 2013). Hinzu kommen in Deutschland 14 Halbzeitbewertungen für den ELER; in Österreich ein Halbzeitbewertungsbericht und 39 Studien im Zusammenhang mit der ELER-Halbzeitbewertung (Lebensministerium, 2010).

Welche Evaluationen werden durchgeführt?

Im ELER sind die Evaluationen in der Förderperiode 2007 bis 2013 in Deutschland als laufender Prozess organisiert. Im Jahr 2006 wurden die Ex-ante-Bewertungen für alle Programme durchgeführt; danach wurden langfristige Evaluationsverträge bis 2015 zur Erstellung der Halbzeitbewertung 2010 und Ex-post-Bewertung 2015[8] vergeben. Auch wenn die Evaluationsaufträge langfristig angelegt sind, ist das Design der Evaluations-aktivitäten in starkem Maße auf die Erstellung der beiden großen Berichte ausgerich-tet. Dabei sind zwischenzeitlich immer wieder einzelne Evaluationsergebnisse berichtet worden. Zudem variieren die Berichte sehr stark hinsichtlich der Vertiefung einzelner Maßnahmen oder inhaltlicher Fragestellungen. Auftragnehmer sind zumeist Konsor-tien, da ein breites inhaltliches Spektrum abzudecken ist.

In Österreich ist die ELER-Evaluation anders organisiert. Federführend ist eine Evaluationseinheit im Ministerium, die sich bei der Bewertung der Einzelmaßnahmen der Zuarbeit der bundeseigenen Agrarforschungseinrichtungen und weiterer bundes-eigener Forschungseinrichtungen bedient. Koordiniert werden die Evaluationsaktivitä-ten durch die Bundesanstalt für Agrarwirtschaft (AWI). Ausgewählte vertiefende Fra-gestellungen werden an weitere Forschungsrichtungen extern vergeben; die Ergebnisse dieser Spezialuntersuchungen fließen in die Evaluation ein. In erster Linie handelt es sich um ökologische Themen, da Agrarumweltmaßnahmen einen großen Teil des Bud-gets ausmachen, aber auch um modellgestützte Analysen (Sinabell et al., 2011).[9]

Im EFRE und im ESF sind die Evaluationen in Deutschland deutlich heterogener.[10] Die Vorgaben der EU-KOM haben hier den Regionen einen größeren Spielraum gege-ben – entsprechend größer ist die Vielfalt an Evaluationsstudien. Zudem verfolgen die Länder jeweils eigene Evaluationsstrategien: Einige Länder führen eine begleitende

---

8   Durch eine Rechtsänderung hat die DG Agri 2014 den Abgabetermin von 2015 auf 2016 ver-schoben.

9   Für einen Überblick siehe http://www.lebensministerium.at/land/laendl_entwicklung/evaluie-rung/le_studien.html

10   Einen Überblick gibt Tasso Brandt in seinem Vortrag auf dem Frühjahrsworkshop des AK Strukturpolitik (http://www.degeval.de/images/stories/Arbeitskreise/AK_STRUK_POL/06-Brandt.pdf).

Evaluation durch, andere haben einzelne Evaluationen vergeben oder diese Ansätze kombiniert.

Seitens der EU-KOM wurde den Ländern die Erstellung (und Umsetzung) eines Evaluationsplans empfohlen. Die meisten Länder sind dieser Empfehlung nachgekommen. Zur Umsetzung dieses Plans und seinem Einfluss auf Art und Qualität der Evaluationen liegen keine umfassenden Informationen vor.[11] Für die Förderperiode 2014 bis 2020 ist der Evaluationsplan (auch für den ELER) verpflichtend. Die Mitgliedstaaten bzw. Länder werden u.a. durch Leitlinien bei seiner Erstellung unterstützt.

Obwohl eine umfassende Halbzeitbewertung nicht mehr verpflichtend war, hat ein Großteil der Länder in Deutschland eine solche durchgeführt. Diese wurden oftmals ergänzt um spezifische Bewertungen zu einzelnen Instrumenten oder Themenstellungen. Neben der Bewertung einzelner Förderinstrumente hat dabei die Evaluation bestimmter Querschnittsfragen einen größeren Stellenwert erhalten. Dazu gehören z.B. bestimmte Förderverfahren (Wettbewerbe) oder die sogenannte Querschnittsziele der OP (z.B. die Chancengleichheit, siehe Beitrag von Frey et al., 2007).

Einige Länder (vier im EFRE, eines im ESF) beschränken sich auf die Mindestvorgaben der Verordnungen und haben nur einzelne anlassbezogene Pflichtevaluationen durchgeführt.[12]

Wesentlich stärker als im ELER[13] ist die Evaluation mit Dienstleistungstätigkeiten im Bereich des Monitorings verschränkt. Dies ist insbesondere dann festzustellen, wenn die Evaluation als kontinuierliche Begleitung angelegt war.

Tabelle 2: Evaluationsarten im EFRE/ESF 2007 bis 2013 in Deutschland (Stand: Oktober 2012)

	EFRE	ESF	Fondsübergreifend	Gesamt
Gesamtes OP	7	13	1	21
Prioritätsachse(n)	5	8	-	13
Förderinstrument€	9	40	4	53
Querschnittsziele	2	2	-	4
Verfahren (z.B. Projektauswahl)	3	1	3	7
Spezifische Themen	6	2	2	10
Gesamt	32	66	10	108

Quelle: IfS (2012a, S. 71).

Im 2. Halbjahr 2013 wurden einige weitere Evaluationen erarbeitet, die hier nicht umfassend berücksichtig wurden. Dazu gehören u.a. mehrere Evaluationen zu den relativ neuen Finanzinstrumenten im EFRE (beispielsweise Meyer, Aßmann und Toepel, 2013).

---

11 Hinweise gibt eine Online-Befragung im Zuge der Frühjahrstagung 2012 des AK-Strukturpolitik bei Verwaltungsbehörden. Von 15 Verwaltungsbehörden, die einen Evaluationsplan erstellt hatten, gaben 73 % an, dass der Evaluationsplan zu einer frühzeitigen Auseinandersetzung mit dem Thema „Evaluierung" und einer groben Vorplanung geführt hätte.

12 Vgl. für die Auswertung der Tabelle IfS (2012a, S. 70ff.)

13 Im ELER wurde z. T. die Erstellung der jährlichen Begleitberichte gemeinsam mit der Evaluation ausgeschrieben.

In Österreich ist die Evaluationslandschaft im EFRE und im ESF grundsätzlich ähnlich wie in Deutschland. Allerdings wurden nur für vier Programme Halbzeitbewertungen bzw. -reflexionen vorgenommen, und diese häufig thematisch fokussiert. Viele Evaluationen beziehen sich auf nationale Fördermaßnahmen, in denen EFRE-Mittel zum Einsatz kommen. „Explizite EFRE-spezifische, thematische Evaluierungen kommen daher weniger häufig zur Umsetzung", so das Fazit der ÖROK (2013, S. 31). Im ESF wird v. a. auf eine begleitende Evaluation gesetzt, die auf eine Wirksamkeitsanalyse einzelner Maßnahmen fokussiert (ÖROK, 2013, S. 32).

Zusätzlich wurden in Deutschland und in Österreich zum Ende der Förderperiode bzw. mit Blick auf die neue Förderperiode einzelne Studien durchgeführt. Diese hatten eher den Charakter von Bilanzen der Förderung, teils auch mit längerfristiger Ausrichtung (Bornemann et al., 2010; GEFRA et al., 2010; WIFO und Joanneum Research, 2009).

In den einschlägigen Kategorisierungen sind die Evaluationen im EFRE/ESF und ELER sowohl als summativ als auch als formativ einzuordnen. Einen summativen Charakter hat vor allem die Ex-post-Bewertung, während es sich bei den Halbzeitbewertungen und den begleitend durchgeführten Evaluationen um Mischformen handelt bzw. um vorrangig formative Evaluationen. Umsetzungsfragen im Rahmen einer Evaluation zu untersuchen, ist ein großes Anliegen von Verwaltungsbehörden und Fachreferaten.

Im Gegensatz zum ELER mit seinen großen Berichten ist im EFRE/ESF die Evaluationsberichtsstruktur sehr zergliedert, in einzelnen Ländern werden oft mehrere kleine Evaluationen durchgeführt. Länderübergreifende Ansätze trotz ähnlich gelagerter Fördergegenstände gibt es nicht. Nur im ELER ist mit einer 7-Länder-Evaluation[14] eine gemeinsame Ausschreibung mit länderübergreifenden Steuerungsstrukturen (bis auf Maßnahmenebene) erfolgt. Es fehlt in allen Fonds aber an einer bundesweiten Koordination, auch in Richtung Metaevaluation. Die Begleitung der Nationalen Strategiepläne (BMELV, 2011; IfS, 2012) kann diese Lücke nicht schließen. In Österreich kommt vor allem dem von der Österreichischen Bundesraumordnungskonferenz organisierten STRAT.AT-Prozess eine wichtige Rolle zu, Evaluationsergebnisse landesweit zusammenzufassen (ÖAR Regionalberatung und RIMAS, 2011; WIFO und Joanneum Research, 2009). Von solchen Ansätzen ist Deutschland weit entfernt.

Wer beauftragt wen?

Auftraggebende sind weiterhin zumeist die Verwaltungsbehörden[15], die für die Durchführung der OP zuständig sind. Daneben tritt die EU-KOM insbesondere mit der Beauftragung der Ex-post-Bewertung, Mitgliedstaaten-übergreifender Synopsen und einzelner anderer thematischen oder methodischen Studien. Zunehmend werden aber

---

14 Die Bundesländer Mecklenburg-Vorpommern, Schleswig-Holstein, Niedersachsen/Bremen, Nordrhein-Westfalen, Hamburg und Hessen haben die laufende Bewertung 2007 bis 2013 gemeinsam ausgeschrieben. Die Berichte sind programmspezifisch angelegt; einzelne Untersuchungen können aber auch länderübergreifend und vergleichend durchgeführt werden.

15 Die Verwaltungsbehörde ist eine Organisationseinheit innerhalb der Obersten Landesverwaltung, die beauftragt ist, gemäß den europäischen und nationalen Rechtsvorschriften die operationellen Programme zu verwalten. Ihre Aufgabe ist es, den gesamten Programmvollzug

auch Fachreferate, die mit ihren Maßnahmen Teil eines Gesamtprogramms sind, involviert. Dies ist vor allem Folge der engen Verwobenheit der EU-Förderung mit regionalen und nationalen Förderinstrumenten. Teilweise wird die verbindlich vorgegebene Evaluation im EU-Kontext für die Evaluation nationaler Förderpolitiken genutzt. So hat das Bundeslandwirtschaftsministerium die Bewertung zentraler GAK-Fördermaßnahmen mit der EU-Evaluation verknüpft (siehe beispielsweise Plankl et al., 2008). Auch in Österreich handelt es sich oft um die Evaluation nationaler Richtlinien, die nur zu einem geringen Teil EU-kofinanziert sind. In der Gemeinschaftsaufgabe zur Verbesserung der regionalen Wirtschaftsstruktur (GRW), die wie die GAK ein wichtiges Kofinanzierungsinstrument in Deutschland darstellt, wurde hingegen gänzlich losgelöst von den Strukturfondsevaluationen eine Evaluation vergeben (Bade und Alm, 2010).

Das breite Spektrum der Programme und die Überlappungen mit anderen Politikfeldern führen auch zu einem breiten Feld von Evaluatorinnen und Evaluatoren. Verschiedene Studien/Übersichten (IfS, 2012b; Lebensministerium, 2010; ÖROK, 2013) und eigene Recherchen haben insgesamt 93 Institutionen ergeben, die Evaluationen und Studien im direkten Zusammenhang mit EU-Förderpolitiken angefertigt haben; 52 davon in Österreich.

Etwa 40 % der Institutionen sind privatwirtschaftliche Beratungsunternehmen, 25 % sind wissenschaftliche Einrichtungen ohne öffentliche Grundfinanzierung und 18 % wissenschaftliche Einrichtungen mit öffentlicher Grundfinanzierung. Aus dem universitären Bereich entstammen 14 % der Institutionen. Abbildung 1 stellt die Struktur der Auftragnehmenden nach Fonds und Ländern dar.

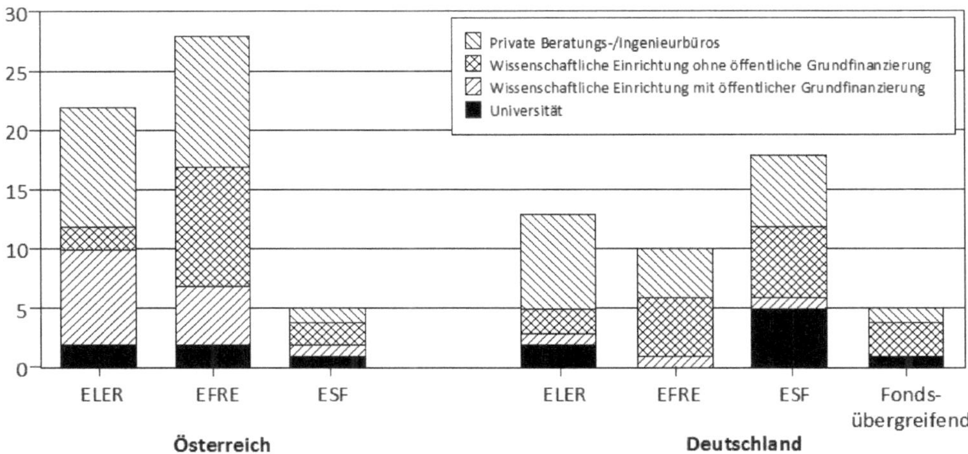

Abbildung 1:   Anzahl der Auftragnehmenden von Evaluationen nach Fonds und Ländern (Stand Oktober 2012)

Quelle: Eigene Berechnungen nach (IfS, 2012b; Lebensministerium, 2010; ÖROK, 2013) und ELER-Halbzeitbewertungen Deutschland.

---

zu koordinieren. Die Verwaltungsbehörde trägt grundsätzlich die Verantwortung dafür, dass die OPs im Einklang mit dem Grundsatz der Wirtschaftlichkeit verwaltet und durchgeführt werden.

Tendenziell ist die Zahl der Anbieter bei abgegrenzten oder eher umsetzungsorientierten Fragestellungen recht hoch. Bei der Evaluation von komplexen Programmen oder bei der Anwendung anspruchsvoller Methoden kommen entweder größere wissenschaftliche Einrichtungen oder Bietergemeinschaften zum Zug. Über die Jahre ist zumindest für den Kernbereich der Programmevaluation eine ausgeprägte Spezialisierung relativ weniger Institutionen festzustellen. Dabei gibt es nahezu keine Institution, die sich mit allen EU-Fonds beschäftigt.

Was kostet das alles? Finanzieller Rahmen für Evaluationen

Die Programmevaluation wird von den Mitgliedstaaten/Regionen und der EU finanziert. Als Bestandteil der Technischen Hilfe ist ihr Anteil am Programmbudget nach oben gedeckelt. Nach überschlägigen Schätzungen wurden im ELER in Deutschland 2000 bis 2006 rund 0,1 % des gesamten Programmbudgets für Evaluationen (rund 15 Mio. Euro) eingesetzt (siehe Grajewski, 2009, S. 80f), also weit entfernt von den möglichen 1 %. Gemäß einer Studie der DG Regio lagen die Ausgaben für den EFRE in dieser Förderperiode bei 12,7 Mio. Euro (Deutschland) und 1,5 Mio. Euro in Österreich, also bezogen auf das Programmvolumen noch deutlich unter den ELER-Werten (DG Regio, 2010). Für den ELER sind die absoluten Mittel in der Förderperiode 2007 bis 2013 gestiegen, wobei die Angaben auch immer die Begleitung beinhalten. Bis Ende 2011 wurden rund 17 Mio. an öffentlichen Mitteln verausgabt. Relativ zum Programmvolumen sind die Ausgaben nahezu unverändert zur Vorperiode. Wenn man die Hälfte der unter die Kategorie „Evaluierung und Studien, Kommunikationsplan" verbuchten Mittel im EFRE/ESF in Deutschland für Evaluation ansetzt, dann wurden bis 2011 rund 45 Mio. aufgewendet, also anteilig etwas mehr als im ELER (IfS, 2012c).

Was wird evaluiert? Inhalte und Schwerpunkte der Bewertungen

Für die Organisation der Evaluationen bestehen derzeit erhebliche Freiräume. Dies gilt für den EFRE/ESF, aber auch für den ELER, trotz der viel stärkeren top-down-Vorgaben. Dies hat zu unterschiedlichen Ansätzen geführt: Neben begleitenden Evaluationen, bzw. einem kontinuierlichen Prozess mit einzelnen Evaluationen finden sich singuläre Evaluationen bzw. Vertiefungen zu einzelnen Instrumenten oder Themen (s.o.). Einige grobe Tendenzen sind aber zu identifizieren (IfS, 2012a, Brandt und Schwab, 2013).

Ein wesentlicher Gegenstand vieler Evaluationen – und insbesondere der übergreifenden Programmbewertungen – ist die Umsetzung des Programms. Dazu zählen vor allem die Beobachtung und Bewertung des Programmfortschritts. Dabei liegt der Schwerpunkt oft bei der finanziellen Programmabwicklung und der Ergründung von Problemen im Mittelabfluss. Der materielle Fortschritt wird in aller Regel auch, ergänzend und eher auf der Ebene eines Monitorings untersucht. Die Zielerreichung (Vergleich mit quantifizierten Zielwerten bei einzelnen Indikatoren) ist dabei oftmals der zentrale Fokus. Ergänzend wird der Förderprozess hinsichtlich seiner Effektivität für die Programmumsetzung untersucht. In der 7-Länder-Bewertung wurde eine

Implementations(kosten)analyse beauftragt, die methodisch an Untersuchungen aus der Ex-post-Bewertung 2008 anknüpft (Fährmann und Grajewski, 2008).

Ein weiterer zentraler Gegenstand sind die Ergebnisse und Wirkungen der Förderung. Der Großteil der Evaluationen legt hier zumindest in ihrer Konzeption einen Schwerpunkt. Sie sind damit grundsätzlich auf die Ableitung von kausaler Evidenz ausgerichtet. Dies gilt vor allem für die Evaluationen, die sich auf einzelne Instrumente oder Politikfelder innerhalb der Programme beziehen. Die Analyse umfasst zumeist die Ebene der Outputs und direkten Ergebnisse bei den Zielgruppen, z.B. direkte Einkommens- und Beschäftigungseffekte bei geförderten Unternehmen. Die eher indirekten Wirkungen oder Nettoeffekte werden weniger und zumeist über qualitative Argumentationen behandelt (z.B. Mitnahme- und Verdrängungseffekte, indirekte Wirkungen in der Beschäftigung bei anderen Unternehmen). Die Fragestellungen gehen hier in die Richtung der Verbesserung der einzelnen Instrumente.

Zum Ende der Förderperiode sind die Auswahl und das Design von Instrumenten für die nächste Förderperiode verstärkt in den Fokus gerückt. Empfehlungen zur neuen Förderperiode waren grundsätzlich bereits Thema der Halbzeitbewertungen; in einzelnen Evaluationen zu bestimmten Instrumenten und in einzelnen zusätzlichen Studien wurde die zukünftige Strukturpolitik dann verstärkt thematisiert.

Eher seltener sind die Programmstrategie oder die Gesamtergebnisse und -wirkungen der heterogenen Programme Gegenstand der Evaluationen der Strukturfonds und des ELER. Auch prozessuale Aspekte, wie z.B. Effizienz der Verfahren, sind meistens von nachgeordneter Bedeutung. Im ELER-Evaluationsdesign sind horizontale Fragen zwar durch die EU-KOM vorgesehen, werden oftmals aber eher additiv im Sinne der Zusammenfassung von Maßnahmenwirkungen bearbeitet und nicht als eigenständiger Evaluationsschritt gesehen. Dieses eher „stiefmütterliche" Dasein von programmstrategischen Fragen oder der Bewertung der Programmeffekte in Gänze ist auch auf die Nutzerstruktur zurückzuführen. Auf EU-Ebene gibt es noch ein Interesse an maßnahmenübergreifenden Fragestellungen, die ein Fachreferat in einem Länderministerium kaum noch interessiert. Querschnittsreferate in den Ministerien sind aber in Evaluationsdesigns kaum eingebunden, so dass es für anspruchsvollere programmübergreifende Studien (Pufahl und Fährmann, 2008a; Pufahl und Fährmann, 2008b; Sander und Bormann, 2013) kaum „Abnehmer" zur Diskussion der Ergebnisse gibt. Dabei könnte eine breitere Diskussion von Ergebnissen auf Programmebene gerade im Rahmen von Neuprogrammierungsprozessen wichtige Impulse liefern, um das Gesamtdesign eines Programms zu verbessern. Dazu müsste sich aber auch eine Verwaltungsbehörde stärker strategisch aufstellen, eine Funktion, die ihr häufig nicht zugemessen wird und für die sie personell auch zu knapp ausgestattet ist.

Welche Methoden werden angewendet?

Die Evaluationen folgen dem Grundsatz nach einem Theorie basierten Konzept: Es erfolgt ein Rückgriff auf Wirkungszusammenhänge und Kausalitäten, die aus der – zumeist (regional-)ökonomischen – Theorie und in Ansätzen der Empirie abgeleitet werden. Für die Gesamtbreite der Programme fehlen allerdings oftmals die theoretischen Fundierungen und auch die den Programmen und Maßnahmen zugrundeliegenden expliziten Interventionslogiken sind häufig unzureichend.

Das Evaluationsdesign der EU-KOM ging bisher von einer linearen Interventionslogik aus nach der ein finanzieller Input zu einem Output, Ergebnissen und einer Wirkung führt. Mit der neuen Förderperiode wird diese Logik zumindest teilweise aufgebrochen: Zwar wird weiterhin ein logischer, theoretisch abgeleiteter Kausalzusammenhang zwischen Input, Output und Wirkungen unterstellt und gefordert, Form und Intensität dieser Zusammenhänge werden aber weniger deterministisch betrachtet und sollen verstärkt Gegenstand der Evaluationen sein. Ausgangspunkt für die Bewertung ist das Programm selbst mit seiner eigenen Interventionslogik und weniger die abstrakte Vorgabe aus Brüssel. Letztes gilt v.a. für die Strukturfonds. Im ELER wird weiterhin an mit gemeinsamen Indikatoren hinterlegten Interventionslogiken festgehalten, wobei nicht mehr der Anspruch formuliert wird, dass schon in den Programmen die Wirkungen der Interventionen ex ante zu quantifizieren sind. Es wird aber weiterhin erwartet, dass spätestens 2019 die Evaluation Auskunft darüber gibt, wie beispielsweise die Wirkungen auf die Wettbewerbsfähigkeit der Landwirtschaft, auf die Biodiversität oder eine ausgewogene territoriale Entwicklung zu beurteilen sind (am besten in Zahlen).

Insgesamt werden von der EU-KOM für alle Fonds und Interventionsbereiche hohe methodische Erwartungen an das Evaluationsdesign gesetzt, die die Messlatte für die in Deutschland und Österreich durchgeführten Evaluationen bilden.

Die Evaluationen werten zunächst durchgängig die Programmdokumente aus und verwenden sozioökonomische und ökologische Daten zum Kontext sowie prominent die Daten aus den Monitoringsystemen oder sonstigen Sekundärstatistiken.[16] Zusätzlich werden in vielen Fällen eigene Daten erhoben – insbesondere durch Befragungen von Geförderten, Interviews oder Fallbeispielen.

Auf dieser Basis nimmt ein größerer Teil der Evaluationen im EFRE dann eher deskriptive Analysen vor, die teilweise um eine erläuternde und bewertende Diskussion ergänzt wird. Einige weitere Studien können – über den Anspruch und die grundsätzliche Ausrichtung hinaus – tatsächlich als „theorie-basiert" eingestuft werden oder nutzen anspruchsvollere Methoden (Brandt und Schwab, 2013). Diese Feststellungen treffen auch für den ELER zu und gelten gleichermaßen für Deutschland und Österreich.

Insbesondere von der EU-KOM ist in den letzten Jahren verstärkt eine quantitative Wirkungsmessung eingefordert worden. Dabei wird vor allem auf eine klare Messung der Wirkungen und auf kontrafaktische Methoden abgezielt. Die Kommission hat selbst mehrere entsprechende Evaluationen durchführen lassen, u.a. in deutschen Regionen (GEFRA und IAB, 2010) und entsprechende Forschungsprojekte angeschoben (Henning und Kaufmann, 2009).

In den aktuellen Evaluationen der letzten Jahre werden im EFRE solche Methoden ansatzweise aufgegriffen – insbesondere durch die Bildung von einfachen Vergleichsgruppen. Im ESF finden sich eine Reihe quantitativ ausgerichteter kausalanalytischer Studien, die teils noch nicht abgeschlossen sind (IfS, 2012a). Auch in der ELER-Eva-

---

16 Im ELER liegen georeferenzierte Flächen- und Nutzungsdaten zu allen landwirtschaftlichen Betrieben vor, des Weiteren Buchführungsdaten zu einer Auswahl von Betrieben, die zum Teil den Evaluatoren und Evaluatorinnen zur Verfügung gestellt werden.

luation werden verstärkt solche Ansätze angewandt (Henning und Michalek, 2008; Pufahl und Weiss, 2009), die aber methodisch kritisch zu hinterfragen sind (Margarian, 2008). Aufgrund der verstärkten Förderung von Kooperationen und Netzwerken kommen in jüngster Zeit auch Netzwerkanalysen zum Einsatz (Kripgans und Ainz, 2013).

Anspruchsvollere methodische Evaluationsdesigns findet man häufiger in Verbindung mit Begleitforschungsvorhaben (Deeke, 2010) und Studien, die nicht unmittelbar mit dem Programmzyklus verknüpft sind (WIFO und Joanneum Research, 2009) und bei einer engen Kooperation von Forschung und Evaluation, die bei manchen Auftragnehmern gegeben ist. Solche Studien setzen geeignete (Mikro-)Daten, ausreichend Zeit und Budget sowie Kapazitäten seitens der Evaluatorinnen und Evaluatoren voraus. Diese Rahmenbedingungen und Voraussetzungen sind oftmals in der „normalen" Programmevaluation nicht gegeben.

Neben kontrafaktischen Methoden werden zur Abschätzung makroökonomischer Effekte Input-Output-Modelle oder allgemeine Gleichgewichtsmodelle[17] diskutiert. Dabei erfolgt die eigentliche Modellentwicklung allerdings zumeist außerhalb der eigentlichen Evaluation; es werden ggf. einzelne Module im Rahmen der Evaluation weiterentwickelt. Der Einsatz von Modellen setzt allerdings umfangreichen empirischen Input seitens der Evaluation voraus und ist in den Ergebnissen sehr verallgemeinernd und Annahmen abhängig.

Qualitative Datenerhebungs- und -analysemethoden werden seitens der EU-KOM kaum thematisiert, kommen aber in vielen Evaluationsstudien zum Einsatz. Dies betrifft den Einsatz von Fallstudien, Fokusgruppen, Gruppendiskussionen, Expertengesprächen oder teilnehmender Beobachtung. Diese Ansätze sind ausbaufähig und sind – wenn sie theoretisch gut begründet sind und systematisch durchgeführt und ausgewertet werden – geeignet, Wirkungszusammenhänge besser herauszuarbeiten.

Wie werden die Ergebnisse der Evaluationen genutzt?

Das Besondere am Politikfeld „Strukturpolitik" ist, dass es nicht den einen, zentralen Nutzer von Evaluationsergebnissen gibt. Aufgrund des Mehrebenensystems besteht eine Vielfalt von potenziellen Nutzern, die unterschiedliche Bedürfnisse aufweisen. So möchte die EU-KOM die Evaluationsergebnisse vor allem zur Rechtfertigung ihres Mitteleinsatzes gegenüber EU-Parlament und EU-Rechnungshof nutzen. Das bedeutet u.a., dass sie weniger an Umsetzungs- oder instrumentellen Fragestellungen interessiert ist, als am „value added". Dies ist auch ein Grund für ihr Interesse an kausalanalytischen Designs und modellgestützten Analysen.[18] Ganz wichtig ist der EU-KOM auch die Vergleichbarkeit der Evaluationsergebnisse. Die Strategien zur Erreichung

---

17 Für den Einsatz von EU-weiten Wirkungsabschätzungen sind solche Modelle z.T. schon länger im Einsatz (z. B. in der Kohäsionspolitik HERMIN oder QUEST). Sie werden auch in der Evaluation strukturpolitischer Programme eingesetzt. Auch im Agrarbereich werden Modelle wie CAPRI eingesetzt, deren Einsatz auf die gesamte Breite der ländlichen Entwicklungspolitik ausgeweitet werden soll (CAPRI-RD).

18 In jüngster Zeit betont zumindest die DG Regio verstärkt eine Methodenvielfalt, in der modellgestützte Analysen als eine Methode unter verschiedenen, je nach Evaluationszweck und -ansatz sinnvollen Methoden steht.

dieser Anforderung sind unterschiedlich, seitens der DG Regio in Form eigener Studien, seitens der DG Agri durch verpflichtende Vorgaben für die von den Mitgliedstaaten vorzulegenden Evaluationsstudien.

Zum größten Teil vergeben aber die Mitgliedstaaten selbst die Evaluation. Neben der Erfüllung der formalen Vorgaben in den Verordnungen haben die Mitgliedstaaten Anforderungen an Evaluation, die eher in Richtung Umsetzungsrelevanz gehen. Dabei interessiert die Verwaltungsbehörden eher ein breiterer Programmüberblick, während die Fachreferate sehr tiefgehende Erkenntnisse zu ihren Maßnahmen erwarten, um ggf. an Richtliniendetails Anpassungen vornehmen zu können. Zur Nutzung der Evaluationsergebnisse ist im Jahr 2012 eine Umfrage bei den Verwaltungsbehörden (Auftraggeber) durchgeführt worden (IfS, 2012a). Demnach werden die Ergebnisse in den EU-Strukturfonds vor allem für eine bessere Umsetzung der Programme genutzt. Dies geschieht vor allem durch effizientere Prozesse und Anpassung bei einzelnen Instrumenten. Dabei werden auch einzelne Budgets angepasst bzw. Mittel zwischen Einzelprogrammen umgeschichtet. Dies deckt sich auch weitgehend mit Befragungsergebnissen bei Verwaltungsbehörden aus dem Jahr 2012 zur Vorbereitung der Frühjahrstagung des AK-Strukturpolitik, wobei in dieser Befragung der formale und informierende Zweck der Evaluation an erster Stelle genannt wurde.

Darüber hinaus werden die Ergebnisse auch für die Planung der neuen Förderperiode genutzt – beispielsweise für die Auswahl bestimmter Förderinstrumente oder die Legitimierung von Kürzungen. In Einzelfällen werden begleitende Evaluationsprozesse auch für die Konzeption der neuen Programme genutzt.

Abgesehen von diesen Befragungsergebnissen fehlen systematische Kenntnisse der (politischen) Prozesse, in die Evaluationen einfließen und ggf. genutzt werden. Empirische Untersuchungen und die Evaluationsforschung deuten darauf hin, dass der Nutzen weniger direkt aus den zusätzlichen Informationen, Bewertungen und Entscheidungsgrundlagen entsteht, als indirekt in ihrer Funktion für Entscheidungsprozesse liegt.

4. Fazit: Entwicklungschancen und Herausforderungen

Der Evaluationsgegenstand des AK-Strukturpolitik deckt – ausgehend von den regional und sektoral angelegten Programmen der EU-KOM – weite Bereiche der Regionalpolitik, der regionalen und sektoralen Wirtschaftspolitik, der Arbeitsmarktpolitik und Teile der Agrarpolitik sowie eine Reihe angrenzender Politikfelder ab. In diesen Politikfeldern haben sich die Evaluationssysteme im Laufe der letzten 20 Jahre immer weiter ausdifferenziert; Evaluationskapazitäten sowohl bei Auftraggebenden wie bei Auftragnehmenden sind gewachsen. Die Zahl der Evaluationen hat zugenommen, und auch die Qualität und die Methodik haben sich tendenziell positiv entwickelt. Entsprechende Entwicklungen zeigen sich auch außerhalb des EU-induzierten Evaluationssystems, etwa in verschiedenen Bundesministerien. Treiber sind die Evaluationsanforderungen beim Einsatz europäischer Mittel, die Diskussion und Entwicklungen zu neuen Steuerungsmodellen (New Public Management), zuletzt aber auch ein zunehmender Legitimationsdruck bei insgesamt knapper werdenden Mitteln.

Im föderalen System werden die Evaluationen überwiegend von den unabhängig agierenden Bundesländern beauftragt. Daraus ergibt sich eine große Vielzahl von Evaluationen, die teils sehr spezifische Fragestellungen und Gegenstände und jeweils nur einen begrenzten Bezug haben. Entsprechend begrenzt sind zumeist die Ressourcen und Evaluationsbudgets. Der zentrale Antrieb für Evaluation ist in Politik und Verwaltung eher die Legitimation der Förderpolitik einschließlich inkrementeller Verbesserungen. Die (kritische) Analyse der Relevanz der Fördermaßnahmen, der Resultate und die Weiterentwicklung sind eher von nachrangiger Bedeutung. Es sind aber einzelne Tendenzen in diese Richtung zu beobachten. Diese Grundausrichtung spiegelt sich auch in den Schwerpunkten und Fragestellungen von vielen Evaluationen wider.

In vereinfachter Betrachtung sind die Evaluationen im Politikfeld vor allem auf die Umsetzung der komplexen Programme, die Verbesserung einzelner Instrumente und eine einfache Zielerreichung bei den direkten Outputs ausgerichtet. Wirkungen werden zwar adressiert, aber selten umfassend evaluiert. Die Ergebnisse und Wirkungen der Gesamtprogramme werden nur ansatzweise thematisiert. Methodisch betrachtet haben die Analysen zumeist eher deskriptiven Charakter. Meistens wird dabei die Auswertung von Monitoringdaten durch Primärerhebungen in Form von Interviews und Befragungen ergänzt. Einige Studien nutzen für ausgewählte Instrumente andere, umfassendere, quantitativ ausgerichtete Methoden (Vergleichsgruppen, Modellbildung) oder elaboriertere qualitative Methoden.

Insbesondere die Gesamteffekte der Programme und die Interaktionen der Einzelprogramme und Instrumente sind selten Gegenstand der Evaluationen. Hier fehlt es aber auch an konzeptionellen Ansätzen der Evaluation und eine adäquate Methodik. Inwiefern beispielsweise modellgestützte Analysen hier weiterhelfen, wäre zu diskutieren.

Zukünftige Entwicklungen der Evaluation des Politikfeldes werden sicher durch die Vorschläge und Vorgaben der EU-KOM mitbestimmt. Außerdem erscheint es möglich, dass der Prozess hin zu eher evidenzbasierten Verwaltungssystemen auch zu veränderten Haltungen der nationalen Ministerien gegenüber Evaluationen führt.

Eine wesentliche Neuerung für die Förderperiode 2014 bis 2020 ist der Evaluationsplan, der von der EU-KOM verpflichtend vorgegeben ist. Hier sind u.a. die geplanten Evaluationen mit Thema, Zielsetzung und Zweck, die Methoden und Datenerfordernisse, eine „Strategie" dafür, wie die Evaluationen kommuniziert und genutzt werden, um Richtwerte für die Budgets von den Ländern festzulegen. Die Evaluationspläne können zu einer intensiveren Auseinandersetzung mit dem Thema „Evaluation" führen, z.B. der Frage nach Ziel, Zweck und Nutzen der Studien. Die Koordination von Themen und Fragestellungen könnte zu einer stärker zielgerichteten Planung und Nutzung von Evaluationen führen, zumal in Ansätzen auch die Absorptionsfähigkeit ein Thema des Plans ist. Darüber hinaus ermöglicht die frühzeitige Planung Evaluationsdesigns und Methoden, die bisher u.a. wegen Datenproblemen nicht umgesetzt werden konnten (kontrafaktische Ansätze). Insgesamt bietet der „Evaluationsplan" eine Chance, die Evaluationskultur im Politikfeld weiter zu entwickeln.

Die Vielfalt und Komplexität der Evaluationslandschaft ist mehrfach dargestellt worden. Ein Kennzeichen ist auch ein bisher relativ schwach ausgeprägter Diskurs zum Evaluationssystem. Es existiert kein systematischer Überblick zu den Evaluationen (Ansätze bei Brandt und Schwab, 2013; EEN, 2012; IfS, 2012a). Ein Erfahrungsaustausch findet nur in Ansätzen statt – insbesondere über den Arbeitskreis. Dies gilt insbesondere auch für die Auftraggebenden: Eine Koordination oder eine Kooperation der Länder bei der Evaluation von EU-Strukturfonds findet – abgesehen von punktuellen bilateralen Kontakten – kaum statt. Hier gäbe es eine Reihe von Anknüpfungspunkten, die von der Vorbereitung von Ausschreibung, Fragestellungen der Evaluationen, der Begleitung der Evaluation, die gemeinsame Bereitstellung oder Erhebung von Daten bis zum Austausch der Evaluationsergebnisse reichen könnte. Angesichts vieler ähnlicher oder gleicher Förderansätze wären wohl auch gemeinsame Evaluationsaktivitäten denkbar. Im ELER sind in der Förderperiode 2007 bis 2013 Ansätze entwickelt und umgesetzt worden. „Generally speaking, more discussion about evaluation approaches and results – including public authorities as well as evaluators – could help to improve both quality and the potential use of evaluations." (Brandt und Schwab 2013, 38). Die Aktivitäten des Arbeitskreises werden dazu auch weiterhin ihren Beitrag leisten.

Literatur

Bachtler, J. und Michie, R. (1995): A New Era in EU Regional Policy Evaluation? The Appraisal of the Structural Funds. Regional Studies 29, H. 8, S. 745–751. Internetseite Routledge: http://www.tandfonline.com/doi/pdf/10.1080/00343409512331349353. Stand 07.01.2014.

Bade, F.-J. und Alm, B. (2010): Endbericht zum Gutachten Evaluierung der Gemeinschaftsaufgabe „Verbesserung der regionalen Wirtschaftsstruktur" (GRW) durch einzelbetriebliche Erfolgskontrolle für den Förderzeitraum 1999–2008 und Schaffung eines Systems für ein gleitendes Monitoring. Internetseite BMWI: http://www.bmwi.de/BMWi/Redaktion/PDF/Publikationen/evaluierung-gemeinschaftsaufgabe,property=pdf,bereich=bmwi,sprache=de,rwb=true.pdf. Zitiert am 11.01.2012.

Beaufoy, G. und Cooper, T. (2008): Guidance document to the member states on the application of the high nature value impact indicator. Brüssel. Internetseite European evaluation network for rural development: http://ec.europa.eu/agriculture/rurdev/eval/hnv/guidance_en.pdf.

Becker, P. (2013): Die neue europäische Kohäsionspolitik 2014–2020. Internetseite Evangelische Kirche in Deutschland: https://www.ekd.de/download/Becker_EKD_-Konferenz.pdf. Stand 06.01.2014.

Bergschmidt, A. und Plankl, R. (1999): Evaluierung der Agrarumweltprogramme gemäß der Beschlüsse der Agenda 2000. Berichte über Landwirtschaft 77, H. 4, S. 570–590.

BMELV, Bundesministerium für Ernährung Landwirtschaft und Verbraucherschutz (2011): 1. Fortschrittsbericht 2010 zum Nationalen Strategieplan der Bundesrepublik Deutschland für die Entwicklung ländlicher Räume 2007 bis 2013 (in der überarbeiteten Fassung vom 01.06.2011). Internetseite BMVEL: http://www.bmelv.de/SharedDocs/Downloads/Landwirtschaft/LaendlicheRaeume/Forschrittsbericht2010Strategieplan.pdf?__blob=publicationFile. Stand 29.11.2011.

Bornemann, H., Breuer, A., Rautenberg, R. und Winter, M. (2010): Umsetzung des Ziels „Regionale Wettbewerbsfähigkeit und Beschäftigung" im Rahmen der europäischen Strukturpolitik und Handlungsoptionen für seine Fortführung in der Förderperiode 2014–2010. Endbericht. Studie im Auftrag des Bundesministeriums für Wirtschaft und Technologie durch die Prognos AG. Internetseite BMWI: http://www.bmwi.de/

BMWi/Redaktion/PDF/Publikationen/umsetzung-ziel-regionale-wettbewerbsfaehig-keit-und-beschaeftigung,property=pdf,bereich=bmwi,sprache=de,rwb=true.pdf. Stand 07.09.2010.

Bougas, A. (2001): Progress and challenges in the evaluation of European structural policies. In: BBR, Bundesamt für Bauwesen und Raumordnung (Hrsg.): Evaluation und Qualitätsmanagement der EU-Strukturpolitik. Informationen zur Raumentwicklung, H. 6/7. S. 311–314.

Brandt, T. und Schwab, O. (2013): Expert evaluation network delivering policy analysis on the performance of Cohesion policy 2007–2013 Year 3 – 2013. Task 2: Country Report on Achievements of Cohesion policy Germany. Berlin.

Deeke, A. (2010): Arbeitsmarktpolitik mit dem Europäischen Sozialfonds Analysen zur Umsetzung und zu den Wirkungen der Ergänzung des SGB III aus Mitteln des ESF – Endbericht der Begleitforschung zum ESF-BA-Programm 2000–2008. IAB Projektbericht, H. 534. Nürnberg. Internetseite BMAS: http://www.esf.de/portal/generator/14548/property=data/2010__07__09__arbeitsmarktpolitik.pdf. Stand 03.01.2014.

DG Regio (2010): Analysis of the financial and physical data in the Final Implementation Reports, ERDF Objectives 1+2 Expenditure database containing information on spending by Field of Intervention Codes. Internetseite DG Regio: http://ec.europa.eu/regional_policy/sources/docgener/evaluation/pdf/expost2006/final_implementation/expenditure.xls. Zitiert am 08.06.2014.

EEN, European Evaluation Network for Rural Development (2012): Methodological assessment of mid-term evaluation reports of 2007–2013 Rural Development Programmes. Internetseite ERND: http://enrd.ec.europa.eu/app_templates/filedownload.cfm?id=DEAC4A4D-09E2-CCB0-3E66-A5F53E2BE9BF. Stand 20.01.2014.

EU-COM, Commission of the European Communities (2010): Communication from the Commission. Europe 2020. A strategy for smart, sustainable and inclusive growth. Internetseite European Commission: http://eur-lex.europa.eu/LexUriServ/LexUriServ.do?uri=COM:2010:2020:FIN:EN:PDF. Stand 26.10.2011.

EU-KOM, Europäische Kommission (1999a): Der Neue Programmplanungszeitraum 2000–2006: Methodische Arbeitspapiere. Arbeitspapier 4 Durchführung der leistungsgebundenen Reserve für die Strukturfondsinterventionen. Internetseite DG Regio: http://ec.europa.eu/regional_policy/sources/docoffic/working/doc/reserve_de.pdf. Stand 06.01.2014a.

EU-KOM, Europäische Kommission (2007): Der neue Programmplanungszeitraum 2007–2013: Indikative Leitlinien zu Bewertungsverfahren: Bewertung während des Programmplanungszeitraums (Arbeitsdokument Nr. 5). Internetseite DG Regio: http://ec.europa.eu/regional_policy/sources/docoffic/2007/working/wd5_ongoing_de.pdf. Stand 07.01.2014.

EU-KOM, Europäische Kommission Generaldirektion Landwirtschaft (2006): Rural Development 2007–2013. Handbook on Common Monitoring and Evaluation Framework, Guidance Document, September 2006. Brüssel.

EU-KOM, Europäische Kommission Generaldirektion Landwirtschaft (1999b): Bewertung von Programmen zur Entwicklung des ländlichen Raums im Zeitraum 2000–2006 mit Unterstützung des Europäischen Ausrichtungs- und Garantiefonds für die Landwirtschaft, Leitfaden (VI/8865/99). Brüssel.

EU-KOM, Europäische Kommission Generaldirektion Regionalpolitik (1999c): Die Ex-ante-Bewertung der Strukturfondsinterventionen. Der neue Programmplanungszeitraum 2000–2006: methodische Arbeitspapiere, H. 2. Brüssel.

EU-KOM, Europäische Kommission Generaldirektion Regionalpolitik (1999d): Indikatoren für die Begleitung und Bewertung: Eine indikative Methode. Der neue Programmplanungszeitraum 2000–2006: methodische Arbeitspapiere, H. 3. Brüssel.

EU-KOM, Kommission der Europäischen Gemeinschaften, Hrsg. (1999e): Evaluating socio-economic programmes, Evaluation design and management. MEANS Collection, H. 1 Luxembourg.

EU-KOM, Kommission der Europäischen Gemeinschaften, Hrsg. (1999f): Evaluating socio-economic programmes, Glossary of 300 concepts and technical terms. MEANS Collection, H. 6 Luxembourg.

EU-KOM, Kommission der Europäischen Gemeinschaften, Hrsg. (1999g): Evaluating socio-economic programmes, Principal evaluation techniques and tools. MEANS Collection, H. 3 Luxembourg.

EU-KOM, Kommission der Europäischen Gemeinschaften, Hrsg. (1999h): Evaluating socio-economic programmes, Selection and use of indicators for monitoring and evaluation. MEANS Collection, H. 2 Luxembourg.

EU-KOM, Kommission der Europäischen Gemeinschaften, Hrsg. (1999i): Evaluating socio-economic programmes, Technical solutions for evaluation within a partnership framework. MEANS Collection, H. 4 Luxembourg.

EU-KOM, Kommission der Europäischen Gemeinschaften, Hrsg. (1999j): Evaluating socio-economic programmes, Transversal evaluation of impacts on the environment, employment and other intervention priorities. MEANS Collection, H. 5 Luxembourg.

EU-KOM, Kommission der Europäischen Gemeinschaften (2000): Gemeinsame Bewertungsfragen mit Kriterien und Indikatoren – Bewertung von Programmen zur Entwicklung des ländlichen Raums, die von 2000 bis 2006 durchgeführt und durch den Europäischen Ausrichtungs- und Garantiefonds gefördert werden (Dokument VI/12004/00 Endg.). Brüssel.

Fährmann, B. und Grajewski, R. (2008): Studie 3 – Untersuchung und Bewertung der Implementationskosten des Hessischen Programms zur Entwicklung ländlicher Räume vor dem Hintergrund der erzielten Wirkungen. Qualitative Kosten-Wirkungs-Analyse zur Bewertung der Fördereffizienz des Hessischen EPLR. In: Fährmann, B., Grajewski, R. und Pufahl, A. (Hrsg.): Ex-post-Bewertung des Hessischen Entwicklungsplans für den ländlichen Raum, Materialband zu Kapitel 10, Kapitelübergreifende Fragestellungen. Braunschweig. S. 127–208.

Frey, R., Claus, T., Pimminger, I. und Ahrens, P. (2007): Externe Analyse und Beratung zur Ziel 2-Umsetzung im Lande Bremen unter dem Fokus Gender Mainstreaming. Internetseite WuH: http://www.efre-bremen.de/sixcms/media.php/13/Endbericht_Gender_Mainstreaming.4140.pdf. Zitiert am 06.06.2014.

GD Finanzplanung und Haushalt (2007): Aufteilung nach Mitgliedstaat für einzelne 2007–2013 EU-Unterstützungsmaßnahmen. Internetseite GD Finanzplanung und Haushalt: http://ec.europa.eu/budget/biblio/documents/fin_fwk0713/fin_fwk0713_de.cfm#alloc. Stand 03.01.2014.

GEFRA, Gesellschaft für Finanz und Regionalanalysen, EMDS, Economic Modelling and Development Strategies, IfS, Institut für Stadtforschung und Strukturpolitik GmbH und MR, Gesellschaft für Regionalberatung mbH (2010): Anforderungen und Handlungsoptionen für den Einsatz der europäischen Strukturpolitik in den Jahren 2014–2020 in den neuen Bundesländern einschließlich Berlin. Studie im Auftrag des Bundesministeriums für Wirtschaft und Technologie. Internetseite BMWi: http://www.bmwi.de/BMWi/Redaktion/PDF/Publikationen/anforderungen-und-handlungsoptionen-einsatz-europaeische-strukturpolitik,property=pdf,bereich=bmwi,sprache=de,rwb=true.pdf. Stand 12.01.2012.

GEFRA, Gesellschaft für Finanz und Regionalanalysen und IAB, Institut für Arbeitsmarkt und Berufsforschung (2010): Ex post evaluation of Cohesion Policy programmes 2000–2006 financed by the European Regional Development Fund Work Package 6c: Enterprise Support – an exploratory study using counterfactual methods on available data from Germany. Internetseite DG Regio: http://ec.europa.eu/regional_policy/sources/docgener/evaluation/pdf/expost2006/wp6c_final_report_en.pdf. Stand 01.07.2011.

Grajewski, R. und Koch, B. (2002): Welche Anforderungen gibt es an das Monitoring im Rahmen der ländlichen Entwicklungsprogramme gemäß VO (EG) Nr. 1257/99 aus Sicht von Evaluatoren? Internetseite Institut für Betriebswirtschaft, Agrarstruktur und ländliche Räume der FAL: http://www.bal.fal.de/download/graj_Vortrag.pdf. Stand 15.04.2003.

Grajewski, R. (2009): Evaluation in der Agrarpolitik in Deutschland. In: Widmer, T., Beywl, W. und Fabian, C. (Hrsg.): Evaluation. Ein systematisches Handbuch. Wiesbaden. S. 75–86.

Henning, C. und Kaufmann, P. (Hrsg.) (2009): ADVANCED-EVAL. Development and application of advanced quantitative methods to ex-ante and ex-post evaluations of rural development programmes in the EU. Final project report. Kiel. Internetseite ADVANCED-EVAL project site: http://www.advanced-eval.eu. Stand 20.10.2011.

Henning, C. und Michalek, J. (2008): Ökonometrische Methoden der Politikevaluation: Meilenstein für eine sinnvolle Agrarpolitik der 2. Säule oder akademische Fingerübung? Agrarwirtschaft 57, H. 3/4, S. 232–243.

Holzinger, E. (2001): 6 Jahre Programm-Evaluation – eine Bilanz. Endbericht des Österreichischen Instituts für Raumplanung im Auftrag des Bundeskanzleramts. Internetseite Bundeskanzleramt: http://www.bka.gv.at/DocView.axd?CobId=3373. Stand 03.01.2014.

IfLS, Institute for Rural Development Research und KANTOR Management Consultants S.A. (2011): Ex-post evaluation of Rural Development Programmes 2000–2006. Internetseite DG AGri: http://ec.europa.eu/agriculture/evaluation/rural-development-reports/2012/ex-post-evaluation-rdp-2000-2006/fulltext_en.pdf. Stand 05.10.2012.

IfS, Institut für Stadtforschung und Strukturpolitik GmbH (2012a): Strategiebericht 2012 zur EU-Strukturpolitik. Berichterstattung zum Nationalen Strategischen Rahmenplan für den Einsatz der EU-Strukturfonds in der Bundesrepublik Deutschland. Internetseite Europäische Kommission: http://ec.europa.eu/regional_policy/how/policy/doc/strategic_report/2012/de_strat_report_2012.zip. Stand 03.01.2014a.

IfS, Institut für Stadtforschung und Strukturpolitik GmbH (2012b): Strategiebericht 2012 zur EU-Strukturpolitik. Berichterstattung zum Nationalen Strategischen Rahmenplan für den Einsatz der EU-Strukturfonds in der Bundesrepublik Deutschland Anhang. Internetseite Europäische Kommission: http://ec.europa.eu/regional_policy/how/policy/doc/strategic_report/2012/de_strat_report_2012.zip. Stand 03.01.2014b.

IfS, Institut für Stadtforschung und Strukturpolitik GmbH (2012c): Strategiebericht 2012 zur EU-Strukturpolitik. Berichterstattung zum Nationalen Strategischen Rahmenplan für den Einsatz der EU-Strukturfonds in der Bundesrepublik Deutschland SFC-Tabellen 6 und 7. Internetseite Europäische Kommission: http://ec.europa.eu/regional_policy/how/policy/doc/strategic_report/2012/de_strat_report_2012.zip. Stand 03.01.2014c.

Knöbl, I. (2011): Anforderungen Ländlicher Entwicklungsprogramme an die Verwaltungsbehörde. In: Ortner, K. M. (Hrsg.): Ergebnisse und Schlussfolgerungen aus der

Halbzeitbewertung Von Programmen zur Entwicklung des Ländlichen Raums. Wien. S. 9–12.

Kripgans, N. und Ainz, G. (2013): Begleitende Bewertung der Interventionen des Europäischen Sozialfonds Österreich 2007–2013. Evaluation SP 5 Territoriale Beschäftigungspakte 2010–2011. Auftraggeber: Bundesministerium für Arbeit, Soziales und Konsumentenschutz. Internetseite BMASK: http://www.esf.at/esf/wp-content/uploads/ESF_Endbericht-SP5_10.pdf. Zitiert am 06.06.2014.

Kugler, U. (2000): Die Evaluation wirtschaftspolitischer Programme – am Beispiel der EU-Strukturfonds-Programme im Land Bremen. Vierteljahreshefte zur Wirtschaftsforschung 69, H. 3, S. 406–424.

Lebensministerium (2010): Evaluierungsbericht 2010 Anhang I Beauftragte Studien zum Evaluierungsbericht 2010 der Periode LE07-13 Zusammenstellung der Kurzfassungen. Internetseite Lebensministerium: http://www.lebensministerium.at/dms/lmat/land/laendl_entwicklung/evaluierung/le_berichte/eval/03_Anhang_I_Studien_Kurzfassungen.pdf. Stand 07.01.2014.

Lukesch, R., Schuh, B., Beaufoy, G., Gömann, H., Kaufmann, P., Koorberg, P., Michalek, J., Moran, D., Paracchini, M. L., Pinay, G., Pufahl, A., Schiller, S., Rossi, P. und Storti, D. (2010): Working paper on Approaches for assessing the impacts of the Rural Development Programmes in the context of multiple intervening factors. Internetseite European Evaluation Network for Rural Development: http://enrd.ec.europa.eu/app_templates/filedownload.cfm?id=6999FF39-0307-D7F3-EE33-16D47E2C2144. Stand 29.04.2010.

Margarian, A. (2008): Diskussionsbeitrag zu: Christian H.C.A. Henning und Jerzy Michalek: Ökonometrische Methoden der Politikevaluation: Meilenstein für eine sinnvolle Agrarpolitik der 2. Säule oder akademische Fingerübung? Agrarwirtschaft 57 (2008), Heft 3/4. Internetseite Ageconsearch: http://ageconsearch.umn.edu/bitstream/97704/2/4_Margarian.pdf. Stand 08.01.2014.

Meyer, S., Aßmann, B. und Toepel, K. (2013): Innovative Finanzierungsinstrumente in Berlin: Ergebnisse der Unternehmensförderung durch revolvierende Instrumente im EFRE-Programm – Vertiefende Bewertung 2012. Internetseite BerlinOnline Stadtportal GmbH & Co. KG: http://www.berlin.de/imperia/md/content/sen-strukturfonds/aktuelles/vertiefende_bewertung_finanzinstrumente.pdf?start&ts=1380279421&file=vertiefende_bewertung_finanzinstrumente.pdf. Stand 28.11.2013.

ÖAR Regionalberatung und RIMAS, Research Institute for Managing Sustanability der Wirtschaftsuniversität Wien (2011): Wirkungsevaluierung – ein Praxistest am Beispiel der EFRE-geförderten Umweltmaßnahmen des Bundes in Österreich in der Periode 2007–2013. Schriftenreihe, H. 186. Wien.

ÖROK, Österreichische Raumordnungskonferenz (2013): STRAT.AT Bericht 2012 Zweiter Strategischer Berichts Österreichs zur Umsetzung der EU-Kohäsionspolitik 2007–2013. Schriftenreihe, H. 188. Wien. Internetseite ÖROK: http://www.oerok.gv.at/fileadmin/Bilder/3.Reiter-Regionalpolitik/2.EU-SF_in_OE_07-13/2.1_Nationale_Strategie/STRAT.AT/FINALE_Version_SB2012_Deutsch.pdf. Stand 08.01.2014.

ÖROK, Österreichische Raumordnungskonferenz (2009): EU-Kohäsionspolitik in Österreich 1995–2007 Eine Bilanz Materialienband. Schriftenreihe, H. 180. Wien. Internetseite Österreichische Raumordnungskonferenz: www.oerok.gv.at.

Plankl, R., Daub, R., Gasmi, S., Pitsch, M. und Rudow, K. (2008): Ex-post-Bewertung der Ausgleichszulage in benachteiligten Gebieten (2000–2006) – Länderübergreifender Bericht. Internetseite Institut für Ländliche Räume: Stand 08.03.2010.

Pufahl, A. und Fährmann, B. (2008a): Studie 1: Einkommens- und Beschäftigungswirkungen von Agrarumweltmaßnahmen, der Ausgleichszulage für benachteiligte Gebiete und der Ausgleichszulage für Gebiete mit umweltspezifischen Einschränkungen. In: LR, Institut für Ländliche Räume des Johann Heinrich von Thünen-Instituts vTI (Hrsg.): Ex-post-Bewertung des Hessischen Entwicklungsplans für den Ländlichen Raum. Materialband zu Kapitel 10 Kapitelübergreifende Fragestellungen. Braunschweig. Internetseite Institut für Ländliche Räume des vTI: Stand 28.08.2009a.

Pufahl, A. und Fährmann, B. (2008b): Studie 2: Einflussfaktoren der Grünlandentwicklung unter besonderer Berücksichtigung der EPLR-Förderung. In: LR, Institut für Ländliche Räume des Johann Heinrich von Thünen-Instituts vTI (Hrsg.): Ex-post-Bewertung des NRW-Programms Ländlicher Raum. Materialband zu Kapitel 10 Kapitelübergreifende Fragestellungen. Braunschweig. S. 79–128. Internetseite Institut für Ländliche Räume des vTI: http://www.vti.bund.de/de/institute/lr/publikationen/sonstige/zal/nrw_ex_post/ex_post_nrw_kap6_mb_de.pdf. Stand 28.08.2009b.

Pufahl, A. und Weiss, C. R. (2009): Evaluating the effects of farm programmes: results from propensity score matching. European Review of Agricultural Economics 36, H. 1, S. 89–101.

Sander, A. und Bormann, K. (2013): PROFIL 2007–2013 Plan der Länder Niedersachsen und Bremen zur Entwicklung des ländlichen Raums. Beitrag des Programms zur Umkehr des Biodiversitätsverlustes – Modulbericht Vertiefungsthema Biodiversität. Hannover, Hamburg.

Sinabell, F., Bock-Schappelwein, J., Mayer, C., Kniepert, M., Schmid, E., Schönhart, M. und Streicher, G. (2011): Indikatoren für die Auswirkungen des Programms der Ländlichen Entwicklung 2007/2013 in Österreich. Internetseite Österreichisches Institut für Wirtschaftsforschung: http://www.wifo.ac.at/wwa/downloadController/displayDbDoc.htm?item=S_2011_PROGRAMMLAENDLICHEENTWICKLUNG_41207$.PDF. Stand 07.06.2011.

Stumm, T., Robert, J., ESRI, Economic and Social Research Institute Dublin und GEFRA, Gesellschaft für Finanz und Regionalanalysen (2003): Ex-post Evaluation of Objective 1, (1994–1999) "National Report Germany". Internetseite DG Regio: http://ec.europa.eu/regional_policy/sources/docgener/evaluation/doc/obj1/germany.pdf. Stand 03.01.2014.

technopolis und Manchester Institute of Innovation Research (2012): Evaluation of Innovation Activities: Methods and Practice. Final Report. Internetseite DG Regio: http://ec.europa.eu/regional_policy/sources/docgener/evaluation/pdf/eval2007/innovation_activities/final_report_en.pdf. Stand 07.01.2014.

Tietz, A. (2010): Auswirkungen von Health Check und EU-Konjunkturprogramm auf die ländlichen Entwicklungsprogramme der deutschen Bundesländer. Arbeitsberichte aus der vTI-Agrarökonomie, H. 03/2010. Braunschweig. Internetseite Institut für Ländliche Räume des vTI: http://www.vti.bund.de/de/institute/lr/publikationen/bereich/ab_03_2010_de.pdf. Stand 09.04.2010.

WIFO, Österreichisches Institut für Wirtschaftsforschung und Joanneum Research (2009): Quantitative Effekte der EU-Regionalförderung in Österreich Eine Pilotstudie. In: ÖROK, Österreichische Raumordnungskonferenz (Hrsg.): EU-Kohäsionspolitik in Österreich 1995–2007 Eine Bilanz Materialband. Schriftenreihe, H. 180. S. 39–134.

Williams, K., Laat, B. de und Stern, E. (2002): The use of Evaluation in the Commission Services, Final Report, Studie im Auftrag der EU-KOM von Technopolis France und The Tavistock Institute. Internetseite EU-Kommission, DG Haushalt: http://ec.europa.eu/budget/evaluation/studies/study_de.htm. Stand 17.05.2007.

Susanne Neubert, Dorothee Mack, Helge Roxin

Vom Methodenstreit zum Methodenmix – Chronologie und Stand der Entwicklungsevaluierung in Deutschland[1]

Einführung

Kaum ein anderes Politikressort wird so oft evaluiert wie das der Entwicklungspolitik. Spiegelbildlich zum Wandel entwicklungspolitischer Ansätze – etwa von kleineren Projekten hin zu flächendeckenden Programmen wandelte sich auch die Evaluierungsmethodik in den letzten drei Dekaden und wurde internationaler sowie professioneller. Von einfachen Designs über die Anwendung einer Bandbreite von Methoden hin zu systemischen Verfahren hat die Entwicklungspolitik heute ein reichhaltiges Repertoire an Evaluierungserfahrung vorzuweisen. Auch institutionell ist das Feld lebendig. Während das 2012 gegründete *Deutsche Evaluierungsinstitut der Entwicklungszusammenarbeit* (DEval) zukünftig eine stärkere Unabhängigkeit der staatlichen Evaluierungspraxis erwarten lässt, zeigt sich bei den Nichtregierungsorganisationen (NRO) ein zweigeteiltes Bild. Größere Organisationen evaluieren seit langem, wohingegen kleine NRO erst viel später mit Evaluierungen begannen. Der Artikel zeigt die Entwicklungen auf und ermöglicht Innensichten.

1. Chronologie der Entwicklungsevaluierung[2]

1.1 Von einfacheren zu anspruchsvolleren Untersuchungsdesigns in den 80er und 90er Jahren

Spätestens seit den 80er Jahren ist Evaluierung ein zentrales Thema der Entwicklungszusammenarbeit (EZ), wodurch dieses Politikfeld eine vergleichsweise lange Evaluierungstradition vorweist. Entsprechend des damals vorherrschenden Projektdenkens waren zu Beginn die Evaluierungsansätze zumeist auf *Outputs* konzentriert, wobei die Wirkungen der Projekte dabei nur sehr unzureichend berücksichtigt wurden. Als jedoch Ende der 80er Jahre evident wurde, dass zwar Ergebnisse der Einzelevaluierungen zum großen Teil positiv ausfielen, die avisierten Entwicklungserfolge auf natio-

---

1 Die Inhalte dieses Artikels liegen in Verantwortung der Autor/inn/en. Sie bedanken sich für Kommentare von B. Causemann und S. Silvestrini.
2 Eine Analyse des Evaluierungssystems der deutschen EZ bis 2009 ist bei Borrmann & Stockmann, 2009 nachzulesen.

naler Ebene jedoch oft ausblieben (Mikro-Makro-Paradoxon, vgl. Mosley, 1986), fiel die EZ in eine Glaubwürdigkeitskrise. Ausgehend von diesem (scheinbaren) Widerspruch entstanden grundsätzliche Debatten. In Bezug auf Projektevaluierungen mündeten diese in der Einsicht, dass einfache Evaluierungen die Realität oft nicht hinreichend abbildeten (Faust & Leiderer, 2006).

Das Wirksamkeitsdefizit der EZ war Anstoß für zahlreiche Verbesserungen der EZ und seines Evaluierungssystems. Die Chronologie desselben ist demnach im Kontext der Reformen der Entwicklungspolitik zu sehen. Zunächst erhöhten das *Bundesministerium für wirtschaftliche Zusammenarbeit und Entwicklung* (BMZ) und die staatlichen Durchführungsorganisationen ihre Ansprüche an die Qualität der Evaluierungen. Doch bald wurden grundsätzlichere Stimmen laut und die Forderung nach mehr Partizipation wurde formuliert, u.a. auch von *Robert Chambers* vom *Institute of Development Studies* (IDS), der später Koryphäe auf diesem Gebiet wurde (vgl. Chambers 1981). Sie forderten, dass Evaluierungen verstärkt gemeinsam mit den Partnern und Zielgruppen gesteuert und durchgeführt werden sollten. Diese Forderung war u.a. Folge einer zuvor durchgeführten Kurskorrektur der Projektplanung und -durchführung im Rahmen der EZ. Diese sollten ebenfalls partizipativer gestaltet werden, um das *Ownership* der Partnerseite zu erhöhen. Dass hieraus die Forderung erwuchs, auch Evaluierungen partizipativer zu gestalten, war nur ein konsequentes Zu-Ende-Denken dieses neuen Ansatzes. Befürworter argumentierten, dass diejenigen Menschen, auf die die Entwicklungsmaßnahmen abzielten, auch ihre Wirkungen am authentischsten beurteilen könnten.[3] Zielgruppen würden auf diese Weise *ermächtigt* und das Bewusstsein darüber erhalten, dass sie ihre Entwicklung (zumindest teilweise) selbst in der Hand hielten (vgl. Guba & Lincoln, 1989). Schnell fanden partizipative Ansätze breite Zustimmung in der Fachöffentlichkeit, in der Wissenschaft gab es jedoch Pro und Contra, wobei oft nicht genau differenziert wurde, was unter partizipativer Evaluierung genau zu verstehen ist. Bis heute werden partizipative Ansätze in der Evaluierungspraxis jedoch seltener angewandt als erwartet. Die Gründe hierfür sind vielfältig: Auftraggeber befürchten höhere Kosten und mehr Zeitaufwand; externe Gutachter wollen nicht freiwillig ihre Bewertungskompetenz abgeben; manche Partnerorganisationen zeigen kein Interesse. So beschränkten sich die Auftraggeber zumeist nur auf eine Mischform: Zielgruppen sollten dabei punktuell zu Wort kommen, aber nicht zu viel Raum einnehmen.

In der GTZ wurde in den frühen 2000er Jahren „e-Val" als ein computerbasiertes System der Selbstevaluierung eingeführt, das Perspektiven verschiedener Stakeholder einbezog (s. GTZ, s.a.). In Evaluierungen, die vom BMZ beauftragt wurden, wurde ein Evaluierungsraster vorgegeben, das die Kriterien Relevanz, Effektivität, Effizienz, und später auch entwicklungspolitische Wirksamkeit und Nachhaltigkeit enthielt, die von unabhängigen Evaluatoren zu berücksichtigen waren. Von der KfW Entwicklungsbank hingegen wird seit vielen Jahren ein System der Notengebung verwendet. Während in der GTZ Ex-ante-Analysen und Selbstevaluierungen dominierten, da diese Ansätze eine bessere Feinsteuerung der Projekte entlang der Evaluierungsbefunde ermöglichen, wurde in der KfW Entwicklungsbank verstärkt ex-post evaluiert. So war und ist z.B.

---

3   In Neubert, 1999 wird die Chronologie hinsichtlich partizipativer Evaluierung nacherzählt.

drei bis fünf Jahre nach Übergabe des Projekts an die Partner von Seiten der KfW Entwicklungsbank eine Ex-post-Evaluierung üblich (vgl. z.B. Hemmer, 2010).

Etwa seit Mitte der 90er Jahre verschob sich das entwicklungspolitische Denken langsam in Richtung Wirkung. Aufgrund der geringen Wirksamkeit vieler Projekte auf nationaler Ebene wuchs in Fachkreisen die Einsicht, dass die Höhe der Entwicklungshilfegelder (ODA[4]) nicht automatisch eine stärkere Armutsminderung oder Wachstumseffekte bewirkte, sondern dass ihr Erfolg eher von ihrer Qualität und Einbettung in den ökonomischen, soziopolitischen und kulturellen Kontext abhängt (vgl. Faust & Neubert, 2010). Mit der stärkeren Orientierung auf Wirkung erweiterte sich auch die sogenannte Zuordnungslücke (*Attribution Gap*) sowie die Notwendigkeit, diese methodisch einwandfrei zu schließen. Da experimentelle Verfahren teuer sind und für komplexere Programme auf der Politikebene oftmals ungeeignet, führten sie jedoch zunächst weiterhin ein Schattendasein (vgl. Caspari, 2004).

1.2 Von der Input- zur Wirkungsorientierung und Wirkungsanalyse

Bereits kurz vor der international geführten *Aid-Effectiveness*-Debatte, die in die Reformagenda der Pariserklärung mündete,[5] wurde daher in Deutschland die neue *Orientierung der EZ auf Wirkung* ein Schlagwort der EZ, insbesondere in der Deutschen Gesellschaft für Technische Zusammenarbeit (GTZ), der heutigen GIZ (Deutsche Gesellschaft für Internationale Zusammenarbeit). Wertbestückte Wirkungsindikatoren wurden bereits während der Projektdurchführung gemessen. Gedankliche Grundlage war das Wirkungskettenmodell (Abb. 1), bei dem von linearen Ursache-Wirkungsbeziehungen ausgegangen wurde.

Die erwarteten Wirkungen wurden dabei bereits im Vorfeld vorgezeichnet, obwohl dieses Konzept auch mit den eigenen Realitätserfahrungen oft nicht übereinstimmt. Diese Vorgehensweise verführte zu einem Tunnelblick, denn nicht erwartete Wirkungen konnten so nicht erkannt werden. Die Konzentration auf Wirkungen von Entwicklungsvorhaben ließ zudem die Bedeutung anderer Evaluierungskriterien für eine Weile in den Hintergrund treten. Wirkungen sind jedoch nur eines der fünf internationalen Evaluierungskriterien des Entwicklungshilfeausschusses DAC der OECD (*Development Assistance Commitee*): Relevanz, Effektivität, Effizienz, Wirkung und Nachhaltigkeit. Insbesondere die Evaluierung der Nachhaltigkeit kam bei den Evaluierungen oft zu kurz, auch wenn der Begriff der Wirkungen den Aspekt der Dauer der Wirkung im deutschen Sprachgebrauch mit beinhalten kann (vgl. Caspari & Barbu, 2008). Die Konzentration der deutschen EZ-Praxis auf das Wirkungskriterium war mit der Herausforderung verknüpft, eine systematische Analyse der Wirkungen durchzuführen und trotzdem auf die Bildung von Vergleichsgruppen zu verzichten. Die Zuord-

---

4   ODA: Official Development Aid.

5   Die Pariserklärung wurde 2005 von Vertreter/innen aus Entwicklungs-, Schwellen- und Industrieländern verabschiedet und benennt fünf Grundprinzipien zur Erreichung einer besseren Wirksamkeit der EZ: Stärkere Eigenverantwortung der Partnerländer (*Ownership*), verstärkte Partnerausrichtung und Nutzung der Systeme der Partner *(allignment)*, verstärkte Abstimmung und Koordinierung zwischen den Gebern *(harminization)*, Ausrichtung des Handelns an Entwicklungsergebnissen *(managing for development results)* und gegenseitige Rechenschaftspflicht *(mutual accountability)*.

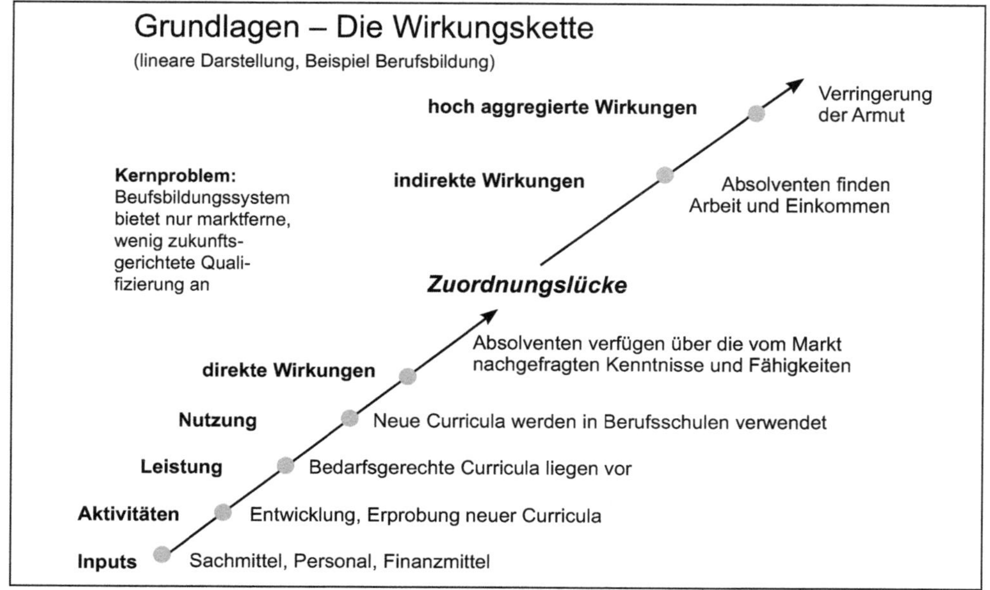

Abbildung 1:   Die Wirkungskette (GIZ, 2008).

nungslücke wurde überbrückt, indem das methodische Vorgehen so weit wie möglich plausibilisiert wurde. Dazu gehörte auch, die Resultate mit Hilfe von Triangulation zu ergänzen, bis die Ergebnisse valide waren. Solche Designs haben bis heute nichts an Aktualität verloren und werden auch aktuell in der Praxis eingesetzt.[6]

1.3   Internationalisierung: Das Wiederaufleben experimenteller Verfahren

Im Rahmen der Wirksamkeitsdebatte auf Grundlage der Pariserklärung 2005 drehte auch die deutsche EZ der sogenannten *Projektitis* mehr und mehr den Rücken und es wurden flächendeckende Programme, Budget- oder Gemeinschaftsfinanzierungen priorisiert. Die bessere Integration der Vorhaben in die nationalen Strukturen der Entwicklungsländer und auch die gemeinsamen Finanzierungen durch mehrere Geber hatte für die Evaluierungspraxis folgende Konsequenzen:

- Da die Beiträge einzelner Geber nicht mehr so einfach sichtbar gemacht werden konnten, zog die GTZ den Begriff der *Zuordnungslücke* (Attribution) zurück und führte den des *Entwicklungsbeitrags* (Contribution) ein. Die Abgrenzung der Entwicklungspartner als *Verantwortliche für bestimmte Wirkung*en trat dabei in den Hintergrund. Man spricht nun von den *gemeinsam* erzielten Wirkungen.
- Partizipative Verfahren mit hoher Spezifität verloren als alleinstehende Verfahren an Bedeutung, wenn sie keinen Quantifizierungsschritt enthielten (Punktsysteme) oder durch ausreichende Fallzahlen eine gewisse Aggregierung der Ergebnisse erlaubten.

---

6   AK Entwicklungspolitik der DeGEval (2010): Verfahren der Wirkungsanalyse. Hier sind zahlreiche Verfahren genau beschrieben.

Verfahren der partizipativen Statistik, die diese Aggregierungen beinhalten, gewannen an Boden (vgl. Holland & Chambers, 2013).

- Im Zuge der Internationalisierung allgemeiner EZ-Ansätze wurden auch die Evaluierungsansätze internationalisiert und somit zunehmend quantitative Verfahren angewandt, mit denen Aggregationen der Ergebnisse problemlos möglich sind.

Damit erfuhren experimentelle Verfahren und insbesondere *Double Difference Designs* einen Aufwind. *Esther Duflo* kann hier als Galionsfigur genannt werden (s. z.B. Duflo, 2004; Duflo, Glennerster, Kremer, 2007), die diese Verfahren für die EZ zum Durchbruch führte. Da die großen Programme mit gemeinsamen Budgets arbeiteten, waren die höheren Kosten nun eher tragbar. Und da sich auf internationaler Ebene Kommunikationsplattformen wie NONIE oder 3IE bildeten,[7] konnten nun Evaluierungsbeispiele gesammelt werden, die wiederum weltweit Lerneffekte für die Ausgestaltung zukünftiger Programmansätze ermöglichten. Neue bilaterale Geber, aber auch private Stiftungen, die heute mit deutschen Gebern ebenso Konsortien bilden, wenden ebenfalls experimentelle Methoden an. Der kritische Blick auf diese Verfahren, der vorher in Deutschland verbreitet war, wich einer eher zweckorientierten, manchmal auch einer begeisterten Haltung. Schon sehr bald wurden jedoch die Grenzen auch dieser Verfahren erkannt: Wiederkehrende Schwierigkeiten bei der Kontrollgruppenbildung, insb. bei flächendeckenden und nachfrageorientierten Programmen können die Validität der Ergebnisse senken. Da rein experimentelle Verfahren zwar zeigen, ob eine Wirkung eingetreten ist, aber diese in der Regel nicht qualifizieren, entstehen vor allem dann Probleme, wenn keine Wirkungen identifiziert werden, denn zur Erklärung der fehlenden Wirkungen wird dann ein neuer, möglichst qualitativer Untersuchungsansatz erforderlich. Auch sind komplexe Programme mit unterschiedlichsten Partnern und Ebenen, die mehr und mehr der Internationalen Praxis entsprechen, kaum experimentell messbar.

1.4 Systemisches Denken und systematische Verfahren – kombinierte Designs und gezielter Methodenmix

Seit ihrer Internationalisierung und der damit verbundenen Zunahme von Gemeinschaftsfinanzierungen wuchs die Komplexität der EZ-Programme bis heute immer weiter an. Im Falle Deutschlands kommt hinzu, dass durch die Fusion der Durchführungsorganisationen der EZ neue Strukturen aufgebaut werden mussten, die auch das Evaluierungssystem betreffen. In den letzten Jahren breitete sich daher das systemische Verständnis von Evaluierung stärker aus. Dabei sind insbesondere zwei Entwicklungen zu beobachten:

1. Die Verwendung eines systemisch angelehnten Wirkungsgefüges statt des monokausalen Wirkungskettenmodells,
2. Der pragmatischere Umgang mit der Methodenfrage und der Einsatz eines durchdachten quantitativ/qualitativen Methodenmix'.

---

7   NONIE: Network of Networks of Impact Evaluation, 3IE: International Initiative for Impact Evaluation.

Systemische Evaluierungsansätze beziehen unterschiedliche Sichtweisen und Interessen sowie verschiedene politische Ebenen ein. Somit tragen sie der Besonderheit sozialer Systeme, mit denen man es hier zu tun hat, besser Rechnung. Mehrebenen-Situationen können sie zudem einfacher einbeziehen als dies rein partizipative Verfahren können. Unterschieden wird zwischen „einfachen" (bekannten), „komplizierten" (erfassbaren) und „komplexen" (nicht erfassbaren) Aspekten eines Evaluationsgegenstands (AG systemische Ansätze 2013, S. 4). Je komplexer die Programmansätze, desto mehr eignen sich systemische Verfahren. Durch Feedback-Mechanismen finden im Prozess der Evaluation Reflexion und Lernen statt (s. AK Entwicklungspolitik, 2013). Um die Komplexität zu bewältigen, wird bei systemischen Ansätzen bewusst entschieden, diese zunächst so sinnvoll zu reduzieren, dass das Wesentliche des Gegenstands dennoch erfasst wird. Dabei stehen diese Ansätze nicht für eine abgrenzbare, klar definierbare Methodik, auch kümmern sie sich nicht um das Für und Wider des Methodenstreits. Hier geht es eher um das Einnehmen einer bestimmten, reflexiven Haltung mit folgenden Fragen: 1. Wie wirken die Systemelemente zusammen? 2. Wie stellt sich der Gegenstand aus den unterschiedlichsten Perspektiven dar? 3. Wo sind die Grenzen des Systems? Methodisch wird u.a. mit kybernetischen und dynamischen Modellen, sozialen Netzwerkanalysen und dialektischen Untersuchungsmethoden gearbeitet (s. AG Systemische Ansätze, 2013). Inwieweit die Bedeutung dieser Verfahren zunehmen wird, bleibt abzuwarten. Ersichtlich ist bereits, dass die GIZ im Zuge ihrer institutionellen Fusion ihr zuvor viele Jahre gültiges Wirkungskettenmodell durch ein multikausales und besser vernetztes Wirkungsgefüge abgelöst hat (siehe Abb. 2). Dieses Wirkungsgefüge kommt dem systemischen Grundgedanken näher als die bisherigen Kausalbeziehungen, die die komplexe Realität (zu) stark simplifizierten. In diesem Wirkungsgefüge sind die zuvor voneinander abgegrenzten Ebenen *input-output-outcome-impact* aufgelöst und Wirkungen befinden sich auf allen Ebenen. Es wird hierin nur noch von Entwicklungsbeiträgen gesprochen und Zuordnungslücken sind nicht mehr sichtbar. Wie diese Vorlage operationalisiert werden kann, zeigt u.a. die SLE-Studie, die bereits auf Grundlage dieses Wirkungsgefüges durchgefürt wurde (vgl. SLE, 2014).

Fazit ist, dass ein Methodenmix mit der bedarfsweisen Einbeziehung systemischer Konzepte wohl die am besten angepasste Form ist, komplexe Entwicklungsvorhaben zu evaluieren. Ein solcher Zugang mag eklektisch wirken, er stellt jedoch die eine von den wenigen Möglichkeiten dar, die Wirkungen hochkomplexer Programme auf mehreren Ebenen aufzuzeigen.

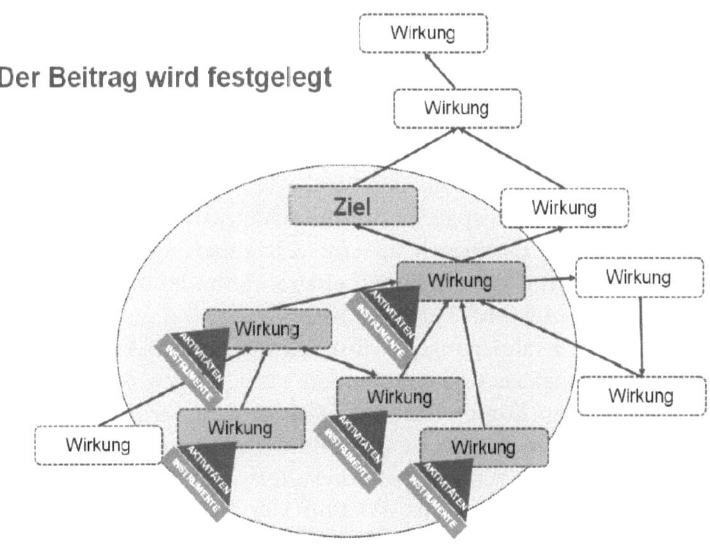

Abbildung 2:   Das Wirkungsgefüge der GIZ (GIZ, 2013).

2.   Organisation und Transparenz der Entwicklungsevaluierung

2.1   Das DEval als Königsweg zwischen nutzungsrelevanter und wissenschaftlich unabhängiger Evaluation?

Die zunehmende Relevanz von Evaluationen im Entwicklungsressort fand ihren institutionellen Niederschlag mit der Gründung des Deutschen Evaluierungsinstituts der Entwicklungszusammenarbeit (DEval) im Jahr 2012. Das politische Motiv für diese Neugründung liegt in der bisherigen Ausrichtung des Systems der Erfolgsbewertung der deutschen EZ auf einzelne Durchführungsorganisationen (insb. GIZ). Der damit einhergehende Bedarf nach einer unabhängigen Gesamtsicht in Form von Evaluierungen, die zur evidenzbasierten politischen Steuerung beitragen, soll nun durch das DEval gedeckt werden. Das Institut übernimmt nun neue Aufgaben, wie etwa die Durchführung von übergeordneten Sektor- und Instrumentenevaluierungen sowie verstärkte Wirkungsanalysen.[8] In diesem Sinne passt die Gründung des DEval zu der Bündelung von Kompetenzen und bildet aus Sicht des BMZ den Schlussstein der Strukturreform der vergangenen Jahre. Das DEval ist aber vor allem auch eine Antwort auf den Bedarf an der Evaluierung komplexer Zusammenhänge und politisch relevanter Fragestellungen in der EZ.

---

8   Bis zu diesem Zeitpunkt waren Evaluierungen im Referat für Erfolgskontrolle des BMZ verortet. Von hier aus wurden methodisch und strategisch anspruchsvolle Evaluierungen beauftragt. Die Durchführungsorganisationen führten und führen zusätzlich Routineevaluierungen durch, auch mit Hilfe externer Gutachter:innen.

Das Institut orientiert sich in seiner Arbeit an sieben Prinzipien. Es arbeitet: (1) unabhängig, (2) bedarfsorientiert, (3) qualitätsbewusst, (4) partnerschaftlich, (5) partizipativ,[9] (6) effizient in der Evaluierung und (7) transparent in den Ergebnissen.

Auch wenn alle Prinzipien gleichermaßen wichtig sind, liegt ein besonderes Augenmerk auf der Unabhängigkeit. Obwohl das DEval ein Zuwendungsempfänger des Bundes ist,[10] soll es dem Anspruch wissenschaftlicher Unabhängigkeit genügen und ist insofern frei in der Themenwahl, der Methodik, der Informationsbeschaffung, den Schlussfolgerungen, der Transparenz und intersubjektiven Überprüfbarkeit von Quellen und Resultaten usw. Es spiegelt in seinem Evaluierungsverständnis geradezu ideal die oben dargestellte Entwicklung hin zu einem Methodenmix wider. In einem Artikel zweier Mitarbeiter des Instituts heißt es dazu:

„In den einzelnen Evaluierungen selbst werden bei der Arbeit des DEval verschiedenste Evaluierungsansätze und -methoden zum Tragen kommen. Angesichts der jüngsten internationalen Konferenzen zur Wirksamkeit der Entwicklungszusammenarbeit (zuletzt in Dezember 2011 in Busan) und den internationalen fachlichen Debatten präferiert das DEval zwar Wirkungsevaluierungen, jedoch ist der Evaluierungsgegenstand und -zweck entscheidend für Art und Durchführung der Evaluierung. Ebenso wie das DEval keine Engführung von Evaluierungsansätzen betreiben wird, soll auch keine Konzentration auf etwaige methodische Schulen stattfinden. Sowohl quantitative als auch qualitative Erhebungsmethoden und Auswertungen werden ihre Anwendung finden. Die Erfahrung gerade der letzten Jahre in der Evaluierungsforschung und -praxis zeigt, dass beide ihre Stärken und Schwächen haben und in der Regel nur ein Methodenmix die Realität angemessen abzubilden verspricht (Roxin & Asche, 2013, S. 303).“

In der Praxis wird sich die Substanz der hier angedeuteten wissenschaftlichen Unabhängigkeit noch erweisen müssen. Es geht dabei um ein Austarieren des Spannungsverhältnisses zwischen notwendiger Systemnähe, um nutzungsrelevante Ergebnisse zu produzieren und erforderlicher Systemdistanz, um auch unliebsame Ergebnisse in den Politikprozess einbringen zu können. Vielleicht ist die Frage der Unabhängigkeit überdies ein Anstoß dafür, dieses Prinzip auch in anderen Evaluierungskontexten der EZ neu zu diskutieren. Zwar ist das Prinzip auch in den Standards der DeGEval enthalten, was es jedoch fern der einzelnen Gutachter und evaluierungsimmanenter Zusammenhänge für Organisationen (auch Consulting-Organisationen) bedeutet, bleibt vage und sicher noch genauer zu definieren.

2.2 Evaluierung in der nicht staatlichen Entwicklungszusammenarbeit – Evaluieren Nicht-Regierungsorganisationen (NRO) anders?

Die Chronologie der Entwicklungsevaluierung stellt sich im nichtstaatlichen Bereich etwas anders dar. Mindestens bis zur Jahrtausendwende war die Situation dort sehr

---

9   Partnerschaftlich durch Kooperation in der Evaluierung mit Partnerorganisationen; partizipativ durch Einbeziehung der unterschiedlichen Stakeholder in die Evaluierung.

10 Dies führt zwangsläufig zu einer Orientierung des Evaluierungsprogramms vor allem an den Bedarfen des BMZ und in der Tat bedeutet Unabhängigkeit nicht Losgelöstheit von Bedarf und Nutzenstiftung.

divergent. Einzelne größere Organisationen – die kirchlichen Organisationen MISEREOR, Brot für die Welt und Evangelische Zentralstelle für Entwicklungshilfe, aber auch die nicht konfessionelle Welthungerhilfe – beschäftigten sich schon in den 70er bis 90er Jahren mit Evaluierungsfragen und hatten teils auch eigene und unabhängige Stellen dafür. Und auch im Verband Entwicklungspolitik deutscher Nichtregierungsorganisationen (VENRO) war das Thema Ende der 1990er Jahre bereits präsent (VENRO, 2002). In manchen, vor allem kleineren Nichtregierungsorganisationen (NRO) wurde es zu dieser Zeit aber auch stark abgewehrt (vgl. Borrmann et al., 1999). Das hatte zweierlei Ursachen. Einerseits sind manche NRO solch kleine oder gar rein ehrenamtlich tätige Organisationen, dass sie sich eigene Evaluierungsstellen nicht leisten können. Für sie stand – und steht zum Teil heute noch – die Einführung guter Monitoringsysteme als Basis einer verantwortungsvollen Selbstevaluationspraxis im Vordergrund (VENRO, 2010). Andererseits arbeiten die NRO eigentlich durchgängig in einem sehr partnerschaftlichen Selbstverständnis: Viele führen nicht selbst Projekte durch, sondern unterstützen Partnerorganisationen in den Entwicklungsländern; und auch die, die selbst in der Durchführungsrolle sind, sind von einem Selbstverständnis der Hinwendung zum armen Menschen im Süden geprägt. In diesem Verständnis hatte das Konzept von *Erfolgskontrolle* vor 15 Jahren noch keinen überzeugenden Platz. Zwar war bereits in vielen Organisationen ein konsequentes Finanzkontrollsystem etabliert und die Projekte wurden durch die Organisationen selbst häufig eng begleitet, doch dies wurde dann auch als ausreichend angesehen. Die Kirchen haben jedoch bereits 1992 mit ihrem Arbeitsbuch „Evaluierung in der kirchlichen Entwicklungsarbeit" (MISEREOR, AGKED, 1992) für das Lernpotential von Evaluierungen geworben und Evaluierung in einem partnerschaftlichen Sinn für sich definiert. Inhaltlich standen in den 80er und 90er Jahren häufig Fragen zur Relevanz von Projektansätzen und zu den Durchführungskompetenzen der Partnerorganisationen im Vordergrund von Evaluierungen.

Zwar gab es schon Ende der 90er bei VENRO und einigen NRO eine Diskussion um Evaluierung (s. VENRO, 2000). Entscheidendes wurde aber erst durch die Pariserklärung (s. oben) und durch die Systemprüfung von 2007 (vgl. Borrmann/Stockmann, 2009) ausgelöst. Dies bedeutet, dass sich inzwischen alle, d.h. auch kleinere Organisationen mit Evaluierungsfragen beschäftigen und zumindest für BMZ-geförderte Projekte externe Evaluierungen in Auftrag geben (s. auch VENRO, 2010 und 2011). Dabei ist der heute recht durchgängig professionelle Umgang mit Evaluierungen der NRO immer noch vom gleichen Selbstverständnis geprägt: Die Kooperation mit den Menschen im Süden erfolgt partnerschaftlich und auf Augenhöhe. Dies führt zu anderen Gewichtungen in der Evaluationspraxis als in der staatlichen EZ (s. auch Mack et al., 2011):

- Evaluierungen finden in der Regel während der Projektlaufzeit statt, damit sie einen direkten Beitrag zu Qualitätsverbesserung und Lernen der Partnerorganisationen leisten können. Ex-post-Evaluierungen sind selten.
- Die Partnerorganisationen im Süden werden in den gesamten Prozess einbezogen, vom gemeinsam erstellten Referenzrahmen bis hin zur Verfassung der Evaluierungsberichte in der Verkehrssprache des Partnerlandes.
- Die Einbeziehung der Zielgruppen ist den meisten NRO ein großes Anliegen. Partizipative Methoden der Datenerhebung kommen regelmäßig zum Einsatz; eine Ein-

beziehung der Zielgruppen in den gesamten Evaluierungsprozess wird mindestens von einzelnen NRO ausprobiert.

- Ein Methodenmix ist auch in der nichtstaatlichen Entwicklungsevaluierung inzwischen Standard. Dabei finden hier aber systemische Ansätze besonderes Interesse, weil der von unterschiedlichen Perspektiven ausgehende Blick dem partnerschaftlichen Verständnis der NRO besonders entspricht.
- Kleinere Organisationen setzen teils auf ein systematisches Wirkungsmonitoring und greifen nur sporadisch auf externe Evaluierungen zurück. Diese werden auch von den Partnerorganisationen beauftragt und von nationalen Gutachtern im Partnerland durchgeführt.
- Und nicht zuletzt: Die eingesetzten Mittel für eine einzelne Evaluierung liegen in der nichtstaatlichen EZ häufig deutlich unter denen der staatlichen Organisationen.

3. Fazit

Blickt man also zurück auf die letzten 20 Jahre staatliche Entwicklungsevaluierung, dann zeigt sich, dass sich Methodik, Transparenz und das Follow-up von Evaluierungen kontinuierlich entlang der Lernkurven des Gesamtressorts professionalisiert und internationalisiert haben. Von der einfachen *output*-orientierten Projektevaluierung wurde ein *Shift* zu einer wirkungsorientierten, wissenschaftlich und methodisch oft gut begründeten Programmevaluierung vollzogen, bei der mehrere Partner und Ebenen einbezogen sind. Die letzten zwei Dekaden der deutschen Evaluierungspraxis verliefen daher auf einem abwechslungsreichen Weg, auf dem viel kontrovers diskutiert und experimentiert wurde.

Die nicht staatliche Praxis der Entwicklungsevaluierung konnte hingegen lange Zeit als zweigeteilt beschrieben werden. Vor allem die großen NRO führten Evaluierungen schon frühzeitig durch, andere wehrten Evaluierungen eher ab, u.a. weil sie die Kapazität nicht hatten, aber auch, weil die Projekte der NRO von den Partnerorganisationen durchgeführt werden und somit die Vorstellung herrschte, dass auch die Evaluierungen von ihnen ausgehen sollten.

Methodisch mündeten die regen Debatten in die heute verbreitete Sicht, dass ein systematischer Methodenmix am besten an den Gegenstand heutiger EZ-Maßnahmen angepasst ist. Dies bedeutet, es wurde während der Debatte sukzessive dazugelernt und der Methodenstreit zwischen qualitativen, quantitativen und partizipativen Ansätzen hat an Brisanz verloren.

Ein weiteres wichtiges Thema im EZ-Ressort war und ist die Unabhängigkeit von Evaluierungen. Institutionell stellt die Gründung des Deutschen Instituts für Entwicklungsevaluierung (DEval) im Jahr 2012 die Konsequenz dieser Forderung dar. Durch die stetige Weiterentwicklung des Politikfeldes und die neuen Möglichkeiten, die das Institut insb. für die weitere Professionalisierung bietet, sind zukünftig weitere Fortschritte zu erwarten. Aufgrund der heute bereits starken Ausdifferenzierung der Verfahren sind rasche Wendungen in der Evaluierungskultur inzwischen jedoch nicht mehr so wahrscheinlich.

Literatur

AG systemische Ansätze des AK Entwicklungspolitik (2013): *Systemische Ansätze der Evaluierung*, Mainz, http://www.degeval.de/arbeitskreise/entwicklungspolitik/veroeffentlichungen.

AK Entwicklungspolitik der DeGEval (2010): *Verfahren der Wirkungsanalyse. Ein Handbuch für die entwicklungspolitische Praxis*, Freiburg, http://www.degeval.de/arbeitskreise/entwicklungspolitik/veroeffentlichungen.

Borrmann et al. (1999): *Erfolgskontrolle in der deutschen Entwicklungszusammenarbeit, Analyse, Bewertung, Reformen* (HWWA, Bd. 51), Baden-Baden: Nomos.

Borrmann, A. & Stockmann, R. (2009): *Evaluation in der deutschen Entwicklungszusammenarbeit, Bd. 1+2, Studie im Auftrag des BMZ*, Münster, New York: Waxmann.

Caspari, A. (2004): *Evaluation der Nachhaltigkeit von Entwicklungszusammenarbeit: Zur Notwendigkeit angemessener Konzepte und Methoden*, Wiesbaden: Verlag für Sozialwissenschaften.

Caspari, A. & Barbu, R. (2008): *Wirkungsevaluierungen: Zum Stand der internationalen Diskussion und dessen Relevanz für Evaluierungen der deutschen Entwicklungszusammenarbeit*, Bonn: BMZ (Evaluation Working Papers).

Chambers, R. (1981): Rapid Rural Appraisal: Rationale and Repertoire, Institute of Development Studies, *IDS Discussion Paper 155*, Sussex.

Duflo, E. (2004): Evaluating the impact of development aid programs: the role of randomized evaluations, *Second Annual AFD-EUDN Conference: Development Aid*, Paris November 25.

Duflo. E & Glennerster, R. & Kremer, M. (2007): Using randomization in Development Economics Research: A Toolkit, *Development Economics No. 6059*, Centre for Economic Policy Research, London, UK.

Faust, J. & Leiderer, S. (2010): Die Effektivität der Entwicklungszusammenarbeit – Ergebnisse des ökonometrischen Ländervergleichs. In: Faust, J. & Neubert, S.: *Wirksamere Entwicklungspolitik*, S. 166–189, Baden Baden: Nomos.

GIZ (Deutsche Gesellschaft für Internationale Zusammenarbeit) (Mai 2013): *Vom Wirkungsmodell zur Wirkungsmatrix, eine Arbeitshilfe für die Prüfung und Angebotserstellung, Stabstelle Monitoring und Evaluierung*, M. Gajo, Eschborn.

GTZ (Deutsche Gesellschaft für Technische Zusammenarbeit) (2008): Orientierung auf Wirkung in der GTZ. Präsentation Wagner, K. der Stabstelle Unternehmensentwicklung der GTZ, Folie 18.

– (s.a.): e-Val: Eine kurze Einführung: http://www.giz.de/de/downloads/giz2011-de-einfuehrung-e-VAL.pdf.

Guba, E. & Lincoln, S. (1989): *Fourth Generation Evaluation*, London: Sage.

Hemmer, R. (2010): Wirksamkeit und Evaluierung der Entwicklungszusammenarbeit auf der Projektebene, 189. In: Faust, J. & Neubert, S.: *Wirksamere Entwicklungspolitik*, Baden Baden: Nomos, S. 189–228.

Holland, J. & Chambers, R. (2013): *Who Counts – The power of participatory statistics.* Practical Action Publishing, London.

Mack, D. et al. (2011): Die Semantik der Wirkungsbeobachtung oder: Wie konstruieren wir Missverständnisse? In: *Zeitschrift für Evaluation*, Jg. 10, Heft 2, 2011, S. 315–319.

MISEREOR & AGKED (Arbeitsgemeinschaft kirchlicher Entwicklungsdienst) (1992): *Evaluierung in der kirchlichen Entwicklungszusammenarbeit.* Ein Arbeitsbuch, MISEREOR-Dialog, Bd. 10, Stuttgart und Aachen.

Mosley, P. (1986): Aid Effectiveness: the micro-macro paradox. *Institute of Development Studies Bulletin* 17: 214–225.

Neubert (1999): *Die soziale Wirkungsanalyse in armutsorientierten Programmen und Projekten: Ein Beitrag zur Methodendiskussion in der Evaluierungspraxis der Entwicklungszusammenarbeit.* Weltforum, Köln.

Neubert (2010): Zur Methodendiskussion und zur Analyse von Wirkungen. In: Faust, J. & Neubert, S.: *Wirksamere Entwicklungspolitik,* Baden Baden: Nomos, S. 139–165.

Roxin, H. & Asche, H. (2013): Deutsches Evaluierungsinstitut der Entwicklungszusammenarbeit (DEval). *Zeitschrift für Evaluation* 2/2013, 12. Jg, Heft 2, Oktober 2013, Waxmann, S. 297–304.

SLE (Seminar für Ländliche Entwicklung): Ferguson, J. & Kürschner, E.; Bühlmeier, D & Cramer, N & Flevotomas, A. & Kayumov, A. & Minah, M. & Niesing, A. Richter, D. (2014): *What has remained? – An ex post Evaluation of Watershed Management in the Mekong Region.* Berlin: SLE Publikation, S. 254.

VENRO e.V. (Verband Entwicklungspolitik deutscher Nichtregierungsorganisationen) (2002): Prüfen und lernen. Praxisorientierte Handreichung zur Wirkungsbeobachtung und Evaluation.

VENRO (2010): Qualität statt Beweis. VENRO-Positionspapier zur Wirkungsbeobachtung.

VENRO (2011): VENRO-Verhaltenskodex Transparenz, Organisationsführung und Kontrolle (zum Download auf www.venro.org).

Tülin Engin, Vera Hennefeld, Ute M. Metje, Tanja Nagel

Zur Evaluationskultur in Kultur und Kulturpolitik

1   Kultur ist alles, alles ist Kultur!?

Grundsätzlich müssen Evaluationsvorhaben im Kontext von Kultur und Kulturpolitik auf verschiedenen Ebenen verortet werden:

1) Evaluationen von Kulturbetrieben wie Museen, Bibliotheken, Galerien, Theatern etc. (primär auf Länder- und Gemeindeebene, in geringerem Maße auch auf Bundesebene),

2) Evaluationen von kulturellen Projekten (z.B. Ausstellungen, Festivals, Kulturwochen), Programmen (z.B. Stipendien, Studienaufenthalte, Schüleraustausche) und Projekten und Programmen im Themenfeld Interkultur (Bund, Länder und Gemeinden) sowie

3) Evaluationen im Bereich der Auswärtigen Kultur- und Bildungspolitik, die oftmals zugleich im Kontext der deutschen Entwicklungszusammenarbeit stehen und die entweder bi- oder multilaterale Programme und Projekte fokussieren.

Die bisherigen Aktivitäten des seit 2006 bestehenden Arbeitskreis Kultur und Kulturpolitik bezogen sich auf alle drei Ebenen sowohl aus theoretischer als auch aus evaluationspraktischer Perspektive und befassten sich schwerpunktmäßig mit den Themen:

- Methoden zur Evaluation von Kultur und Kulturpolitik,
- Strukturen der Kulturförderung und Evaluation,
- Demografischer Wandel als Herausforderung für Kultur und Evaluierung,
- Integrationspolitik,
- Museumsevaluation,
- Auswärtige Kultur- und Bildungspolitik.

2.   Zur Evaluationskultur in Kultur und Kulturpolitik

Einleitend ist festzuhalten: Eine Evaluationskultur, wie sie in anderen Bereichen wie z.B. in der Entwicklungszusammenarbeit, in der Bildungs- oder auch Arbeitsmarktpolitik schon lange existiert, gibt es im Feld der Kultur und Kulturpolitik in Deutschland noch nicht. Auch wenn in Politik und Praxis das Engagement, angemessene Herangehensweisen und Methoden in diesem Kontext zu entwickeln und zu erproben, seit einigen Jahren immer mehr zunimmt, werden weiterhin vielfältige Maßnahmen erforderlich sein, um Evaluationen als Instrument zur Entwicklung und zum Lernen im kulturellen Sektor fest zu verankern und eine breite Akzeptanz zu schaffen. Dabei ist festzustellen, dass die Akzeptanz gegenüber Evaluation im Feld Kultur und Kulturpolitik unterschiedlich hoch ausgeprägt ist: Die Evaluationskultur in der deutschen Auswärtigen Kultur- und Bildungspolitik ist, auch bedingt durch die thematische Nähe zur Entwicklungszusammenarbeit und zur Bildungs- und Hochschulforschung, deutlich weiter entwickelt als im klassischen Kulturbetrieb.

Warum ist es so schwierig, Evaluationen in diesem Feld zu etablieren? Um diese Fragestellung zu beantworten skizzieren wir anhand wichtiger Publikationen sowie aus Sicht unterschiedlicher Akteur/inn/e/n die Entwicklung von Evaluation in diesem Politikfeld in Deutschland. Die Identifikation zukünftiger Herausforderungen für Evaluierende und Praktiker/innen in diesem Feld rundet unseren Beitrag ab.

Seit Gründung des AK Kultur und Kulturpolitik im Jahr 2006 sind im deutschsprachigen Raum drei Publikationen erschienen, die sich ausschließlich mit der Evaluation von Kultur und Kulturpolitik beschäftigen. 2008 wurde von Pro Helvetia[1] unter dem Titel *„Evaluieren in der Kultur. Warum, was, wann und wie? Ein Leitfaden für die Evaluation von kulturellen Projekten, Programmen, Strategien und Institutionen"* herausgegeben. Der Leitfaden richtet sich vor allem an Kulturverantwortliche, die Rahmenbedingungen kultureller und künstlerischer Arbeit mitgestalten, Strategien entwerfen oder selber Projekte umsetzen und hat zum Ziel zu illustrieren, wie mittels Evaluation die kulturelle Arbeit kontinuierlich verbessert werden kann, und dies vor allem angesichts finanzieller Kürzungen im Kultursektor und den damit verbundenen steigenden Arbeitsanforderungen und dem zunehmenden Rechenschaftsdruck. Diese Publikation hat aufgrund ihres vielversprechenden Titels und der Bedeutung der herausgebenden Stiftung eine breite Wahrnehmung erfahren, ist allerdings eher als Praxishilfe zu verstehen, die wissenschaftlichen Kriterien nicht standhält (vgl. Hennefeld & Metje, 2009).

Im Jahr 2011 erschien unter dem Titel *„Evaluation im Kulturbetrieb"* von Gesa Birnkraut eine weitere grundlegende Publikation. Diese Arbeit wendet sich ebenfalls an Kulturinstitutionen und Kulturschaffende mit dem Ziel, die Vorbehalte gegenüber Evaluationen zu entkräften und Potenziale dieses Instruments zur Initiierung langfristiger Lernprozesse herauszustellen. Aus Sicht der Autorin liegt die Besonderheit des deutschen Kultursektors in der föderalen Struktur, aus der ein unterschiedlicher Stellenwert, andere Gewichtungen von Kultur sowie Zuständigkeiten für kulturpolitische Entscheidungen in den einzelnen Bundesländern resultieren. Aufgrund dieser großen Heterogenität plädiert Birnkraut dafür, Evaluation in der Kultur auf Länder- und kommunaler Ebene (oder der Städte) zu verorten. Ihrer Erfahrung nach sind die Aufgaben von Evaluation auf diesen Ebenen sehr verschieden. Während es auf nationaler Ebene eher um die Überprüfung von ganzen Subventionssystemen und Handlungsempfehlungen zu Strukturveränderungen an die Politik geht, werden Evaluationen auf kommunaler Ebene häufiger Kontroll- und Legitimationsfunktionen zugeschrieben und die Ergebnisse betreffen direkt Kulturinstitutionen bzw. Kulturbetriebe. Inzwischen wird

---

1   Die Schweizer Stiftung Pro Helvetia ist eine Stiftung öffentlichen Rechts und wird vom Bund finanziert. Sie ist zuständig für Vorhaben mit gesamtschweizerischer Bedeutung und arbeitet ergänzend zur Kulturförderung von Kantonen und Gemeinden.

Kultur in Deutschland aber auch als Wirtschafts- und Imagefaktor erkannt. Dieser Aspekt des sogenannten return on cultural investment ist in den angloamerikanischen Ländern schon lange Teil der kulturpolitischen Diskussion, so die Autorin. Die Publikation eignet sich insbesondere als Einstiegslektüre, weil sie leicht verständlich ist und einen *„guten Überblick über Evaluation und ihre Möglichkeiten und Grenzen im kulturellen Sektor bietet"* (Metje & Hennefeld 2013, S. 164).

Im Jahr 2013 erschien dann der von Vera Hennefeld und Reinhard Stockmann herausgegebene Band *„Evaluation in Kultur und Kulturpolitik"*. Damit ist erstmals eine Publikation entstanden, die sich sowohl mit der Evaluation von Kultur und Kulturpolitik in Deutschland als auch von Auswärtiger Kulturpolitik beschäftigt. Ziel des Bandes ist es, das vorhandene Know-how in diesem Bereich sowohl auf theoretischer Ebene als auch in der praktischen Anwendung in einer ersten Bestandsaufnahme zu bündeln. Die Aufsätze des Buchs gliedern sich thematisch in drei Teile: Zunächst erfolgt eine Gegenstandsbestimmung, indem Rolle und Bedeutung von Evaluation in der deutschen Kultur und Kulturpolitik sowie in der Auswärtigen Kultur- und Bildungspolitik und methodische Fragen zur Evaluation in diesem Bereich reflektiert und diskutiert werden. Teil zwei widmet sich ausgewählten Bereichen der Evaluationspraxis und Teil drei schließt mit Best-Practice-Studien in diesem Feld. *„Da grundlegende Begriffe geklärt werden, eignet sich das Buch sowohl für Leserinnen und Leser, die bislang wenig Erfahrungen im Bereich Evaluation in der Kultur und Kulturpolitik gesammelt haben als auch für erfahrene Theoretiker(innen) und Praktiker(innen), die insbesondere im Rahmen des dritten Teils [...] wertvolle Hinweise und Denkanstöße für die Planung und Durchführung von Evaluationen erhalten"* (Violet, 2013, S. 328).

Zur weiteren Bestimmung der Entwicklung und des Standes der Evaluationsforschung und -praxis in Kultur und Kulturpolitik in Deutschland wird im Folgenden zwischen *„Kunst, Kultur und Kulturpolitik"* und *„Auswärtiger Kultur- und Bildungspolitik"* unterschieden. Im Anschluss folgt ein Exkurs zur Situation in Österreich.

2.1 Evaluation in Kunst, Kultur und Kulturpolitik

Einen ersten Aufschwung haben Evaluationen in Kunst und Kultur in den 90er Jahren erfahren, wie am Beispiel der Pilotstudie von Fuchs und Liebald (1995) deutlich wird, die im Auftrag des damaligen Bundesministeriums für Bildung und Wissenschaft durchgeführt wurde. In dieser Studie setzen sich die Autoren mit Wirkungen von Kunst und Kulturpolitik auseinander und schlagen ein ‚kulturverträgliches' Evaluationsverfahren vor, das später bei der Bundesvereinigung Kulturelle Kinder- und Jugendbildung e.V. (BKJ, 1995) umgesetzt wurde. Fuchs und Liebald zufolge soll die Textsammlung dazu anregen *„Kunst und Kultur als ‚Produkt eigener Art' zu verstehen"* (1995, S. 8). Das heißt, Kunst und Kultur stellen aus Sicht der Autoren in einer demokratischen Gesellschaft einen Wert an sich dar, da sie die Lebensqualität der Bürger/innen entscheidend beeinflussen. Gleich in der Einleitung nennen Fuchs und Liebald zwei Dimensionen von Evaluation in Kunst und Kultur, die besonders zentral sind:

1) *„die psycho-soziale Dimension, also die Wirkung der Evaluation auf die Mitarbeiter/innen in den evaluierten Einrichtungen und Arbeitsfeldern, die uns dazu veranlasst, einen Evaluierungsprozess nur in Verbindung mit Personal- und Organisationsentwicklung zu sehen und*

2) *die politische Dimension, die uns dazu veranlasst, quasi als Metaebene eine „Evaluierung der Evaluierung" von Anfang an mit einzuplanen"* (Fuchs, Liebald, 1995, S. 7).

Dieses Statement lässt Rückschlüsse auf das Verständnis von Evaluationen zu, das weniger die Kontroll- und Legitimationsfunktion als vielmehr die Entwicklungs- und damit Lernfunktion in den Vordergrund rückt.

Mit Blick auf Stand und Stellenwert von Evaluation in *Kunst* und *Kultur* stellt Armin Klein in seinem Beitrag ‚Rolle und Bedeutung von Evaluation in der Kultur und Kulturpolitik' summarisch fest: *„Jahrzehntelang gelang es Kunst und Kultur nicht nur in Deutschland in erstaunlicher Weise höchst wirkungsvoll, sich jedweder Wirkungsmessung zu entziehen"* (Klein, 2013, S. 18; vgl. auch Stockmann, 2013, S. 53). Als Ursache dafür identifiziert Pius Knüsel die nicht ausreichende Definition der Aufgaben der Kulturförderung, das Fehlen von Wirkungszielen und die Tatsache, dass auch keine Überprüfung von Zielen eingefordert wird (vgl. Knüsel, 2003). Dies resultiert aus einem Verständnis, wonach Kunst und Kultur sowie deren Effekte nicht messbar gemacht werden sollen: Gemäß dem Schlagwort ‚Kultur für alle', entsprechend des Verständnisses, dass Kunst und Kultur einen nicht in Frage zu stellenden gesellschaftlichen Wert darstellen, lehnen viele Akteur/innen/e im Themenfeld alle Arten von Evaluation und Wirkungsforschung als dem Wert von Kunst und Kultur nicht angemessen ab.[2] Häufig wird dabei grundsätzlich diskutiert, wie sich „gute" Kultur bestimmen lässt. Aus Ermangelung bzw. dem Zweifel gegenüber der Definition und Operationalisierbarkeit von Zielen wird daher weiterhin grundsätzlich in Frage gestellt, dass eine valide Erfassung von Wirkungen kultureller oder künstlerischer Prozesse überhaupt möglich ist (vgl. Becker, 2012, S. 954). Schulze beschreibt diese Grundhaltung als *„Rechtfertigungskonsens"* im deutschen Kulturbetrieb: *„Öffentliche Kulturförderung kann immer nur gut sein"* (Schulze, 1997, S. 513 f., zitiert nach Glockner & Föhl, 2010, S. 12) und daher war das Interesse an der Evaluation von Funktionen und Wirkungen von Kultur in Deutschland viele Jahre gering ausgeprägt (vgl. Glockner & Föhl, 2010, S. 11).

Unabhängig davon wird aber auch in diesem Sektor evaluiert, wenn auch eher punktuell, d.h. es gibt im Kultursektor keine einheitliche Strategie oder strategischen Leitlinien zur Evaluation, die zu einer Systematisierung der Evaluationsaktivitäten führen könnten. Unterstützt wird diese Problematik zum einen durch die föderale Struktur der Kulturförderung in Deutschland, die dazu führt, dass in jedem Bundesland eigene Strategien der Kulturpolitik und Kulturförderung existieren und damit auch der Stellenwert von Evaluation und Qualitätsentwicklung von Land zu Land variiert (vgl.

---

2   Diese Haltung kann auf eine Kulturpolitik zurückgeführt werden, die in Deutschland in den siebziger und achtziger Jahren des 20. Jahrhunderts zu einem enormen Wachstum des Sektors führte: „Auf der Basis teilweise zweistelliger Zuwachsraten in den Kulturhaushalten wurde der Kulturbegriff enorm erweitert und auch die Zahl der Kultureinrichtungen und -veranstaltungen permanent gesteigert." (Klein, 2013, S. 19). In der Folge entwickelte sich ein betriebswirtschaftlich problematischer, stark angebotsorientierter Kulturbetrieb.

Birnkraut 2013, S. 87f.). Dies birgt sowohl Chancen als auch Risiken in sich: *„Es werden verschiedene, vielfältige Ansätze der Evaluation durch die Eigenverantwortung der Länder möglich, allerdings fehlt der intensive Austausch und das gemeinsame Verständnis für die Thematik und die Bedeutung in der zukünftigen kulturpolitischen Diskussion."* (Birnkraut, 2013, S. 106). Zum anderen ist diese Problematik auch der Tatsache geschuldet, dass andere Politikfelder, wie bspw. Bildung, von gesetzgebender Seite stark reglementiert sind, wohingegen Kultur und Kulturpolitik aufgrund der stärkeren Trennung zwischen Staat und Kultur in deutlich geringerem Maße einer solchen Reglementierung unterliegen.

Die große Skepsis hinsichtlich der Evaluierbarkeit von Kunst und Kultur und deren Förderung führt weiterhin dazu, dass die vorhandenen Studien (v.a. Projektevaluationen) sehr unterschiedlich angelegt sind und damit die Verallgemeinerbarkeit von Befunden stark eingeschränkt ist. Beispielhaft kann hier auf die vergleichsweise stark ausgeprägte Forschung im Bereich der kulturellen Bildung verwiesen werden, die Reinwand wie folgt charakterisiert: Es gibt *„bislang keinen interdisziplinären wissenschaftlichen Austausch im Feld der Wirkungen kultureller Bildung. Es gibt zwar bereits zahlreiche Studien, die sich diesem Forschungsbereich zuordnen lassen, allerdings sind diese über verschiedene Disziplinen verteilt, untersuchen unterschiedliche Kunstsparten und verfolgen unterschiedliche Ziele mit den Ergebnissen"* (Reinwand, 2013, S. 133; vgl. auch Fink, 2012). Fink fordert daher: *„Ziel sollte es […] sein, verschiedene Formen von Evaluationen nach ihrem theoretischen und methodischen Vorgehen zu unterscheiden, um so die Grundlage für eine Diskussion über ertragreiche Evaluationen im Bereich der Kulturellen Bildung zu schaffen."* (Fink, 2012, S. 950).

Als wichtige Ausnahmen von dieser „Zersplitterung" können die Museumsevaluation und eng damit verbunden die Besucherforschung identifiziert werden: Eine Studie des Zentrums für Audience Development (ZAD) zur Besucherforschung in öffentlichen deutschen Kulturinstitutionen kam im Jahr 2007 zu dem Ergebnis, dass etwa die Hälfte der öffentlich geförderten Kulturinstitutionen in Deutschland bereits Erfahrungen mit der Durchführung von Besucherforschungsprojekten gesammelt hatten. Der Besucherforschung wird dabei ein hoher Stellenwert für ein kundenorientiertes Kulturmarketing beigemessen.

Der Begriff der Besucherforschung umfasst allgemein eine spezifische Form der Marktforschung im Kulturbetrieb, in deren Zentrum häufig die Besucher/innen selbst und weniger die Bewertung des kulturellen Angebotes durch das Publikum steht (vgl. Wegener, 2011, S. 99). In diesem Sinne zielt die klassische Besucherforschung in erster Linie auf eine Beschreibung der Besucherstrukturen und gründet damit hauptsächlich auf der Erfassung von Statistiken. Eine zentrale Dokumentations- und Informationsquelle bietet hier das Institut für Museumsforschung der Staatlichen Museen zu Berlin, welches bereits seit Anfang der 80er Jahre die Besuchszahlen und -statistiken aller deutschen Museen erfasst (vgl. Institut für Museumsforschung, 2014). Entgegen der häufig synonymen Begriffsverwendung lässt sich Evaluation aber nur dann als Teilgebiet der Besucherforschung verstehen, wenn die Wirkungen des kulturellen Angebotes selbst in den Fokus rücken. Die Ergebnisse der Studie des ZAD aus 2007 verdeutlichen zwar, dass die Durchführung von Besucherbefragungen in deutschen Kultureinrichtungen sehr weit verbreitet ist – etwa 80 % der befragten Kultureinrichtungen hatten bereits Befragungen ihres Publikums durchgeführt. Inwieweit diese Besucherbefragungen in eine Evaluation eingebunden waren, lässt sich anhand der Daten des ZAD jedoch nicht ablesen.

Nora Wegener kommt in ihrem Beitrag zur Besucherforschung und Evaluation in Museen zu dem Schluss, dass *„der Themenaspekt der „Wirkungen" von Museumsbesuchen bisher kaum erforscht"* ist (Wegener, 2011, S. 137). Auch geht sie davon aus, dass die Durchführung von Nichtbesucheranalysen und Programmevaluationen in der Museumsevaluation zunehmend wichtiger werden (ebd.: S. 138). Daraus lässt sich schließen, dass sich auch in diesem Bereich eine stärkere Wirkungsorientierung in der Evaluation entwickelt. Die mit einer stärkeren Fokussierung auf die Wirkungen kultureller Angebote einhergehende steigende Besucherorientierung trifft dabei häufig auf Bedenken der Kulturexpert/innen/en. Diese bestehen insbesondere darin, dass mit zunehmender Berücksichtigung der Besucherperspektive ein zu starker Einfluss auf die Gestaltung kultureller Angebote vermutet wird, die Freiheit der Kunst zugleich eingeschränkt werden und damit eine Beliebigkeit kultureller Angebote befördert werden könnte. Eine Herausforderung für Evaluierende in diesem Feld besteht daher darin zu verdeutlichen, dass Evaluation primär der Prüfung der Zielerreichung der Kultureinrichtungen und der Qualität der Vermittlung zwischen Publikum und Kultur dient, es aber nicht ihre Aufgabe ist, die Gestaltung kultureller Angebote dem Publikumsgeschmack anzupassen (vgl. Wegener, 2011, S. 142).

2.2 Evaluation Auswärtiger Kultur- und Bildungspolitik

Die Auswärtige Kultur- und Bildungspolitik (AKBP) ist neben den politischen und wirtschaftlichen Beziehungen eine der drei Säulen deutscher Außenpolitik. Sie zielt auf die Entwicklung stabiler internationaler Beziehungen, indem sie den internationalen Dialog und Austausch fördert. Zentrale Elemente der deutschen AKBP bilden der Wissenschafts- und Hochschulaustausch, das Auslandsschulwesen, die kulturelle Programmarbeit, die Förderung von Deutsch als Fremdsprache und des interkulturellen Dialogs. In Deutschland liegt die AKBP im Verantwortungsbereich des Auswärtigen Amts. Die Umsetzung erfolgt jedoch maßgeblich durch Mittlerorganisationen, die zumeist privatrechtlich oder als Stiftungen organisiert sind. Die Mittlerorganisationen sind in der konkreten Ausgestaltung ihrer Maßnahmen *„weitgehend frei"* (Auswärtiges Amt, 2011, S. 13).[3] Wichtige Mittlerorganisationen der deutschen AKBP sind u.a. das Goethe-Institut (GI), der Deutsche Akademische Austauschdienst (DAAD), die Alexander von Humboldt-Stiftung (AvH), das Institut für Auslandsbeziehungen (ifa), die Zentralstelle für das Auslandsschulwesen des Bundesverwaltungsamts (ZfA), der pädagogische Austauschdienst (PAD) und die deutsche UNESCO-Kommission (DUK) (Auswärtiges Amt, 2014).

In der AKBP Deutschlands ist spätestens seit Beginn des 21. Jahrhunderts eine deutliche Bedeutungszunahme von Evaluation zu verzeichnen. So fordern sowohl der Bundestag als auch der Bundesrechnungshof in den letzten Jahren immer offensiver Evaluationen und Wirkungsnachweise ein. Aus Sicht von Kurt-Jürgen Maaß, ehema-

---

3 Dieses Modell der Umsetzung der Auswärtigen Kultur- und Bildungspolitik kann im europäischen Vergleich als das „Modell mit der weitestgehenden Staatsferne" (Maaß, 2009, 269) bezeichnet werden.

liger Generalsekretär des Instituts für Auslandsbeziehungen (ifa) e.V. und Mitinitiator des AK Kultur und Kulturpolitik der DeGEval, werden diese Forderungen seitens des Auswärtigen Amtes aber nur zögerlich aufgegriffen, sondern es gebe *„den Evaluations-druck eher an die Mittlerorganisationen der Auswärtigen Kulturpolitik weiter"* (Maaß, 2013, S. 35).

Die Rolle und Bedeutung von Evaluation in der AKBP Deutschlands wurde von Maaß in seinem Beitrag für den Sammelband Evaluation in Kultur und Kulturpolitik erstmals umfassend aufgearbeitet (vgl. Maaß, 2013). Maaß stellt fest, dass ein 1975 vorgelegter Bericht der Enquete-Kommission Auswärtige Kulturpolitik als erste umfassende Evaluation des Feldes angesehen werden kann. Die Kommission hatte den Auftrag, *„Empfehlungen für eine bessere kulturelle Repräsentation der Bundesrepublik Deutschland im Ausland zu erarbeiten […]. Dabei sind vor allem Zielsetzung, Inhalt, Organisation und Finanzierung der bisherigen auswärtigen Kulturpolitik zu überprüfen und gegebenenfalls entsprechende Reformvorschläge vorzulegen"* (Deutscher Bundestag, 1975, S 11). Seit 1975 wurden allerdings keine weiteren, in Fragestellung und Umfang vergleichbaren Studien durchgeführt (vgl. Maaß, 2013, S. 37).

Erst unter der rot-grünen Bundesregierung unter Außenminister Fischer wurden mit der *„Konzeption 2000"* die Themen Erfolgskontrolle und Evaluation in der Außen-kultur- und Bildungspolitik erneut forciert und die Mittlerorganisationen wurden aufgefordert, *„zur Vorbereitung einer Evaluation einen Zielkatalog ihrer eigenen Tätigkeiten zu erstellen"* (Maaß, 2013, S. 38). Trotz umfangreicher Vorarbeiten wuchsen innerhalb des Auswärtigen Amtes in der Folge allerdings die Widerstände und auch begünstigt durch personelle Wechsel wurde diese Initiative nicht weiter verfolgt. Mit einer Großen Anfrage zur Auswärtigen Kulturpolitik im Jahr 2006 wurde das Thema Evaluation wieder explizit aufgegriffen. In der 2007 vorgelegten Antwort vertrat die Bundesregierung allerdings die Auffassung, dass mit den bereits bestehenden Zielvereinbarungen mit den Mittlerorganisationen, mit den durch diese beauftragten und durchgeführten Evaluationen sowie Gesprächen mit den Mittlerorganisationen die Vorgaben der Konzeption 2000 erfüllt seien (vgl. Maaß, 2013, S. 40).

Im Jahr 2012 stellte die Fraktion der SPD eine vorerst letzte Große Anfrage zur AKBP des Auswärtigen Amtes, in der erneut Fragen zu Evaluation und Erfolgskontrolle gestellt wurden. Ende 2012 beantwortete die Regierung diese Anfrage und stellte zum Thema Evaluation u.a. fest,

- dass es aufgrund der sehr unterschiedlichen Aufgaben und Organisationsformen der Mittlerorganisationen und ihrer weltweiten Präsenzen nicht praktikabel erscheint, eine umfassende Evaluation der Auswärtigen Kultur- und Bildungspolitik zu realisieren (vgl. Deutscher Bundestag, 2012, S. 6) und
- dass es neben der Evaluation von Einzelmaßnahmen einen fortlaufenden Abgleich zwischen Zielvorgaben und faktischen Ergebnissen gebe (vgl. Deutscher Bundestag, 2012, S. 13). Eine nähere Erläuterung zum genauen Vorgehen dieser Erfolgskontrolle findet sich in dem Dokument allerdings nicht.

Die Bundesregierung misst dem Instrument der Evaluation also weiterhin nur singulär Bedeutung bei und die Potenziale von Evaluation werden als sehr begrenzt angesehen. Es bleibt abzuwarten, ob sich dieses Verständnis mit der SPD-Führung des Hauses unter Frank-Walter Steinmeier verändern wird, die seit Dezember 2013 im Amt ist.

Anhand dieser Ausführungen wird deutlich, dass es zur näheren Beschreibung der Evaluationskultur in diesem Politikfeld sinnvoll ist, einerseits zwischen dem Auswärtigen Amt als zentralem staatlichen Akteur und den Mittlerorganisationen der deutschen AKBP als von direkter staatlicher Einflussnahme unabhängigen Beteiligten zu unterscheiden (Auswärtiges Amt, 2011, S. 13).

Unabhängig von der Tatsache, dass das Thema Evaluation im Auswärtigen Amt keinen herausgehobenen Stellenwert genießt, wurde vor wenigen Jahren eine sogenannte *„Evaluierungsberatung"* eingerichtet. Hierbei handelt es sich um eine Arbeitseinheit der Stabsstelle 07, in der auch die Organisationsberatung, die Inspektion, die Innenrevision sowie die Korruptionsprävention angesiedelt sind. Die Evaluierungsberatung ist mit zwei Personalstellen ausgestattet und berät andere Einheiten des Hauses bei der Planung, Beauftragung und Durchführung von Evaluationen; sie verfügt aber über kein eigenes Budget zur Umsetzung von Evaluationen. Diese Eckdaten zeigen, dass seitens des Auswärtigen Amts bislang keine verstärkten Anstrengungen zur Intensivierung der eigenen Evaluationsaktivitäten unternommen wurden. Wenn seitens des Amts auch jährlich einige Evaluationen selbst ausgeschrieben und vergeben werden, so kann noch nicht von einer Systematisierung oder gar umfassenden Evaluationskultur gesprochen werden.

Demgegenüber ist die Evaluationskultur insbesondere bei den großen Mittlerorganisationen der AKBP, wie Goethe-Institut, DAAD oder Alexander von Humboldt-Stiftung, deutlich stärker ausgeprägt. Alle Einrichtungen verfügen über eigene für Evaluation verantwortliche Arbeitseinheiten, die teils beratende Funktion innerhalb der Häuser einnehmen, teils aber auch selbst Evaluationen beauftragen. Die Evaluationskultur ist bei diesen Organisationen bereits recht ausgeprägt und es ist erkennbar, dass sie auch kontinuierlich weiterentwickelt wird: So gibt es beispielsweise innerhalb des DAAD eine alle DAAD-Aktivitäten umfassende Evaluationssystematik und es wird derzeit an der Entwicklung und Implementation eines übergreifenden Monitoring-Systems für einen Programmbereich gearbeitet. Die Alexander von Humboldt-Stiftung hat bereits seit mehreren Jahren einen wissenschaftlichen Beirat für die Programmevaluation installiert und beauftragt regelmäßig externe Programmevaluationen. Das Goethe-Institut arbeitet aktuell an einer Erweiterung seines bestehenden Evaluationskonzepts. In einer internen Arbeitsgruppe sowie mit externen Expert/innen/en aus Wissenschaft und Evaluationspraxis wird ein wirkungsorientiertes Evaluationskonzept speziell für Kunst-, Kultur- und kulturelle Bildungsprojekte entwickelt, durch das Wirkungen gegenüber Zuwendungsgebern und der Öffentlichkeit noch besser nachgewiesen und kommuniziert werden sollen. Darüber hinaus veröffentlicht der DAAD ausgewählte Evaluationen in der DAAD-Reihe DOK&MAT, während die Humboldt-Stiftung verschiedene Evaluationsberichte im Internet zum Download bereitstellt. Es kann also festgehalten werden, dass Stipendiatenbefragungen, Verbleibstudien und Programmevaluationen inzwischen zum Standardrepertoire der Qualitätssicherung in diesem Feld gehören, wenn auch der öffentliche Zugang zu den dazugehörigen Evaluationsberichten nur selektiv möglich ist.

2.3 Bedeutung und Nutzung der Standards zur Evaluation in Kultur und Kulturpolitik

Diese Unterschiede im Stand von Evaluationsforschung und -praxis in Kunst, Kultur und Kulturpolitik einerseits und in der Auswärtigen Kultur- und Bildungspolitik andererseits spiegeln sich auch im Umgang mit Standards zur Evaluation wider. Es mag also wenig verwundern, dass Evaluationsstandards im Feld Kunst, Kultur und Kulturpolitik eine untergeordnete Rolle spielen. So ist nicht zu beobachten, dass die Evaluationsstandards der DeGEval oder anderer Institutionen in relevantem Maße wahrgenommen, angewendet oder seitens der Auftraggeber/innen von Evaluationen gar eingefordert werden. Demgegenüber ist im Feld der AKBP eine deutlich höhere Sensibilität für das Thema spürbar: Alle großen Akteur/inn/e/n, wie das Auswärtige Amt und die zentralen Mittlerorganisationen, formulieren in Evaluationsausschreibungen grundsätzlich die Erwartung, dass Auftragnehmer/innen nach den DeGEval-Standards evaluieren. Da sich Evaluationen in diesem Bereich oftmals mit entwicklungspolitisch relevanten Aktivitäten überschneiden, finden auch die OECD/DAC-Standards und Evaluierungskriterien Anwendung. Es kann hier also von einer guten Akzeptanz und Verbreitung der DeGEval-Standards gesprochen werden.

2.4 Exkurs zur Evaluationskultur in Kunst, Kultur und Kulturpolitik in Österreich

Ähnlich wie in Deutschland gilt auch für Österreich, dass sich bislang keine beobachtbare Evaluationskultur im Bereich Kunst, Kultur und Kulturpolitik entwickelt hat. Evaluierungen finden punktuell und häufig im Zuge von Reformen statt, von einer systematischen Herangehensweise kann deshalb nicht gesprochen werden. Dies hat mehrere Gründe: Österreich verfügt über eine historisch gewachsene föderale Struktur, die den Anspruch einer *„Kulturhoheit der Länder"* begründet. Zugleich ressortieren wichtige Teile der kulturellen Infrastruktur (Bundestheater, Bundesmuseen, wissenschaftliche Sammlungen und Archive) per Bundesverfassung beim Bund. Ein weiterer Verfassungsartikel erlaubt allen Gebietskörperschaften auf privatwirtschaftlicher Basis ihr eigenes kulturelles Engagement, sodass in Österreich von einer Aufteilung von Kunst- und Kulturzuständigkeiten auf allen politisch-administrativen Ebenen, die bei ihren Aktivitäten nur wenig gegenseitigen Abstimmungsbedarf sehen, auszugehen ist. Entsprechend handelt es sich um ein ebenso vielschichtiges und in seinen kulturpolitischen Ansprüchen wenig aufeinander bezogenes Feld.

Auf kommunaler Ebene sind folgende Bestrebungen erwähnenswert: Die Stadt Linz hat zur Vorbereitung auf das Kulturhauptstadtjahr 2009 die Entwicklung eines Kulturentwicklungsplanes in Gang gesetzt. Dieser Prozess, der auf Bürgerbeteiligung setzt, fand 2011/12 im Rahmen des neuen Kulturentwicklungsplans seine Fortsetzung und beschäftigte sich in erster Linie mit Fragen von Zielerreichung, Wirkungen und Strukturveränderungen. Die Stadt Graz ließ 2011 ihre Kulturförderung systematisch extern evaluieren (vgl. Zembylas & Alton, 2011). Schon in den Jahren zuvor hat die Stadt Graz mehrjährige Förderverträge in regelmäßigen Abständen evaluiert. Eine Vorgangsweise, die Zembylas und Alton als *„einmalig in Österreich"* und *„als Beleg für ein konzentriertes Problembewusstsein und Reflexivität der kulturpolitisch Verantwortlichen"* beschreiben (ebd., S. 10). Im Jahr 2012 gab es eine Bestandsaufnahme der Tanz- und Theaterszene in Wien (vgl. NPO-Institut, 2012). Hier wurden in besonderem Maß die Effekte der Theaterreform 2003 in den Blick genommen.

Das Land Steiermark gab 2012 eine Studie in Auftrag, um ökonomische und gesellschaftliche Wirkungen des Universalmuseums Joanneum mit insgesamt zehn Standorten in der Steiermark, sichtbar zu machen (vgl. Integrated Consulting Group, 2012).

Ökonomische Wirkungen standen auch für das Bundesministerium für Unterricht, Kunst und Kultur im Zentrum des Interesses, als es vor einigen Jahren ausgewählte geförderte Kunst- und Kultureinrichtungen untersuchen ließ (vgl. Felderer, Müllbacher, Schnabl & Stix, 2008).

Die österreichischen Bundesmuseen wurden schon 2003 von unabhängigen, internationalen Expert/inn/en evaluiert. Die Ergebnisse sollten Grundlage für museumsstrategische Entscheidungen sein. Die Studie wurde nicht zuletzt deshalb kritisiert, weil die Namen der Evaluator/inn/en nicht genannt wurden.

Auffällig ist, dass Evaluierungen in vielen Fällen als Studien, Bestandsaufnahmen oder Analysen betitelt werden – ein Hinweis darauf, dass dem Thema Evaluation im Bereich Kunst, Kultur und Kulturpolitik in Österreich nach wie vor eher mit Skepsis begegnet wird. Mangelnde Transparenz und ein fehlender Diskurs zu diesem Thema erschweren es, einen systematischen Überblick über die Evaluationskultur zu schaffen.

Etwas anders verhält sich die Situation im Bereich der kulturellen Bildung. In den letzten Jahren wurde auf Bestreben der ehemaligen Bundesministerin für Unterricht Kunst und Kultur, Dr. Claudia Schmied, sukzessive der Aspekt der Kunst- und Kulturvermittlung in den Geschäftsordnungen bzw. Rahmenzielvereinbarungen der Bundesmuseen, der Bundestheater und der Nationalbibliothek integriert (vgl. Wimmer, 2012). Eine Konsequenz dieser Entwicklung war der freie Eintritt in Bundesmuseen für Kinder und Jugendliche bis 19 Jahre. Parallel dazu wurde die Vermittlungsinitiative *„Kulturvermittlung mit Schulen in Bundesmuseen"* gestartet. Dieses Förderprogramm wird von KulturKontakt Austria durchgeführt und betreut. KulturKontakt Austria arbeitet im Auftrag und mit Unterstützung des Bundesministeriums für Bildung und Frauen und des Bundeskanzleramts und ist für die Implementierung und Durchführung von Förderprogrammen im Bereich Kulturvermittlung zuständig, in dem in den letzten Jahren Evaluierungen zunehmend an Bedeutung gewonnen haben. Programme wie die oben erwähnte Initiative *„Kulturvermittlung mit Schulen in Bundesmuseen", „macht|schule|theater"* (vgl. Nagel, Spatt & Wimmer, 2010), *„p[ART] – Partnerschaften zwischen Schulen und Kultureinrichtungen"* (vgl. Popper & Spiel, 2011 bzw. Popper & Kollmayer, 2012) sind einer Evaluation unterzogen worden. Allerdings sind nicht alle Evaluationsberichte öffentlich zugänglich. Trotzdem kann zumindest für den Bereich der Kulturvermittlung bzw. der kulturellen Bildung ein erhöhtes Bewusstsein für die Wichtigkeit und den Nutzen von Evaluation attestiert werden.

Die österreichische Außenkulturpolitik verfügt über eine andere Organisationsform als in Deutschland. Sie wird im Wesentlichen über das Auslandskulturnetzwerk, bestehend aus 30 Kulturforen, 82 Botschaften (davon 26 mit Kulturforum), 11 Generalkonsulaten (davon vier mit Kulturforum) und 280 Honorarkonsulaten abgewickelt. Darüber hinaus gibt es an 60 Orten in 28 Staaten Österreich-Bibliotheken. Österreichbezogene Deutschkurse werden in Österreich-Instituten in neun europäischen Städten angeboten. In kulturpolitischen Fragen gibt es eine enge Zusammenarbeit mit anderen Bundesministerien sowie mit Landesregierungen, der Wirtschaftskammer Österreich und der Österreich-Werbung. Die Kulturpolitische Sektion im Außenministerium verfügt über eine Abteilung, die mit der Koordination, Planung, Finanzierung und Evaluierung der Auslandskulturpolitik betraut ist. Allerdings finden sich weder im Auslandskulturkonzept noch im Außen- und Europapolitischen Bericht 2012 Hinweise darauf, auf welche Weise die Leistungen der österreichischen Auslandskulturpolitik evaluiert werden. Mangels Veröffentlichung von Berichten (mit Ausnahme des Jahresberichtes) ist davon auszugehen, dass es sich großteils um interne Evaluierungsmaßnahmen zur Steuerung und Planung handelt (vgl. Bundesministerium für europäische und internationale Angelegenheiten/Kulturpolitische Sektion, 2011; Bundesministerium für europäische und internationale Angelegenheiten, o.J.).

3. Kulturverträglichkeit von Evaluation oder Evaluationsverträglichkeit von Kultur?! Es gibt noch viel zu tun!

Anhand der bisherigen Ausführungen wurde deutlich, dass sowohl in Kunst, Kultur und Kulturpolitik wie auch in der Auswärtigen Kultur- und Bildungspolitik – trotz aktuell sehr unterschiedlich ausgeprägter Evaluationskulturen – weiterhin vielfältiger Handlungsbedarf besteht, aus dem sich künftige Herausforderungen für die Forschung und Evaluationspraxis ableiten lassen. Wenn es langfristig Ziel des Arbeitskreises ist, einen Beitrag zur Schaffung einer Evaluationskultur in diesen Bereichen zu leisten, so ergeben sich daraus zugleich die Ansatzpunkte für die Arbeit des AK Kultur und Kulturpolitik.

So ist mit Blick auf Kunst, Kultur und Kulturpolitik die Tatsache anzuerkennen, dass sich kulturelle Projekte und Programme nicht in gängige Konzepte und Methoden zur Evaluierung pressen lassen, weshalb verstärkt kultursensitive Konzepte entwickelt werden müssen, die den Besonderheiten von Kunst und Kultur gerecht werden und die dazu geeignet sind, die Vorbehalte gegenüber Evaluation zu überwinden. Dazu eignen sich in besonderer Weise partizipative Verfahren oder auch Methoden der ästhetischen Forschung. Neue Verfahren müssen unter Beteiligung aller relevanten Stakeholder, wie Kulturschaffenden, -förderer/innen, -manager/innen, -anbieter/innen etc. entwickelt werden, aber auch erprobte Methoden anderer Disziplinen können aufgegriffen werden, die eine systematische Bewertung ermöglichen.

Eine weitere große Herausforderung liegt darin, die Kommunikation über Ziel und Zweck von Evaluation im kulturellen Sektor zu verbessern und die Interaktion des Dreiecks Evaluationsteam, Auftraggebende und Betroffene zu stärken. Hier mangelt es noch an einer ausreichenden Kommunikation von Seiten der Auftraggebenden und an der Nennung klarer Interessen und Ziele von Evaluation sowie ggf. der Konsequenzen. Darüber hinaus besteht häufig ein Missverhältnis zwischen Aufgabenstellung und damit dem Arbeitsumfang von Evaluationen sowie Zeit und Budget. Letztere korrespondieren häufig nicht mit den erwarteten Ergebnissen, d.h. die Budgets müssten erhöht und die erforderliche Zeit angemessen eingeplant werden. Hierbei muss den häufig erst langfristig nachzuzeichnenden Wirkungen ebenfalls Rechnung getragen werden.

Ebenso wie in der Entwicklungspolitik und anderen Feldern arbeiten auch Expert/inn/en des kulturellen Sektors mit Methoden wie Moderation, Mediation und mit systemischen Ansätzen. Letztere können bspw. zu Beginn einer Evaluation zur Klärung der Fragestellungen, der Ziele, Interessen und jeweils eigenen Rolle im Evaluationsprozess dienen. Einzubeziehen sind alle Gruppen des Dreiecks Evaluationsteam, Auftraggebende und Beteiligte, um Lernen und Nachhaltigkeit zu erzielen.

Alle genannten Herausforderungen in Kunst, Kultur und Kulturpolitik – sei es mit neuen Methoden zu experimentieren und zu überprüfen, inwieweit diese im Einzelfall für die Evaluation geeignet sind, oder aber die Aufgabe der Auftraggebenden, offener ehrlicher und früher über Zweck und Ziel von Evaluationen zu informieren – alles dies sind zugleich auch Aufgaben für den Arbeitskreis Kultur und Kulturpolitik, sich dieser Themen aktiv anzunehmen und sie zukünftig auf die Agenda zu setzen.

Eine Besonderheit deutscher Außenpolitik im internationalen Vergleich besteht in der strukturellen Trennung von Auswärtiger Kulturpolitik und Entwicklungszusammenarbeit. Während diese beiden Politikfelder in vielen anderen Ländern eng miteinander verzahnt sind, ist in Deutschland erst zur Jahrtausendwende eine breitere Diskussion um den Mehrwert einer solchen Verbindung entstanden. Es scheint daher lohnenswert, die in Deutschland zunehmend kritisierte Trennung zwischen den Feldern ‚Kultur‘ und ‚Entwicklung‘ zu thematisieren und deren Konsequenzen für die Evaluation von Maßnahmen an dieser Schnittstelle weiterzudenken. Gerade vor dem Hintergrund der sehr ausdifferenzierten Evaluationskultur in der Entwicklungszusammenarbeit ist ein Mehrwert für die Evaluation von Kultur und Kulturpolitik im Sinne einer Übertragung von Ansätzen, Konzepten, Standards und Kriterien zu erwarten. Dabei trägt auch institutionelles Lernen innerhalb der Mittlerorganisationen der AKBP dazu bei, dass Ansätze der wirkungsorientierten Evaluation aus der Entwicklungszusammenarbeit zunehmend auch auf andere thematische Bereiche übertragen werden.

Während zu den Themenfeldern nationale und Auswärtige Kulturpolitik sowie zur Museumsevaluation seit Bestehen des Arbeitskreises Kultur und Kulturpolitik der DeGEval bereits verschiedene Aktivitäten realisiert wurden und sich die Mitglieder des AK auch primär aus diesen Bereichen zusammensetzen – sowohl das Auswärtige Amt als auch die großen und kleinere Mittlerorganisationen sind im Arbeitskreis vertreten –, wurde in der bisherigen Arbeit deutlich, dass es schwierig ist, den kulturellen Sektor zu erreichen. Aus diesem Grund versucht der Arbeitskreis mit wichtigen Akteur/inn/en zu kooperieren[4], um auf diese Weise Vertreter/innen aus Kunst und Kultur besser zu erreichen und einzubinden. Auch entwickelte sich im Arbeitskreis der Eindruck, dass nur wenig Austausch bzw. institutionelle Schnittmengen zwischen den Akteur/inn/en in den einzelnen relevanten Themenbereichen bestehen und sich damit die Zielgruppe des Arbeitskreises sehr heterogen darstellt. Dies birgt die Herausforderung, mit den Aktivitäten im Rahmen der Frühjahrs- und Jahrestagungen ein Programm anzubieten, das allen Interessensgruppen gerecht wird.

---

4   Z.B. wird dies im Rahmen der gemeinsamen Organisation und Durchführung der Arbeitskreis-Frühjahrstagung 2014 mit der Akademie Remscheid für Kulturelle Bildung e.V. realisiert; künftig könnte auch eine stärkere Zusammenarbeit mit Akteuren des Bildungssektors gewinnbringend sein.

Literatur

Auswärtiges Amt (2014). *Auswärtige Kultur- und Bildungspolitik.* http://www.auswaertiges-amt.de/DE/Aussenpolitik/KulturDialog/ZieleUndPartner/ZielePartner_node.html [24.04.2014].

Auswärtiges Amt (2011). *Bericht der Bundesregierung zur Auswärtigen Kultur- und Bildungspolitik 2010/2011.* Berlin.

Auswärtiges Amt (2000). *Konzeption 2000.* http://www.ifa.de/fileadmin/pdf/aa/akbp_konzeption2000.pdf [21.02.2014].

Becker, H. (2012). Evaluation in der Praxis der kulturellen Kinder- und Jugendbildung. In H. Bockhorst, I. Reinwand & W. Zacharias (Hrsg.), *Handbuch Kulturelle Bildung*, S. 952–954. München: kopaed.

Birnkraut, G. (2013). Einflüsse der föderalen Struktur der Kulturförderung in Deutschland auf die Bedeutung von Evaluation und die Evaluationspraxis in diesem Politikfeld. In V. Hennefeld & R. Stockmann (Hrsg.), *Evaluation in Kultur und Kulturpolitik: Eine Bestandsaufnahme*, S. 87–109. Münster: Waxmann.

Bundesministerium für europäische und internationale Angelegenheiten/Kulturpolitische Sektion (2011). *Auslandskulturkonzept 2011.* http://www.bmeia.gv.at/fileadmin/user_upload/bmeia/media/3-Kulturpolitische_Sektion_-_pdf/Broschueren/Broschuere_Auslandskulturkonzept_2011.pdf [06.03.2014].

Bundesministerium für europäische und internationale Angelegenheiten (o.J.). *Außen- und Europapolitischer Bericht 2012. Bericht des Bundesministers für europäische und internationale Angelegenheiten.* Wien. http://www.bmeia.gv.at/fileadmin/user_upload/bmeia/media/2-Aussenpolitik_Zentrale/APB/Aussen_und_Europapolitischer_Bericht_2012.pdf [06.03.2014].

Deutscher Bundestag (1975). *Bericht der Enquete-Kommission Auswärtige Kulturpolitik.* Bundestagsdrucksache 7/4121.

Deutscher Bundestag (2012). *Antwort der Bundesregierung zum Paradigmenwechsel im Konzept zur Auswärtigen Kultur- und Bildungspolitik des Auswärtigen Amts vom September 2011.* Bundestagsdrucksache 17/9839.

Felderer, B., Müllbacher, S., Schnabl, A. & Stix, S. (2008): *Prüfung ausgewählter geförderter Kunst- und Kultureinrichtungen bezüglich ihrer ökonomischen Wirkungen in Österreich – Endbericht.* Studie im Auftrag des Bundesministeriums für Unterricht, Kunst und Kultur. Wien.

Fink, T. (2012). Evaluationen im Feld der Kulturellen Bildung. In H. Bockhorst, I. Reinwand & W. Zacharias (Hrsg.): *Handbuch Kulturelle Bildung*, S. 948–951. München: kopaed.

Fuchs, M. & Liebald, C. (Hrsg.) (1995). *Wozu Kulturarbeit? Wirkungen von Kunst und Kulturpolitik und ihre Evaluierung.* Remscheid: BKJ.

Glogner-Pilz, P. & Föhl, P. (Hrsg.) (2011). *Das Kulturpublikum. Fragestellungen und Befunde der empirischen Forschung.* 2., erw. Auflage. Wiesbaden: VS Verlag für Sozialwissenschaften.

Hennefeld, V. & Metje, U. M. (2009). Rezension zu: Perrot, Anne Catherine de/Wodiunig, Tina: Evaluieren in der Kultur. Warum, was, wann und wie? Ein Leitfaden für die Evaluation von kulturellen Projekten, Programmen, Strategien und Institutionen. In: *Zeitschrift für Evaluation, 8*(2), S. 319–322.

Institut für Museumsforschung (2014). *Internetseite des Instituts für Museumsforschung.* http://www.smb.museum/museen-und-einrichtungen/institut-fuer-museumsforschung/aufgaben.html [24.02.2014].

Integrated Consulting Group (2012). *Universalmuseum Joanneum. Die ökonomische und gesellschaftliche Wirkung des Universalmuseum Joanneum. Quantitative und qualitative Wirkungsabschätzung für das Universalmuseum Joanneum auf Basis recherchierter Sekundärmaterialien.* Graz.

Klein, A. (2013). Rolle und Bedeutung von Evaluation in der Kultur und Kulturpolitik. In V. Hennefeld & R. Stockmann (Hrsg.): *Evaluation in Kultur und Kulturpolitik: Eine Bestandsaufnahme*, S. 9–33. Münster: Waxmann.

Knüsel, P. (2003). Der Teufel der Evaluation. In: *Zeitschrift für KulturAustausch 4/2013.*

Maaß, K.-J. (2009). Das deutsche Modell – Die Mittlerorganisationen. In K.-J. Maaß (Hrsg.): *Kultur und Außenpolitik. Handbuch für Studium und Praxis.* 2., vollst. überarb. u. erw. Auflage. Baden-Baden: Nomos, S. 269–280.

Maaß, K.-J. (2013): Rolle und Bedeutung von Evaluation in der Auswärtigen Kulturpolitik Deutschlands. In V. Hennefeld & R. Stockmann (Hrsg.): *Evaluation in Kultur und Kulturpolitik: Eine Bestandsaufnahme*, S. 35–52. Münster: Waxmann.

Metje, U. M. & Hennefeld, V. (2013). Rezension zu: Birnkraut, Gesa: Evaluation im Kulturbetrieb. Kunst- und Kulturmanagement. *Zeitschrift für Evaluation 12*(1), S. 162–164.

Nagel, T., Spatt, M. & Wimmer, M. / EDUCULT (2010). Zwischenevaluation Macht|schule|theater. Wien. http://www.educult.at/wp-content/uploads/2011/08/MachtSchuleTheater_Zwischenevaluation2010.pdf [06.03.2014].

NPO-Kompetenzzentrum (2012). Tanz- und Theaterszene in Wien. Zahlen, Daten, Fakten unter besonderer Berücksichtigung der Effekte der Wiener Theaterreform 2003. Wien.

Popper, V. & Kollmayer, M. / Institut für Wirtschaftspsychologie, Bildungspsychologie und Evaluation (2012). *Evaluationsbericht zur Nachhaltigkeit von p[ART].*http://www.kulturkontakt.or.at/medien/CA/%7BCA877F4B-4534-4F1D-8771-7045BFAC6348%7D/Evaluationsbericht_part_2012.pdf?rn=49636,66 [05.03.2014].

Popper, V. & Spiel, C. / Institut für Wirtschaftspsychologie, Bildungspsychologie und Evaluation (2011). *Evaluationsbericht p[ART]. Universität Wien.* http://www.kulturkontakt.or.at/medien/D1/%7BD1C41449-127A-4B0B-A5AC-A1C1D57C447D%7D/Evaluationsbericht_part_2010.pdf?rn=49603,45 [05.03.2014].

Reinwand, V.-I. (2013). Wirkungsforschung in der Kulturellen Bildung. In V. Hennefeld & R. Stockmann (Hrsg.): *Evaluation in Kultur und Kulturpolitik: Eine Bestandsaufnahme*, S. 111–136. Münster: Waxmann.

Schulze, G. (1997). *Die Erlebnisgesellschaft. Kultursoziologie der Gegenwart.* 7. Auflage. Frankfurt am Main, New York: Campus.

Stockmann, R. (2013). Zur Methodik von Evaluationen in der Kultur und Kulturpolitik. In V. Hennefeld & R. Stockmann (Hrsg.): *Evaluation in Kultur und Kulturpolitik: Eine Bestandsaufnahme*, S. 53–86. Münster: Waxmann.

Violet, A. (2013). Rezension zu: Hennefeld, Vera/Stockmann, Reinhard (Hg.): Evaluation in Kultur und Kulturpolitik. Eine Bestandsaufnahme. *Zeitschrift für Evaluation, 12*(2), S. 325–328.

Wegener, N. (2011). Besucherforschung und Evaluation in Museen: Forschungsstand, Befunde und Perspektiven In: P. Glogner & P. Föhl (Hrsg.): *Das Kulturpublikum. Fragestellungen und Befunde der empirischen Forschung*, 2., erweiterte Auflage, Wiesbaden: VS Verlag für Sozialwissenschaften.

Wimmer, M. (2012). Blick über die Grenzen – Beispiel Österreich. In Deutsche Kulturpolitische Gesellschaft (Hg.): *Kulturpolitisches Jahrbuch 2012.* Bonn/Essen: Klartext Verlag.

Zembylas, T. & Alton, J. (2011). *Evaluierung der Kulturförderung der Stadt Graz.* Wien.

Zentrum für Audience Developement (ZAD) am Institut für Kultur- und Medienmanagement der Freien Universität Berlin (2007). *Besucherforschung in öffentlichen deutschen Kulturinstitutionen.* http://www.geisteswissenschaften.fu-berlin.de/v/zad/media/Besucherforschung_ZAD.pdf?1361067113 [19.02.2014].

Michael Frais, Monika Renz

Evaluation im Schulbereich

1.   Historischer Rückblick zu Evaluation im Schulbereich

„Evaluation" ist im Schulwesen des deutschsprachigen Raums heute ein allgegenwärtiger Begriff, wenn auch mit schillernden Inhalten. Die Anfänge reichen in die 1970er Jahre zurück, wo es im Zuge des bildungspolitischen Aufbruchs und einer Zusammenarbeit von Bildungspolitik und Bildungsforschung zur wissenschaftlichen Begleitung von Schulversuchen und Begutachtung von Reformprojekten durch ministeriellen Auftrag kam. Der Begriff blieb allerdings zunächst der akademischen Diskussion vorbehalten. Außerhalb der deutschsprachigen Länder setzte zu diesem Zeitpunkt bereits eine „evaluationsgetriebene" Bildungspolitik ein, die Bildungserträge mit umfassenden Schulleistungsuntersuchungen zu messen begann.

Es dauerte bis zu den 1990er Jahren, bis die Aktivitäten der seit den 1960er Jahren bestehenden International Association for the Evaluation of Educational Achievement (IEA) in den deutschsprachigen Ländern öffentlich wahrgenommen wurden (erste Teilnahme von Deutschland, Österreich und der Schweiz an „Trends in International Mathematics and Science Study" [TIMSS] 1995). Erst mit den PISA-Studien („Programme for International Student Assessment") der OECD ab 2000 wurde eine große Öffentlichkeitswirksamkeit (Stichwort „PISA-Schock") erreicht. In der Folge kam es zu einem Aufschwung der empirischen Bildungsforschung und diesbezüglich zu einer Wiederaufnahme der Kooperation von Bildungspolitik und Wissenschaft. Dominant sind bei den Schulleistungsstudien das Selbstverständnis und die Gütekriterien von wissenschaftlicher Forschung. Diese Studien verstehen sich zwar auch als Evaluationen, die Aushandlung von Gegenstand und Zweck der Evaluation zwischen Auftraggebern und Auftragnehmern, die Antizipation von Nutzen und Wirkung wie auch von Risiken, die Partizipation der Betroffenen sowie die Vorbereitung künftiger Entscheidungsprozesse auf verschiedenen Ebenen erweisen sich jedoch im Rückblick als unzureichend. Die Rezeptionsforschung weist verschiedentlich darauf hin, dass die mit Schulleistungsstudien geweckten Erwartungen auf der Ebene der Schulen nicht uneingeschränkt eintreten (Bohl & Kiper, 2009).

Ebenfalls um die Jahrtausendwende setzte sich im deutschsprachigen Raum in der Bildungsverwaltung eine neue Steuerungslogik durch, wonach der Output auf verschiedenen Systemebenen gemessen und für Steuerungsentscheidungen herangezogen werden sollte. Damit einher ging die Aufgabenerweiterung bestehender Instanzen in der Bildungsverwaltung oder die Einrichtung neuer zur Wahrnehmung von Evaluationsaufträgen. Insbesondere wurden neben der klassischen Schulaufsicht Empirie gestützte externe Evaluationen von Schulen etabliert (häufig, jedoch nicht immer als Schulinspektion bezeichnet), vielfach durch besondere Dienststellen der Bildungsadministration mit dafür ausgebildetem Personal. Die Abläufe und eingesetzten Erhebungsmethoden sind dabei standardisiert, Erkenntnisinteressen der betroffenen Schulen können in der Regel nicht oder nur marginal berücksichtigt werden. Andererseits erlaubt dieses Vorgehen die Aggregation von Ergebnissen auf verschiedenen Ebenen und die Rechenschaftslegung für Bildungsbehörden in Form von Berichten. Das Repertoire der Erhebungsmethoden umfasst Dokumentenanalysen, standardisierte Befragungen der schulischen Akteure, Interviews von Leitungspersonen und von Gruppen (Lehrkräfte, Eltern, ggf. Betriebe im beruflichen Bereich) und die Beobachtung von Unterricht. Dabei wird auf Kriterienkataloge für gute Schule Bezug genommen, die die Kultusministerien und obersten Bildungsbehörden unter Bezeichnungen wie „Orientierungsrahmen Schulqualität" erstellt haben. Die Ergebnisse einer Inspektion werden der jeweiligen Schule und ihrer Aufsichtsinstanz in Form eines Berichts zurückgemeldet. Die Auseinandersetzung mit den Ergebnissen und Handlungsempfehlungen der Inspektion ist anschließend Sache der einzelnen Schule, ggf. unter Hinzuziehung von Unterstützungssystemen, die unabhängig von der Inspektion sind. Alles in allem können die sogenannten Schulinspektionen trotz einiger Besonderheiten als Evaluationen im engeren Sinne gelten (Böttcher, Hense & Keune, 2013).

Während Inspektionen Unterrichts- und Organisationsprozesse zum Gegenstand der Evaluation haben, werden die Leistungen von Schülerinnen und Schülern durch Lernstandserhebungen in bestimmten Jahrgangsstufen erhoben und auf der Ebene von Einzelschulen und Systemen (Schulformen, regionale Gliederungen) für Zwecke der Erfolgskontrolle und Legitimation dokumentiert. Auch diese Evaluationen sind vollständig standardisiert und tragen lokalen Erkenntnisinteressen wenig Rechnung. So werden etwa in Deutschland unter der Bezeichnung VERA (**VER**gleichs**A**rbeiten) und weiteren bundeslandspezifischen Bezeichnungen verpflichtende Kompetenzmessungen in mehreren Unterrichtsfächern in Jahrgangsstufe 3 und 8 durchgeführt. Die Testentwicklung ist zentralisiert, die Durchführung erfolgt in der Regie der Bundesländer, die Schulen erhalten Ergebnisaufbereitungen. Ziel ist, das Erreichen von kompetenzorientierten Bildungsstandards zu überprüfen und Anstöße zur Unterrichtsentwicklung auf einzelschulischer und Systemebene zu geben.

Dem Prinzip der Outputsteuerung folgend erhielten Schulen seit Ende der 1990er Jahre teilweise mehr Autonomie. Die größere Handlungsfreiheit in Planung, Organisation, Personalrekrutierung und Finanzen wurde allerdings durch Formen der Rechenschaftslegung („accountability") ausbalanciert. Die bereits erwähnten Schulinspektionen und Lernstandsüberprüfungen anhand extern gesetzter Standards zählen dazu ebenso wie die Verpflichtung der Schulen zur internen Evaluation. Diese wurde vielfach gesetzlich verankert, teilweise auch durch Zielvereinbarungen mit den Aufsichtsbehörden implementiert. Der Stand der internen Evaluationen, zum Teil auch als Selbstevaluationen bezeichnet, ist je nach bildungspolitischer Prioritätensetzung und nach dem Grad der Unterstützungsleistungen, die durch Schulbehörden angeboten oder auf dem freien Markt durch die Schulen erworben werden können, sehr unterschiedlich (Pietsch 2011, Thillmann, Bach, Gerl & Thiel, 2013 für einen Vergleich der Bundesländer Berlin und Brandenburg).

2. Evaluationsbegriff, Verfahren und Akteure

Im Feld Schule sind Bildungsforscher/innen aus Hochschulen und Forschungseinrichtungen, Mitarbeiter/innen der Bildungsverwaltungen und nachgeordneter Dienststellen, Berater/innen zu Schulentwicklungsprozessen sowie das schulische Personal selbst in unterschiedlicher Weise in Evaluationen involviert. Das Begriffsverständnis ist nicht einheitlich. Gegenstand und Reichweite, Zweck und Auftrag, Beteiligte, Durchführung und Ergebnisverwertung von Evaluationen unterliegen einer enormen Variation. Üblicherweise werden verschiedene Ansätze differenziert. Mit dem Begriff der Selbstevaluation werden Verfahren bezeichnet, in denen das schulische Personal selbstständig eine Evaluation durchführt. „Interne Evaluation" nimmt hingegen vor allem darauf Bezug, dass die Initiative aus der Schule kommt, ohne dass die Einbeziehung von schulfremden Personen ausgeschlossen ist. Unter externer Evaluation und Fremdevaluation werden hingegen im Schulbereich überwiegend Verfahren verstanden, die von externen Auftraggebern (Aufsichtsbehörden oder Träger) veranlasst und durchgeführt werden. Gleichzeitig steht der Begriff Evaluation mit anderen in Konkurrenz (empirische Bildungsforschung, Monitoring, Inspektion, Feedbackkultur, Qualitätsmanagement, Zertifizierung u.a.).

Nicht überraschend ist vor diesem Hintergrund eine große Heterogenität in der Professionalität der Evaluatoren und im Methodeneinsatz. Während schulisches Personal noch selten über ein solides Wissen zum Projektmanagement von Evaluationen und zu quantitativen und qualitativen Erhebungsmethoden verfügt, sind in Bildungsadministration und Bildungsforschung mittlerweile viele Evaluatoren mit einem Hintergrund in den empirischen Sozialwissenschaften tätig. Das Methodenspektrum ist umfassend und reicht von schlichten mündlichen Formaten (Feedbacks, Auswertungsgespräche) in schulischer Selbstevaluation bis zu groß angelegten Studien mit hohen wissenschaftlichen Ansprüchen und Teilnehmerzahlen im sechsstelligen Bereich wie im Falle von Schulleistungsstudien. Standards sui generis, wie sie von der Gesellschaft für Evaluation beschlossen wurden, scheinen gegenüber Gütekriterien aus den Bezugswissenschaften (Erziehungswissenschaft, empirische Sozialforschung, Statistik) eine eher geringe Rolle zu spielen.

Für einen Überblick werden in der folgenden Tabelle Evaluationen im Hinblick auf unterschiedliche Bezugsgrößen, Gegenstände, Akteure, Verfahren und Verwertungskontexte differenziert. Die Typologie beansprucht keine Vollständigkeit, sondern will die häufigsten Ausprägungen im Vergleich darstellen.

Bezugsgröße	Gegenstand	Akteure/Verfahren	Zweck/Verwertung
Einzelschule	Ausgewählte schulspezifische Prozesse und Entwicklungsvorhaben, teilweise auch Gesamtschau von Organisation und Management („schulinterne Evaluation")	Schulinterne Beauftragung und Durchführung, ggf. mit externer Hilfe Einfache Methoden, geringer Grad der Verschriftlichung	Qualitätsentwicklung und ggf. Legitimation in Schulgemeinschaft und gegenüber Aufsichtsinstanz
	Management und Organisation der Einzelschule, Unterrichtskultur (Standardisierung der Themen) („Inspektion")	Inspektionsteam/externes Evaluationsteam i.d.R. im Auftrag der Bildungsadministration Standardisiertes Verfahren mit Unterrichtsbeobachtung, Interviews, Befragungen und Dokumentenanalyse	Qualitätsentwicklung und i.d.R. Legitimation in Schulgemeinschaft und gegenüber Aufsichtsinstanz
	Erreichen von Bildungszielen in bestimmten Altersstufen bzw. Darstellung von Lernentwicklungsverläufen auf Basis von Standardsetzungen („Lernstandserhebung")	Aufgabenentwicklung und Datenaufbereitung im Auftrag der Bildungsbehörden Testdurchführung durch Schulen oder extern Neben Leistungstests teilweise auch Befragungen von Schülern und schulischem Personal	Schulspezifische Ergebnisdarstellung Erfolgskontrolle Unterrichtsentwicklung Ggf. Vergleich
Teilsystem/ Maßnahme	Systemsegmente (z.B. Schulversuch, Stufe oder Schulform) Innovationen wie Einführung von Inklusion, neuen Curricula uvm. („Maßnahmenevaluation")	Auftrag an schulsysteminterne oder schulsystemexterne Evaluatoren durch Bildungsadministration Breites Methodenspektrum	Absicherung von Reformvorhaben Legitimation im politischen Kontext und in der Öffentlichkeit Wissenschaftliche Erkenntnis
System	Management und Organisation von Schulen, Unterrichtskultur („Systeminspektion")	Inspektionsteams/externe Evaluationsteams im Auftrag der Bildungsadministration Standardisiertes Verfahren mit Unterrichtsbeobachtung, Interviews, Befragungen und Dokumentenanalyse	Aggregation von Einzeldaten zu Zwecken der Legitimation und Steuerung auf Systemebene
	Erreichen von Bildungszielen in bestimmten Altersstufen bzw. Darstellung von Lernentwicklungsverläufen auf Basis von Standardsetzungen („Schulleistungsstudie" – national oder mit Bezug auf Bundesländer)	Aufgabenentwicklung und Datenaufbereitung im Auftrag der Bildungsbehörden Testdurchführung durch Schulen oder extern Neben Leistungstests teilweise auch Befragungen von Schülern und schulischem Personal	Erfolgskontrolle Nachsteuerung durch Curriculumentwicklung, Lehrerfortbildung u.ä. Ggf. Vergleich von Systemkomponenten
	Erreichen von allgemeinen Kompetenzzielen („Internationale Schulleistungsstudie")	Internationale Konsortien (PISA, IEA u.a.) Nationale Behörden Neben Leistungstests teilweise auch Befragungen von Schülern und schulischem Personal	Legitimation im öffentlichen Raum Wissenschaftliche Erkenntnis

Besonderes Augenmerk gilt den Unterschieden in Zweck und Verwertung. Mit Bezug auf Kromrey können verschiedene Evaluationsparadigmen unterschieden werden: Forschungsparadigma, Kontrollparadigma und Entwicklungsparadigma (Kromrey, 2005, S. 4). Evaluationen im Forschungsparadigma zeichnen sich dadurch aus, dass grundlagenwissenschaftliche Erkenntnisinteressen überwiegen und methodisch unstrittige Zurechnungen von Effekten zu Programmen angestrebt werden. Evaluationen im Dienste von Kontrolle sollen nach Kriterien der Effektivität, Effizienz und Akzeptanz Wissen zur Implementierung und zu Output und Outcome von Programmen liefern. Schließlich steht Evaluation im Entwicklungsparadigma im Zeichen von Qualitätsentwicklung und soll die Fähigkeit von Organisationen zur Problemwahrnehmung und -bewältigung stärken.

Im schulischen Feld sind größere Studien in der Verantwortung von wissenschaftlichen Einrichtungen in der Regel dem Forschungsparadigma verpflichtet. Als Bindeglied zwischen Theorie und Praxis stehen sie für hohe wissenschaftliche Qualität, nicht immer sind sie jedoch Garanten für die Generierung eines Handlungswissens, das von Bildungspolitik und Bildungsadministration oder den Schulen verwertbar ist. Auf der Seite der öffentlichen Auftraggeber, der Schulen und der breiten Öffentlichkeit wiederum findet nicht selten eine Umdeutung im Sinne des Kontrollparadigmas statt, und zwar unabhängig davon, ob und in welcher Ausführlichkeit im Untersuchungsdesign eine Überprüfung von Effektivität und Effizienz festgelegt wurde. Auch bei einer Verpflichtung auf das Entwicklungsparadigma, in dem es um Qualitätssicherung und Qualitätsentwicklung im laufenden Prozess („formativ") geht, gewinnt in der Wahrnehmung der Betroffenen an der Basis nicht selten das Kontrollparadigma die Oberhand und stellt die Akzeptanz und Wirkung von Evaluationen in Frage. Daraus ist zu schließen, dass es im Schulbereich von besonderer Bedeutung ist, den Zweck und die Ergebnisnutzung von Evaluationen offen zu legen.

Evaluation steht begrifflich und faktisch im Schulbereich neben anderen Verfahren der Qualitätssicherung oder -entwicklung, die unterschiedlichen Zwecken dienen. So haben methodisch betrachtet Feedbackverfahren (Schülerfeedback, kollegiales Feedback, Leitungsfeedback) eine große Nähe zu Evaluationen an Schulen, unterscheiden sich aber grundsätzlich, indem sie nicht systematisch in ein Qualitätsmanagement eingebunden sind und/oder keine Legitimationsfunktion haben. Feedbackverfahren dienen dem persönlichen Lernen, Evaluation dient institutionellen Interessen bzw. dem organisationalen Lernen.

Auf der sprachlichen Ebene sind Evaluationen von den im Schulbereich allgegenwärtigen Beurteilungen zu trennen (Verwechslungsgefahr durch die Verwendung des Terminus Evaluation in anderen Sprachen!). Diese wiederum zeichnen sich durch Vertraulichkeit, Verwertung für Schul- und Berufslaufbahnen und die potentielle Verknüpfung mit belohnenden oder bestrafenden Maßnahmen aus.

Aus dem Qualitätsmanagement sind als konkurrierende Ansätze Controlling- und Monitoringverfahren (auf der Ebene von Einzelschulen und Systemen) zu nennen, die im Gegensatz zu Evaluationen auf Dauer angelegt sind, auf leicht(er) messbaren Größen (insbesondere Kennziffern) basieren und Kosten-Nutzen-Erwägungen in den Fokus rücken. Mit Evaluationen können sie jedoch die Funktion der Erfolgskontrolle und Legitimation gemeinsam haben.

Zertifizierungen sind im Schulbereich (mit Ausnahme des beruflichen Sektors und der Weiterbildung) eher selten. Sie basieren auf Dokumentenanalysen und Audits nach Grundsätzen, die von Zertifizierungsinstanzen aufgestellt werden. Sie sollen die interne Qualitätsentwicklung befördern, können aufgrund der Verleihung von Qualitätszertifikaten aber auch der Legitimation nach außen dienen.

3. Evaluationsforschung im Bereich Schule

Eine Evaluationsforschung[1] beginnt sich an verschiedenen Stellen zu etablieren. Die Verwertung von Ergebnissen aus Schulleistungsstudien und Lernstandserhebungen beschäftigt die Erziehungswissenschaft bereits seit längerem, nachdem deutlich wurde, dass die Aufbereitung von Ergebnissen für Laien eine besondere Herausforderung darstellt, dass die Akzeptanz von verschiedenen persönlichen und institutionellen Faktoren abhängt und dass der Weg „von Daten zu Taten" in seiner Komplexität noch nicht ausreichend verstanden wurde. Im Bereich der sogenannten Schulinspektionen kam es in den vergangenen Jahren zu einer überregionalen Vernetzung und Kooperation, die auch die wissenschaftliche Fundierung der Verfahren und die Weiterentwicklung der Methoden zum Gegenstand hatte (Müller, Pietsch & Bos, 2011). Eine Gesamtschau zu verschiedenen Dimensionen der Evaluation und Quellen von Evidenz sowie ihrer Bedeutung als Steuerungsinstrument hat u.a. der Förderschwerpunkt SteBis (Steuerung im Bildungssystem) des Bundesministeriums für Bildung und Forschung (BMBF) zum Ziel (Ackeren, Heinrich & Thiel, 2013).

Zur schulinternen Evaluation im Besonderen ist der Forschungsstand noch wenig konsolidiert (Thillmann et al., 2013, S. 200). Es scheint Hinweise darauf zu geben, dass durch interne Evaluation die Selbstwirksamkeit der Lehrkräfte gestärkt, die Kommunikation intensiviert und das Schulklima verbessert werden können. Andererseits werden als negative Effekte eine erhöhte Arbeitsbelastung oder ein wahrgenommenes Bedrohungsgefühl berichtet. Studien aus den Niederlanden und Belgien heben hervor, dass auch die interne Evaluation nicht regelhaft zu Impulsen für die Schulentwicklung führt bzw. dass Entwicklungsvorhaben oft nicht aus Evaluationsergebnissen abgeleitet werden. Im Vergleich der Evaluationsverfahren wird der internen Evaluation, über deren genaue Ausgestaltung allerdings wenig bekannt ist, von Schulleitenden der Bundesländer Berlin und Brandenburg ein hoher Nutzen und eine hohe Diagnosegüte attestiert (Wurster, Richter, Schliesing & Pant, 2013).

4. Entwicklungsperspektiven und Herausforderungen

Der gelegentlich als „empirische Wende" bezeichnete Paradigmenwechsel in der Steuerung des Schulsystems hat große Erwartungen an Evaluationen geweckt. Die auf verschiedenen Systemebenen implementierten Strategien und Instrumente haben jedoch nicht immer die erhofften Wirkungen gezeigt. Schulleistungsstudien und Lernstandserhebungen geben Aufschluss über Leistungen von Schülerinnen und Schülern, Unter-

---

1   Evaluationsforschung wird hier verstanden als Forschung über Evaluation.

richt und Schule, wenn auch nur in ausgewählten Bereichen, haben aber mehr die Informationsinteressen von Bildungspolitik und Schulaufsicht als Erkenntnisinteressen von Lehr- und Leitungspersonen an Schulen im Blick. Die Nutzung von Ergebnissen auf der Systemebene (Konsequenzen für Curriculumentwicklung, Lehrerbildung, Ressourcenallokation uvm.) bleibt bislang begrenzt, auf der Schulebene kommt sie nur punktuell zustande oder stößt sogar auf Widerstand. Schulinspektionen (externe Evaluationen nebst weiterer Bezeichnungen) stellen den politisch Verantwortlichen ein Wissen zur Prozessqualität von Schulen zur Verfügung, das allerdings bis heute wenig für Steuerungsentscheidungen herangezogen wird. Auf Schulebene wiederum kommt es vielfach nicht zu den erwarteten Entwicklungsimpulsen, während gleichzeitig unerwünschte Nebeneffekte eintreten (Fokussierung auf Inspektion zu Lasten eigener Ziele, Stigmatisierung von „failing schools" u.a.). Die Verpflichtung zu schulinternen Evaluationen wiederum kann mangels Ressourcen und Professionalität kaum eingelöst werden, für die Steuerung auf Einzelschulebene haben die Ergebnisse wenig Relevanz. Kurzum, Ergebnisse von Evaluationen entfalten vielfach keine Wirkung, sondern bleiben „in der Schublade".

Die Herausforderung der Zukunft wird darin liegen, die Steuerung im Mehrebenensystem des Schulwesens zwischen „Top-down" (zentrale Standardsetzung und Kontrollmechanismen) und „Bottom-up" (Qualitätsentwicklung und Qualitätssicherung auf Schulebene) auszubalancieren und dabei den Beitrag von Evaluation neu zu justieren. Aus Sicht des AK Schulen geht der gegenwärtige Vorrang der Top-down-Steuerung zu Lasten der Schulen und verhindert, dass lokale Entwicklungsinteressen aufgegriffen werden und dass sich Motivation und Selbstwirksamkeit des schulischen Personals entfalten können (Frais & Stump-Marx, 2013).

Es gilt, denjenigen Evaluationen einen höheren Stellenwert beizumessen (einschließlich der entsprechenden Ressourcenallokation), die aus schulinterner Sicht gestaltet oder mitgestaltet werden und die Raum lassen für eigene Fragestellungen und Perspektiven. Ein partizipativer Ansatz kann zu mehr Akzeptanz und Interesse bei schulischen „Stakeholdern" (Lehrpersonen, Leitungspersonen, Schulgemeinschaft, Schulträger u.a.) beitragen, die Validität und Rezeption der Evaluationsergebnisse verbessern und zu größerer Effektivität in der Umsetzung von Entwicklungsaktivitäten führen. Kommunikation, Transparenz und Relevanz kommt neben den klassischen sozialwissenschaftlichen Gütekriterien dabei eine wichtige Rolle zu. Allerdings benötigen Evaluationen und die daraus abzuleitenden Konsequenzen längerfristige Zeithorizonte und verlässliche Ressourcen, was politisch motivierter Aktionismus oft verhindert.

Über Gestaltungsfreiräume hinaus brauchen Schulen auch Knowhow in Evaluationen. Die Professionalisierung des schulischen Personals in diesem Bereich stellt eine der größten Herausforderungen dar; in der Lehrerfortbildung und Funktionsträgerausbildung fehlen dafür nach wie vor die Strukturen.

Aus Gesprächen mit Schulleitenden und anderen Stakeholdern wird deutlich, dass die notwendige Professionalisierung nur bedingt die Lehrpersonen betreffen sollte. Bei ihnen wird es in Zukunft in erster Linie darum gehen, sie für wirkungsorientiertes Qualitätsmanagement und Evaluation angemessen zu sensibilisieren und ein Bewusstsein für ihre Mitverantwortung an der Gestaltung schulischer Qualität zu fördern.

Eine grosse Herausforderung wird es sein, die Schulleitenden im Hinblick auf einen effizienten und effektiven Umgang mit Qualitätsmanagement und Evaluation zu unterstützen. Dazu zählen Qualifizierungsangebote, Beratung zu Prozessen und Methoden sowie die Bereitstellung von Handreichungen und Instrumenten. Dabei spielen Plattformen im Internet eine wachsende Rolle, die ein unterschiedlich breites Spektrum von Dienstleistungen umfassen, von Informationsschriften bis zu Onlinebefragungsschnittstellen (teils kostenfrei durch Landesinstitute, teils kommerziell).

Auch dem Dialog mit Akteuren in Bildungspolitik und Behörden, die Auftraggeber oder Nutzer von Evaluationen sind, ist mehr Bedeutung beizumessen. Über die Frage, welches Wissen Evaluationen generieren sollen und, realistisch betrachtet, generieren können, welche Standards der Durchführung und Ergebnisnutzung gelten sollen und welche Art von Informationen oder Erkenntnissen einzelner Evaluationsverfahren für Steuerungsentscheidungen auf verschiedenen Ebenen nützlich sein können, gehen die Erwartungen und Vorstellungen der Stakeholder immer wieder in unterschiedliche Richtungen.

5. Systemischer Blick auf das „Gesamtsystem Schule" als Zukunftsvision?

Schulen werden zunehmend mit der Anforderung konfrontiert, den Blick über das eigene Mikrosystem und dessen unmittelbaren Kontext auszuweiten und sich als Teilsystem des Schul- und Bildungssystems zu positionieren. Die unterschiedlichen Teilsysteme werden dabei von einer bildungspolitischen Steuerung mehr oder weniger beeinflusst. Mit einer Positionierung innerhalb des Gesamtsystems können Schulen produktive Kopplungsprozesse (Drieschner & Gaus, 2014) mit anderen Teilsystemen des Bildungssystems eingehen und innerhalb des Gesamtsystems ihre Interessen und die damit angestrebte Teilautonomie wahren. Durch diese Rückkopplung mit dem bildungspolitischen Steuerungssystem werden Schulen ihrerseits schulpraktische Aspekte und damit ihre Interessen stärker in bildungspolitische Entscheidungsprozesse einbringen können. Hervorzuheben ist dabei, dass vor allem auch in einem erweiterten Kontext die bereits vor über 10 Jahren von Helmut Kromrey gestellten Grundfragen bei der Vorbereitung einer Evaluation einer sorgfältigen Klärung bedürfen: „Was soll zu welchem Zweck durch wen auf welche Weise evaluiert werden?" (Kromrey, 2001).

Dieser notwendige und allen Evaluationen gemeinsame Klärungsprozess gerät nach wie vor immer wieder aus dem Blickwinkel von Evaluationsaktivitäten. Nach den bisherigen Erfahrungen über den Umgang der Politik und der Bildungspolitik mit Evaluationsergebnissen werden derartige Klärungsprozesse in Zukunft nicht einfacher werden.

Schulen, denen im Fachdiskurs häufig das Attribut einer lernenden Organisation (Drieschner, 2011) zugeschrieben wird, werden dem gemäss vor die Aufgabe gestellt, über die Eigenlogik von Evaluationsprozess und Wissenschaftsbezug hinauszugehen und sich im Hinblick auf eine systemische Interpretation des schulischen Feldes weiter zu entwickeln.

Dieser systemische Blick auf Evaluation ist von der Arbeitsgruppe „Systemische Ansätze" des AK Evaluation von Entwicklungszusammenarbeit der Gesellschaft für Evaluation (DeGEval) 2013 durch die Veröffentlichung eines Diskussionspapiers mit dem Titel „Systemische Ansätze in der Evaluation"[2] dokumentiert worden. Dieses Papier ist vor dem Erfahrungshintergrund entstanden, dass in der Entwicklungszusammenarbeit mit systemischen Ansätzen bei Evaluationen häufig die adäquateste Herangehensweise gefunden werden kann. Aus der Perspektive eines erweiterten Kontextes, in dem sich Schulen in der Zukunft bewegen werden und auch vor dem Hintergrund einer sich abzeichnenden aktiveren Bewirtschaftung der jeweils für die einzelne Schule relevanten strukturellen Kopplungen, kann dieses Diskussionspapier wichtige Hinweise für den Umgang mit zukünftigen Herausforderungen im schulischen Feld liefern. In diesem Papier werden bereits Vorschläge diskutiert und dokumentiert, wie starke Einflussvariablen auf entwicklungspolitische Projekte und deren Evaluation im Evaluationsprozess berücksichtigt werden können. Ähnliches gilt auch für das vom Vorstand des DeGEval Anfang 2014 herausgegebene Positionspapier zum Thema Komplexität.[3]

Inwieweit sich ein systemischer Blick auf Evaluationen im Feld Schule in Wissenschaft und Praxis etablieren wird, ist allerdings zum jetzigen Zeitpunkt schwer vorauszusagen.

Literatur

Ackeren, I. van, Heinrich, M. & Thiel, F. (Hrsg.). (2013). *Evidenzbasierte Steuerung im Bildungssystem? Befunde aus dem BMBF-SteBis-Verbund.* Münster: Waxmann.

Böttcher, W., Hense, J. & Keune, M. (2013). Schulinspektion als eine Form externer Evaluation – ein Forschungsüberblick. In J. Hense, S. Rädiker, W. Böttcher & T. Widmer (Hrsg.), *Forschung über Evaluation. Bedingungen, Prozesse, Wirkungen* (S. 231–250). Münster: Waxmann.

Bohl, T. & Kiper, H. (Hrsg.). (2009). *Lernen aus Evaluationsergebnissen. Verbesserungen planen und implementieren.* Bad Heilbrunn: Klinkhardt.

Drieschner, E. (2011). Bildungsstandards und Lerndiagnostik. In: W. Sacher & F. Winter (Hrsg.), *Diagnose und Beurteilung von Schülerleistungen – Grundlagen und Reformansätze* (S. 109–122). Hohengehren: Schneider.

Drieschner, E. & Gaus, D. (2014). *Strukturelle Kopplungen im Bildungssystem. Zur theoretischen und historisch-empirischen Fundierung bildungswissenschaftlicher Forschung am Beispiel des Verhältnisses von Kindergarten und Grundschule.* Hohengehren: Schneider.

Frais, M. & Stumpp-Marx, A. (2013). Schulqualität zwischen Evidenzbasierung und Effekthascherei. Positionspapier als Ergebnis der Frühjahrstagung 2013 des AK Schulen der DeGEval. *Zeitschrift für Evaluation, 2,* 353–356.

Kromrey, H. (2001). Evaluation von Lehre und Studium – Anforderungen an Methodik und Design. In C. Spiel (Hrsg.), *Evaluation universitärer Lehre – zwischen Qualitätsmanagement und Selbstzweck.* (S. 21–60). Münster: Waxmann.

Kromrey, H. (2005). Evaluation – ein Überblick. In H. Schöch (Hrsg.), *Was ist Qualität. Die Entzauberung eines Mythos* (S. 31–85). Berlin: Wissenschaftlicher Verlag.

---

2 http://www.degeval.de/arbeitskreise/entwicklungspolitik/veroeffentlichungen
3 http://www.degeval.de/publikationen/positionspapiere

Müller, S., Pietsch, M. & Bos, W. (Hrsg.). (2011). *Schulinspektion in Deutschland. Eine Zwischenbilanz aus empirischer Sicht.* Münster: Waxmann.

Pietsch, M. (2011). Die Evaluationspraxis an deutschen Schulen. Ein Überblick aus empirischer Sicht. *Schulmanagement-Online*, 4, 12–14.

Thillmann, K., Bach, A., Gerl, C. & Thiel, F. (2013). In I. van Ackeren, M. Heinrich & F. Thiel (Hrsg.), *Evidenzbasierte Steuerung im Bildungssystem? Befunde aus dem BMBF-SteBis-Verbund* (S. 197–225). Münster: Waxmann.

Wurster, S., Richter, D., Schliesing, A. & Pant, H. A. (2013). In I. van Ackeren, M. Heinrich & F. Thiel (Hrsg.), *Evidenzbasierte Steuerung im Bildungssystem? Befunde aus dem BMBF-SteBis-Verbund* (S. 19–50). Münster: Waxmann.

Jürgen Götzhaber, Peter Jablonka, Michael Kalman

Evaluation in der beruflichen Bildung: Ein weites Feld

Die Evaluation von Maßnahmen, Projekten und Programmen auf dem Feld der beruflichen Bildung in Deutschland und Österreich ist nicht neu. Sie hat sich durch die Festigung des Politikfelds im Zuge des Inkrafttretens der entsprechenden Bundesgesetze im Jahr 1969 – des Berufsbildungsgesetzes (BBiG) in Deutschland und des Berufsausbildungsgesetzes (BAG) in Österreich – bereits in den 1970er Jahren breiter etablieren können. Dabei wurden frühe Arbeiten wie etwa die sogenannte Hamburger Lehrlingsstudie[1] oder der Abschlussbericht der „Edding-Kommission" zu „Kosten und Finanzierung der außerschulischen beruflichen Bildung"[2] noch nicht „Evaluation" genannt. Im Lauf der Jahrzehnte hat sich der Begriff aber für systematische und wissenschaftlich fundierte Bewertungsvorhaben in der beruflichen Bildung etabliert und ist heute nicht mehr wegzudenken. Dabei ist seit den 1970er Jahren eine erhebliche Ausdifferenzierung des Evaluationsfelds zu konstatieren. So haben sich methodische Vorgehensweisen aber auch die Zielrichtungen der Evaluationsfragen verändert. Wurden bspw. in den 1970er Jahren noch verstärkt Inputfaktoren erforscht, stehen heute Outputs, Outcomes und Impacts im Fokus.

1. Das Evaluationsfeld

Die berufliche Bildung ist in zahlreiche Segmente aufgegliedert, die nachfolgend skizziert werden.

Eines der zentralen Bereiche stellt die berufliche Erstausbildung dar, die in Deutschland und Österreich überwiegend in Form der *dualen Ausbildung* – also an den beiden Lernorten „Betrieb" und „Berufsschule" – stattfindet. Im Jahr 2012 gab es in Deutschland 344 und in Österreich 206 anerkannte Ausbildungsberufe. Die Zahl der Auszubildenden lag 2011 in Deutschland bei 1.460.658; damit liegt der rechnerische Anteil derjenigen in der Wohnbevölkerung, die eine Ausbildung im dualen System beginnen bei 56,9 %.[3] In Österreich wird die Lehrlingsanzahl zum Stichtag 31.12.2013 mit 120.579 angegeben. Die entsprechende Anfängerquote liegt hier niedriger als in Deutschland, nämlich bei 39,9 %.[4]

---

1   Siehe Crusius u.a., 1974.
2   Siehe Deutscher Bundestag, 1974.
3   Siehe BIBB-Datenreport, 2013, S. 10.
4   Siehe WKO, 2013.

Evaluationen im Bereich der dualen Ausbildung beziehen sich z.B. auf Aktualität bestehender Ausbildungsordnungen oder auf die Überprüfung von neuen bzw. neugeordneten Berufen: Inwieweit werden sie von Seiten der Betriebe und von den Jugendlichen angenommen? Oder wie gelingt die Umsetzung der neuen Ausbildungsordnungen und Rahmenlehrpläne? Darüber hinaus geht es hier um grundsätzliche Fragen, vorrangig im Zusammenhang mit der Qualität der Ausbildung und der Ausbildungsfähigkeit von Betrieben und in jüngerer Zeit auch der Jugendlichen: Inwieweit gelingt es, im Rahmen unterschiedlicher Handlungsansätze und Modelle, sicherzustellen, dass eine Ausbildung erfolgreich abgeschlossen wird? Nicht zuletzt interessieren dabei neue oder vermeintlich neue Formen der Ausbildung, wie z.B. verkürzte oder theoriegeminderte Berufe für benachteiligte Jugendliche oder die Einbeziehung weiterer Kooperationspartner durch ergänzende überbetriebliche Ausbildung, im Rahmen einer Verbundausbildung oder unterstützt durch ein externes Ausbildungsmanagement bzw. eine Ausbildungsassistenz.

Eine weitere Variante der Erstausbildung ist die *vollqualifizierende schulische Berufsausbildung*, die formal ohne den betrieblichen Partner des dualen Systems auskommt. Der praktische Anteil der Ausbildung wird zumeist über Praktika erlernt. Zu diesem Segment gehören die Sozial- und Gesundheitsdienstberufe oder die technischen Assistentenzberufe unterschiedlicher Fachrichtungen mit 2011 immerhin 209.582 Auszubildenden (BIBB-Datenreport, 2013, S. 11).

Weniger reguliert als die Erstausbildung ist die *berufliche Weiterbildung*, die sowohl von den Betrieben wie von den Beschäftigten initiiert und finanziert werden kann und darüber hinaus zumindest teilweise öffentliche Förderung genießt – etwa durch das sogenannte Meister-Bafög, durch Bildungsprämie oder -schecks oder durch die Bundesagentur für Arbeit im Rahmen der beruflichen Eingliederung. Bei Evaluationen in diesem Feld stehen mittlerweile Fragen der Wirksamkeit im Vordergrund: Inwieweit tragen bestimmte Maßnahmen zur (Weiter-)Entwicklung beruflicher Handlungskompetenz und gegebenenfalls zur (Wieder-)Eingliederung in die Erwerbstätigkeit bei, und inwiefern kann durch staatliche Zuschüsse die Bereitschaft zur Fortbildung auf Seiten der Unternehmen und der Erwerbstätigen gefördert werden? Auch die Frage, wie erweiterte Handlungskompetenzen durch Weiterbildung, z.B. im Europäischen Qualifikationsrahmen, bewertet oder eingeordnet werden können, gehört zu den evaluatorischen Fragestellungen.

Das Handlungsfeld der Evaluation im Bereich der beruflichen Bildung beschäftigt sich aber auch mit den *Systemgrenzen*, also mit den Übergängen von der Schule in die Ausbildung („1. Schwelle") und von der Ausbildung in die Erwerbstätigkeit („2. Schwelle") sowie mit der Durchlässigkeit der unterschiedlichen (Aus-)Bildungsbereiche. In diesem Zusammenhang sind die folgenden Bereiche und Aspekte von Relevanz:

- Die *Berufsorientierung in den allgemeinbildenden Schulen* soll die Schüler/innen über Berufe informieren und sie dabei unterstützen, sich ihrer entsprechenden Talente und Neigungen bewusst zu werden.
- Zwar reichte das Angebot an betrieblichen Ausbildungsplätzen in der Vergangenheit durchgängig nicht aus, allen Bewerberinnen und Bewerbern gerecht zu werden,

seit Anfang der 2000er Jahre hat sich die Situation aber stark verschärft.[5] Die Folge war, dass einer wachsenden Zahl von Jugendlichen kein direkter Übergang in eine Ausbildung gelang, sondern sie in unterschiedliche Maßnahmen der Berufsvorbereitung eintraten. So etablierte sich ein *„Übergangssystem"*, in das mit jährlich 600 bis 700 Tsd. Jugendlichen mehr junge Menschen einmündeten als in eine betriebliche Ausbildung.[6]

- Auf der anderen Seite stiegen aber auch die Erwartungen der Unternehmen an die berufliche Erstqualifikation ihres Fachkräftenachwuchses, was sich nicht nur in steigenden Anforderungen in einer Vielzahl neugeordneter Berufe niederschlug, sondern auch eine vermehrte Entwicklung *dualer Studiengänge* nach sich zog – Ausbildungsgänge, bei denen Hochschulen als Partner hinzukommen.
- Und schließlich ist auch der Aspekt der *Anerkennung von im Ausland erworbenen Berufsabschlüssen* zu nennen: Vor dem Hintergrund der Einwanderung von zum Teil hochqualifizierten Personen und eines sich gleichzeitig abzeichnenden zukünftigen Mangels an Fachkräften, scheint sich die Notwendigkeit einer möglichst schnellen und unbürokratischen Bewertung und Anerkennung solcher Abschlüsse zu ergeben. Dazu wurden entsprechende Verfahren entwickelt und Stellen zur Beratung und Begutachtung eingerichtet.

In all diesen Fällen stellt sich für Evaluationen die zentrale Frage der Wirksamkeit und Effizienz: Inwieweit sind die verschiedenen Maßnahmen geeignet, den möglichst verzugs- und friktionslosen Übergang in eine Ausbildung bzw. eine Beschäftigung zu fördern? Inwieweit tragen sie zu einer langfristigen Integration der (jungen) Menschen ins Erwerbsleben bei und sichern gleichzeitig den Fachkräftebedarf der Unternehmen?

2. Aktueller Stand

In all den genannten Bereichen des (Berufs-)Bildungssystems setzen verschiedenste staatliche Regelungen (Gesetze, Verordnungen) und/oder Aktionen, Initiativen, Programme und Projekte an. Diese staatlichen Aktivitäten können vom Bund, von den Ländern, den Kommunen oder von der Europäischen Union angestoßen werden. Daneben spielen auch korporatistische oder gesellschaftliche Aktivitäten eine Rolle, z.B. von Seiten der Kammern oder von Stiftungen, wie der Bertelsmann Stiftung oder der Mercator Stiftung, um nur zwei exemplarisch zu nennen. Solche Aktivitäten, wie auch die Konsequenzen staatlicher Regelungen sind dann i.d.R. Gegenstände von Evaluation. Sie können einzelne Projekte, aber auch Programme bis hin zu einem ganzen Politikfeld (Policy) betreffen. Je nach Abgrenzung könnte man in Deutschland und Österreich durchaus vom Politikfeld „Berufliche Bildung" sprechen, das starke Überschneidungen zur Arbeitsmarktpolitik aufweist. Die Evaluation beruflicher Bildung hängt stark vom institutionellen Setting dieser Policy in der Bundesrepublik Deutschland und in der Republik Österreich ab.

---

5   Vgl. Berufsbildungsbericht 2013.
6   Vgl. Ulrich, 2008, S. 4.

Der jeweilige Gegenstandsbereich wird je nach Umsetzungsstand formativ, entwickelnd oder summativ evaluiert. In den vergangenen Jahren ist eine Schwerpunktsetzung auf Wirkungszusammenhänge und Transferpotenziale zu beobachten. In der Evaluationsszene wird die saubere Wirkungsmessung nicht nur aus methodologischen Gründen als Herausforderung gesehen; auch der Umstand, dass die tatsächliche Wirkung auf der Zeitachse häufig erst nach dem Evaluationszeitraum eintrifft und so schon deswegen kaum identifiziert werden kann, bildet eine schwierige Hürde.

Als Beispiele für durchgeführte Evaluationen können in Deutschland BIBB-Modellversuche sowie Programme wie JOBSTARTER, „Bildungsprämie", „Integration durch Qualifizierung (IQ)" und „Perspektive Berufsabschluss" angeführt werden.

Insgesamt hat die Evaluation beruflicher Bildung an Stellenwert gewonnen. Dies kann man daran sehen, dass bereits bei der Konzeption von etlichen Projekten oder Programmen Ressourcen für die begleitende oder abschließende Evaluation eingeplant werden. Offen bleibt, ob die zur Verfügung gestellten Ressourcen immer angemessen sind. Nicht völlig geklärt ist auch, ob die Evaluationsergebnisse selbst Wirkungen zeigen und von den Beteiligten auch genutzt werden.

3. Wichtige Akteure

Die öffentliche Hand kann im Bereich der Evaluation beruflicher Bildung als größte Auftraggeberin bezeichnet werden, woraus sich auch die jeweiligen vergaberechtlichen Bestimmungen ableiten lassen. Auftraggebende sind häufig auch Träger von Programmen und Projekten, d.h. Bundesministerien, wie das Bundesministerium für Bildung und Forschung (BMBF), das Bundesministerium für Arbeit und Soziales (BMAS) und das Bundesministerium für Wirtschaft und Energie (BMWI) sowie die jeweiligen zuständigen Ministerien der Bundesländer. Auch auf der regionalen oder kommunalen Ebene kommen die entsprechenden Ämter für Evaluations-Ausschreibungen in Frage.

In Österreich treten das Österreichische Institut für Berufsbildungsforschung (*öibf*) und das Institut für Höhere Studien (IHS) als wichtige Akteure im Evaluationsgeschehen auf und dies sowohl als Durchführende als auch als Auftraggebende von Evaluation.

Auf EU-Ebene ist das Europäische Zentrum für die Förderung der Berufsbildung (Cedefop) zu nennen, bei den EU-Mitgliedstaaten zeichnen die jeweiligen nationalen Ministerien für die Ausschreibungen von Evaluationen verantwortlich. Nicht wenige EU-Projekte, wie z.B. im Bereich des europäischen Sozialfonds (ESF), werden durch die nationalen oder regionalen Träger vor Ort ausgeschrieben. In jüngerer Zeit können aber auch Ausschreibungen von Stiftungen mit dem entsprechenden Förderschwerpunkt registriert werden.

Die Anbieterseite von Evaluationsleistungen ist heterogen. Eine Vielzahl von freiberuflichen Evaluator/innen, kleinere Unternehmen (KMU) aus dem Beratungs- und Wissenschaftsbetrieb, Hochschulen in Form von Drittmittelprojekten, aber auch größere Firmen, wie auch vermehrt Unternehmensberatungen sind im Markt für Evaluationen von EU-, Bundes- und Länderprogrammen aktiv. Dabei sind auch Kooperationen von privatwirtschaftlichen oder hochschulischen Einrichtungen zu beobachten.

4. Umgang mit den DeGEval-Standards für Evaluation

Die „Standards für Evaluation" der DeGEval (fortan: Standards) wurden 2002 verabschiedet. Für den spezifischen Bereich der Evaluation beruflicher Bildung in Deutschland und Österreich liegen, soweit wir sehen, keine belastbaren wissenschaftlichen Erkenntnisse über den Umgang mit den Standards vor. Aus wenigen uns bekannten empirischen Untersuchungen mit feldübergreifendem Fokus und aus Haltungen und Äußerungen, die wir in der DeGEval wahrnehmen, können gleichwohl einige Gesichtspunkte diskutiert werden.

Die Standards werden in ihrer Orientierungsfunktion für die Planung und Durchführung von Evaluationsprojekten durchaus geschätzt und als Reflexionshilfe zur Spiegelung eigenen praktischen Handelns verwendet. Hinsichtlich der direkten „Brücke zur Evaluationspraxis" muss man wohl zurückhaltender urteilen. Eine unmittelbare Relevanz für die Durchführung von Evaluationen besitzen die Standards weniger. Diese haben eben keinen Checklistencharakter, die zugespitzte und operationalisierte Detailtiefe der Regelungen fehlt in den Anforderungen häufig. Direktes praktisches Handeln im Evaluationsprojekt wird so nicht zwingend angereizt. Die Standards bieten offensichtlich eher einen Rahmen für die Praxis, so empfinden es jedenfalls manche Experten (vgl. Brandt, 2009, S. 171).

Dazu muss auch berücksichtigt werden, dass die Standards einen generischen Charakter haben, d.h. sie sollen für alle Evaluationsfelder gelten. Das mag mitunter eine praktische Umsetzung im Bereich Evaluation beruflicher Bildung erschweren. Die „geringe Spezifität" erfordere eigentlich „eine konkrete Umsetzung in einzelne Tätigkeitsfelder", so ein Evaluationsexperte im Jahr 2007 (Brandt, 2009, S. 169).

Bei öffentlichen Ausschreibungen wird in den letzten Jahren jedoch vermehrt die Einhaltung der DeGEval-Standards eingefordert. Nicht in allen Fällen gewährleisten jedoch die in den Leistungsbeschreibungen angegebenen Rahmenbedingungen eine adäquate Umsetzung, so die Erfahrungen mancher Evaluator/innen im AK Berufliche Bildung.

Die prinzipielle Wertschätzung der Evaluationsszene gegenüber den Standards, verbunden mit ihrer nach wie vor an manchen Stellen zu konstatierenden Praxisferne führt nicht selten dazu, dass die Einhaltung der Standards in Evaluationsangeboten eher deklaratorisch postuliert und von den Auftraggebenden auch nicht dezidiert überprüft wird. Dazu kommt, dass die Standards inzwischen deutlich über ein Jahrzehnt existieren und damit vielleicht ein wenig „in die Jahre gekommen" sind. Ein „symbolischer Gewöhnungseffekt" kann nicht ganz von der Hand gewiesen werden.

Daher haben Vorstand und Mitglieder der DeGEval 2012/13 einen Revisionsprozess für die Standards angestoßen, um sowohl die Diskussion über die Standards anzuregen als auch deren Praxistauglichkeit zu verbessern.

5.   Zukünftige Entwicklungslinien und Herausforderungen

Evaluationen werden *auch in Zukunft fester Bestandteil der Ausschreibungskultur* in Deutschland und Österreich bleiben. Dies liegt an den Rechenschaftspflichten und Rechtfertigungszwängen der öffentlichen Hand, insbesondere in Zeiten von Verschuldung und knapper öffentlicher Kassen. Damit zusammen hängt auch ein zweiter Trend, welcher von nicht wenigen Evaluatoren und Evaluatorinnen wahrgenommen wird, nämlich die *Unterfinanzierung von Evaluationen.* Zunehmend werden – so die Perzeption – komplexe Methodendesigns für wenig Geld erwartet. Hier schließen sich Anregungen und Wünsche aus den Fachkreisen an, dass z.B. ein angemessener Prozentsatz der Kosten des Evaluationsgegenstandes für die Evaluation im vor hinein reserviert wird. Zugleich wird eine Ausschreibungskultur begrüßt, die in den Verdingungsunterlagen bereits die Kostenobergrenze für die geplanten Evaluationsprojekte benennt.

Geht man von komplexen Projekt- und Programmevaluationen weg und schaut sich die betriebliche Ebene an, so fällt bei den Bildungsträgern auf, dass Seminar-, Kurs- oder Maßnahmenevaluation meistens mittels Teilnehmer/innen-Fragebögen durchgeführt wird. Es gibt nicht wenige Evaluationsexperten und -expertinnen, die diesem *unterkomplexen Methodensatz in Bildungsorganisationen* den Status einer Evaluation absprechen.

Der *Trend zur Verschränkung von branchenbezogenen QM-Modellen und Evaluation* hält weiter an. Jüngstes Beispiel: die globale Weiterbildungsnorm DIN ISO 29990 „Lerndienstleistungen für die Aus- und Weiterbildung – Grundlegende Anforderungen an Dienstleister". Hier werden im Abschnitt 3.5 „Evaluation durch Lerndienstleister" relativ umfangreiche Anforderungen zur Evaluation formuliert. So muss die Bildungsorganisation (der „Lerndienstleister") Ziele und Reichweite der Evaluation definieren und sowohl die Evaluation des Lernens als auch die Evaluation der Lerndienstleistung adressieren. Dennoch bleiben diese Anforderungen, wie auch in anderen generischen QM-Modellen, nach wie vor etwas unverbindlich und verhindern nicht zwingend ein simples Evaluationsverständnis. Eine bessere Verzahnung von Evaluation nach dem Stand der Kunst und den betrieblichen Erfordernissen bzw. Anforderungen der QM-Modelle steht noch aus (Kalman, 2012, S. 185f.).

Die Evaluationsgegenstände – auf Bundesebene vor allem Programme – werden immer komplexer, was *zunehmende Herausforderungen an eine komplexe Evaluation* nach sich ziehen. Die Komplexität lässt sich an verschiedenen Indikatoren festmachen. So steuern die Programme in der Regel mehrere Ziele an bzw. bewegen sich auf verschiedenen Zielebenen. Häufig sind die Programme verzahnt mit anderen Programmen, Aktionen oder Initiativen, was die Wirkungsbetrachtung auf komplexe Programmkontexte erweitert. Zudem sind die Programme von zahlreichen Akteuren getragen, deren Perspektiven und Interessen nicht deckungsgleich sein müssen. Schließlich werden unter dem Dach der Programme nicht selten zahlreiche (teil-)autonome Projekte durchgeführt mit ihren jeweiligen Eigenlogiken, die es ebenfalls gilt, systematisch bewertend einzufangen. Von den Evaluatoren und Evaluatorinnen wird ein umfangreicher Methodenmix erwartet, welcher der Mehrdimensionalität der Programme gerecht werden soll.[7]

Evaluationen können vorbereitend, designorientiert (ex-ante), begleitend, verbesserungsorientiert (formativ) oder auch bilanzierend und abschließend bewertend (ex post, summativ) sein. Ferner wird besonders in größeren Vorhaben immer häufiger eine integrierte wissenschaftliche Begleitung installiert. Nicht selten wird vom Evaluationsteam erwartet, formative und summative Evaluation miteinander zu verbinden und ggf. auch mit wissenschaftlicher Begleitung zu kombinieren. Damit droht die Gefahr, *dass teilweise einander widersprechende Rollenmuster vermischt werden.* So scheinen Evaluatoren und Evaluator_nnen gezwungen, im Rahmen ihrer summativen Evaluation teilweise sich selbst zu evaluieren, wenn sie zuvor eine formative Evaluation durchgeführt hatten. In dieser Konstellation ist es zumindest ungewiss, ob sie dann die für eine Ex-post-Evaluation benötigte Neutralität und Distanz besitzen. Auch eine wissenschaftliche Begleitung fordert ganz andere Elemente als eine formative Evaluation, weil sie z.B. eine beratende oder vernetzende Funktion wahrzunehmen hat. Hinzu kommt, dass Evaluationsteams auch programmmanagementbezogene Serviceaufgaben übernehmen sollen. Insgesamt bestehen so mannigfaltige Gefahren, dass Evaluatoren und Evaluatorinnen zu tief in den Evaluationsgegenstand involviert ist, um noch zu unabhängigen Erkenntnissen zu kommen.

Literatur

Bundesministerium für Bildung und Forschung (2013): Berufsbildungsbericht 2013. Bonn.

BIBB-Datenreport (2013): Bundesinstitut für Berufsbildung BIBB (Hrsg.): Datenreport zum Berufsbildungsbericht 2013. Informationen und Analysen zur Entwicklung der beruflichen Bildung. Bonn: Bundesinstitut für Berufsbildung.

Brandt, T. (2009): Evaluation in Deutschland. Professionalisierungsstand und -perspektiven. Münster u.a.: Waxmann.

Crusius, R., Einsle, B., Wilke, M. (1974): Krankenpflegeschüler in der Ausbildung. Hamburger Lehrlingsstudie der Hochschule für Wirtschaft und Politik, Band 5, München: Deutsches Jugendinstitut.

Deutscher Bundestag (1974): Deutscher Bundestag, 7. Wahlperiode, Unterrichtung durch die Bundesregierung, Kosten und Finanzierung der außerschulischen beruflichen Bildung (Abschlussbericht), Bundestagsdrucksache 7/1811 vom 14.03.1974 (Friedrich Edding = Mitverf.), Bonn: Bundestag.

Kalman, M. (2012): Impulse für die Anwendung von Qualitätsmanagement, in: Töpper, A. (Hrsg.), Qualität von Weiterbildungsmaßnahmen. Einflussfaktoren und Qualitätsmanagement im Spiegel empirischer Befunde. Bielefeld: W. Bertelsmann Verlag.

Kalman, M. & Götzhaber, J. (2013): Komplexität und Evaluation von Programmen der beruflichen Bildung. Frühjahrstagung des Arbeitskreises Berufliche Bildung im April 2013. Zeitschrift für Evaluation Nr. 2/2013, S. 342–346.

Ulrich, J. G (2008). Jugendliche im Übergangssystem – eine Bestandsaufnahme, in: bwpat@Spezial Nr. 4/2008.

---

7 Siehe dazu auch die Ergebnisse der Frühjahrstagung 2013 des AK Berufliche Bildung in: Kalman, Götzhaber, 2013.

Wirtschaftskammern Österreich (Hrsg.) (2013): Lehrlingsstatistik 2013, Lehrlinge nach Bundesländern. Verfügbar unter: http://wko.at/statistik/jahrbuch/LL_BDL.pdf [09.03.2014]. Demografische Entwicklung. Verfügbar unter: http://wko.at/statistik/jahrbuch/LL_Demo.pdf [9.03.2014].

Susan Harris-Huemmert, Lukas Mitterauer, Philipp Pohlenz

Evaluation im Kontext der Hochschule

1.   Historische Entwicklung der Evaluation im Hochschulbereich

Evaluation ist dem Wissenschaftsbetrieb wesenseigen. Über die vergleichende Beurteilung wissenschaftlicher Leistungen wird seit jeher akademische Reputation verteilt (Begutachtungen von wissenschaftlichen Publikationen, Begutachtung von Förderanträgen und Berufungsverfahren).

Evaluation in einem engeren Sinn, nämlich verstanden als die systematische Informationssammlung zur Beurteilung und Bewertung von Prozessen, Leistungen oder der Zielerreichung von Maßnahmen und Projekten hat jedoch hauptsächlich im Zusammenhang mit der Einführung neuer Steuerungsleitbilder, die auf Autonomie und Rechenschaftspflicht zielen (New Public Management) Einzug in die Hochschulen gehalten (vgl. Brandt, 2009). Als die Hochzeit der Entwicklung von Evaluationsverfahren in Deutschland und Österreich, insbesondere im Leistungsbereich Lehre und Studium, können die 1990er Jahre gelten. Bei der Entwicklung konnten Hochschulen auf die Erfahrungen einer langen Tradition im angloamerikanischen Raum zurückgreifen, aber auch auf die Entwicklungen im niederländischen Hochschulbereich (vgl. Harris-Huemmert, 2011, S. 49).

In zeitlicher Koinzidenz mit dem Bologna-Prozess wurden zudem zwei „Verfahrensstränge" der Qualitätsbegutachtung von Lehre und Studium eingeführt:
- hochschulinterne Selbstevaluation (zu den eingesetzten Verfahren siehe unten) als formative Evaluation von Studiengängen und zumeist summative Evaluation von Lehrveranstaltungen
- hochschulexterne Akkreditierungen von (zunächst) einzelnen Studienprogrammen, als ex-ante Evaluation von Studiengangkonzepten. Ausgenommen von solchen Akkreditierungen waren nur die öffentlichen Universitäten in Österreich.

Evaluation im Bereich der Hochschullehre war seit ihrer Einführung von kontroversen Diskussionen begleitet, die sich auf methodische Aspekte (z.B. Validität der erhobenen Informationen, insbesondere der studentischen Qualitätsurteile) sowie auf Fragen der Steuerungsrelevanz dieser Informationen (Evaluation als Kontrollinstrument der Hochschulsteuerung, Befürchtung von Autonomie- und „akademischen Identitätsverlusten") bezogen (vgl. Mitterauer, 2013).

Evaluationen im Bereich Forschung wurden in den 1990er Jahren nur selten und dann nur in Form von Pilotprojekten durchgeführt. So veranlasste beispielsweise das österreichische Wissenschaftsministerium erste Forschungsevaluationen in der Physik, der Elektrotechnik und der Biochemie.

Mittlerweile ist zu beobachten, dass Evaluationskonzepte zunehmend in einen größeren Kontext der Hochschulentwicklung eingebunden werden und bspw. stärker als hochschulinternes Reflexions- und Entwicklungsinstrument genutzt werden.

2.   Aktueller Stand

Evaluation im Hochschulbereich ist eng mit Qualitätsmanagement als breiter angelegter Entwicklungsaufgabe verbunden.[1] Dies drückt sich nicht zuletzt auch auf der Ebene der institutionellen Anbindung der für Evaluation verantwortlichen Stellen aus. In vielen Fällen führen diese sowohl Evaluation, als auch Qualitätsmanagement im Namen oder sind für den Themenkomplex Qualitätsentwicklung (auf der Basis von Evaluation und/oder Monitoring) zuständig. Gleichzeitig ist die Verteilung von Zuständigkeiten vielgestaltig. Diese kann zwischen einer eher dezentralen Organisationsstruktur (Evaluation in Verantwortung der Fachbereiche) oder zentral verorteten Strukturen (Zuständigkeiten für Evaluation in der zentralen Hochschulverwaltung oder bei den Präsidien, beispielsweise vertreten durch Stabsstellen des Präsidiums) variieren.

Mit der institutionellen Verortung von „Evaluationsbeauftragten" variiert zudem deren Rolle und Selbstverständnis. Im Konzept der Hochschulprofessionellen werden Verantwortliche für Evaluation dem „third space" zugeordnet (vgl. Kottmann und Nickel, 2010), also jener Sphäre in der Hochschule, die nicht unmittelbar dem Wissenschaftsbetrieb zuzurechnen ist, aber gleichzeitig komplexe Gestaltungsaufgaben unter Anwendung wissenschaftlicher Methoden (wie eben im Fall der Evaluation) wahrnimmt. Ein Selbstverständnis als wissenschaftlicher Dienstleister für den Wissenschaftsbetrieb ist aus vorliegender Sicht hilfreich für das Verhältnis zu „den Evaluierten". Ein Gutteil der Akzeptanzprobleme, die Evaluationsverfahren im Wissenschaftsbetrieb haben, lässt sich vermutlich auf das Problem einer fehlenden Kommunikation auf Augenhöhe zwischen den Evaluationsstellen und den Evaluierten zurückführen. So zeigt sich, dass Mitarbeiter von Evaluationsstellen, die eigene Forschungsarbeiten verfolgen, wissenschaftlich publizieren oder lehren, ein größeres Verständnis für die Belange und Probleme der wissenschaftlichen Organisationseinheiten ausweisen. Sie werden nicht nur als Experten des Faches geschätzt, sondern auch als ebenbürtig angesehen („Stallgeruch") (z.B. Pohlenz, 2010).

Insofern Evaluation im Kontext der Hochschule vielfach eng mit Qualitätsmanagement zusammen gedacht wird, ist neben den unmittelbar auf der Arbeitsebene zuständigen „Evaluationsbeauftragten" auf die Rolle der Hochschulleitungen hinzuweisen. Die Einführung von Qualitätsmanagementsystemen erfordert einen starken Impuls aus der Hochschulleitung und das Vorliegen einer konsequent verfolgten Qualitätsent-

---

1   So ist das Wort aus der Österreichischen Gesetzgebung gänzlich verschwunden. Gab es im Universitätsorganisationsgesetz 1993 noch umfassende Evaluierungsbestimmungen und eine rund 20-seitige ministerielle Durchführungsverordnung zum Thema Evaluation, steht im Universitätsgesetz 2002 lediglich, dass die Universitäten ein Qualitätsmanagementsystem aufbauen müssen. Dieses QMS muss alle sieben Jahre von einer EQAR-registrierten Agentur auditiert werden.

wicklungsstrategie. Aufgabe der Hochschulleitungen ist es, für diese zu werben, Kommunikationsflüsse sicher zu stellen, Partizipationschancen zu eröffnen, usw. Allerdings sind Probleme zu verzeichnen, wenn Hochschulleitungen sich zwar eine Organisationsentwicklung unter Einbezug von Evaluation und Monitoring vorstellen, aber nicht bereit sind, die entsprechenden Ressourcen für Evaluations- oder Qualitätsmanagementpersonal nachhaltig aufzustellen.

Hauptsächlich eingesetzte Verfahren der Evaluation im Bereich der Hochschullehre beziehen sich auf die Qualitätsbeurteilung von Lehrveranstaltungen und Studiengängen. Allerdings ist in letzter Zeit zu beobachten, dass sich der Bereich langsam auf die Forschung ausweitet.

Lehrveranstaltungen:
Seit den 1990er Jahren sind Verfahren gängig, in denen studentische Qualitätsurteile zu besuchten Lehrveranstaltungen eingeholt werden, sprich die Zufriedenheit der Studierende bezogen auf ihr Lernen. Die Ergebnisse werden zumeist den einzelnen Lehrenden als Instrument der Selbstreflexion zur Verfügung gestellt. Strategien (oder Regeln) zur weiteren Veröffentlichung sind sehr unterschiedlich definiert. Sie gehen von einer Information zuständiger Dekane/Fachbereichsleiter (mit dem Zweck, die Ergebnisse einer fakultäts- oder hochschulöffentlichen Diskussion zugänglich zu machen) bis hin zu der Schaffung einer umfangreichen Offenlegung der Ergebnisse. Inwieweit diese Strategien dazu geeignet sind, Qualitätsentwicklungsimpulse zu setzen, ist bislang jedoch weitgehend unerforscht.

Kennzeichnend für die Erhebung studentischer Qualitätsurteile ist, dass diese hauptsächlich „inputgesteuert" sind, sich also bspw. auf das Lehrendenhandeln (konkrete Lehrpräsentation, Strukturierung der Veranstaltung durch die Lehrenden) beziehen. Im Sinne der Lernzielorientierung, die durch den Bologna-Prozess angeregt werden soll, ist zukünftig stärker eine Evaluation der Erreichung von Lehr- und Lernzielen zu favorisieren. Einige Evaluationsinstrumente, die einen Schwerpunkt in diese Richtung setzen, sind bereits erprobt (BEvaKomp: Braun, 2008; GEKO: Dorfer und Ressler, 2009). Flächendeckend wurde der paradigmatische Wandel hin zu einer stärkeren „Output- oder Outcome-Orientierung" jedoch noch nicht umgesetzt. Vermutlich liegt dies an der nötigen Individualisierung von Instrumenten, deren es bedarf um die vielgestaltigen Lehr- und Lernziele abzubilden.

Die Evaluierung von Lehrveranstaltungen setzt zumeist nur auf der Ebene der Studierenden an. Seltener eingesetzt werden Instrumente, die die Einschätzungen der Lehrveranstaltungsleiter erheben; ein nicht unwesentlicher Aspekt, da die Ergebnisse solcher Erhebungen vor allem für Leiter von Studiengängen ein nützliches Planungsinstrument darstellen können.

Studiengänge (und Module?)
Auf der Ebene von Studiengängen werden ebenfalls studentische Qualitätsurteile erhoben. Diese beziehen sich auf den Studienverlauf und die Studienerträge. Zudem wird eine ganze Bandbreite an Instrumenten eingesetzt, um die Qualität von Lehrprogrammen einzuschätzen. Diskutierte Themen sind dabei bspw. die Studierbarkeit (u.a. verstanden als eine zeitlich stimmige Abfolge von Lehrveranstaltungen und Modulen ohne Überlappungen oder als das Einhalten der Regelstudienzeit bis zum Exa-

men). Im Kontext der Evaluation von Studiengängen werden zudem hochschulstatistische Daten herangezogen, so etwa die Abbrecher/innen- oder Absolvent/inn/enquote. Unter einem Studiengangabbruch ist das Verlassen des Hochschulbereichs ohne einen Abschluss erzielt zu haben hier zu verstehen, denn ein Wechsler von einer Hochschule zu einer anderen bricht zwar sein Studium an einer Hochschule ab, wird aber letztlich woanders qualifiziert und kann daher als erfolgreich bezeichnet werden. Ungeachtet der Verwendung objektiver statistischer Daten sind diese nicht frei von methodischen Problemen. So ist die Studienzeit individuell unterschiedlich, eine fehlerfreie Absolvent/inn/enquote (die die Zahl der erfolgreichen Studierenden einer Studienanfänger/ Studienanfängerinnenkohorte ermitteln soll) erfordert jedoch, dass alle Studierenden das Lernprogramm in gleicher Weise und Geschwindigkeit absolvieren. Aus etwaigen Validitätsproblemen speisen sich auch in diesem Zusammenhang Kontroversen, die sich um die Steuerungsrelevanz der erhobenen Daten drehen.

Eher selten kommen bei der Evaluation von Curricula oder Studiengänge außerhalb der Zertifizierungspraxis Peer-Review-Verfahren zum Einsatz. Diese können in schriftlicher Form oder – wie im Bereich der Forschung oft üblich – mit einem an den Selbstevaluationsbericht angeschlossenen site-visit erfolgen.

Problematisch für die Verfahren auf den verschiedenen Ebenen von Lehre und Studium ist zudem die überaus eingeschränkte Möglichkeit, kausale Beziehungen zwischen Inputfaktoren (curriculare Gestaltung des Studienprogramms, vorgehaltene Lehr-/Lernressourcen) einerseits und Outcomes der Lehre (Studienerfolg) methodisch robust messbar zu machen. Experimentallogische Evaluationsdesigns sind in der Realität von Lehre und Studium kaum denkbar, weil die Lerngruppen nicht sinnvoll in Experimental- und Kontrollgruppen einzuteilen sind. Letztere wäre bspw. von den Lehrveranstaltungen auszuschließen, um den Einfluss von Präsenzlehrveranstaltungen vergleichend zu beurteilen. Dies würde die Ziele der Evaluation über die Durchführung der Lehre selber stellen. Diese Einschränkungen haben vermutlich zu der „traditionellen" Beschränkung auf die Beobachtung von Prozessen in der Lehre geführt.

Karriereverläufe
Eine drittes Themenfeld, auf das sich Evaluationen im Bereich Studium und Lehre bezieht, sind die Wirkungen der (Aus-)Bildung an den Hochschulen. Gradmesser ist hier der weitere berufliche Werdegang der Absolvent/inn/en nach Abschluss des Studiums. Erhoben wird dies zumeist in Form von Befragungen bei den Absolventinnen, seltener durch die Analyse verfügbarer Verwaltungsdaten.

Forschung als Evaluationsgegenstand
Im Forschungsbereich der Hochschulen haben sich in den letzten Jahrzehnten vor allem zwei Verfahrenstypen der Evaluation herausgebildet; erstens die Evaluation mittels Peer-Review-Verfahren und zweitens die Qualitätsbeurteilung mittels bibliometrischer Verfahren. Häufig werden die beiden Verfahren auch kombiniert eingesetzt, beispielsweise dass vor einer Peer-Evaluation ein bibliometrische Analyse durchgeführt wird.

Peer-Review

Begutachtungsverfahren durch Peers sind in der Wissenschaft seit geraumer Zeit weit verbreitet und werden für bestimmte Prozesse als selbstverständlich angesehen, so etwa bei Berufungsverfahren, der Beurteilung von Projektanträgen oder der Begutachtung von Artikeln für wissenschaftliche Veröffentlichungen. Hingegen ganze Organisationseinheiten durch Peers evaluieren zu lassen ist auch erst in den 1980er Jahren aufgekommen. Im kontinentaleuropäischen Kontext haben die Niederlande eine Vorreiterrolle bei der Einführung von Evaluationssystemen im Peer-Review-Verfahren zur Hochschulsteuerung eingenommen; andere Länder sind mit zeitlicher Verzögerung gefolgt, sodass man heute keinesfalls von einer flächendeckenden Evaluationspraxis sprechen kann. Das Peer-Review-Verfahren wird zumeist zweistufig durchgeführt. In einem ersten Schritt verfasst die Organisationseinheit einen Selbstevaluationsbericht, der den Gutachtern übermittelt wird. Danach erfolgt eine Begehung der Organisationseinheit (site visit) durch die Gutachter/Gutachterinnen, die im Anschluss ihr Gutachten dem Auftraggeber der Evaluation übermitteln. Eine besondere Bedeutung im Verfahren kommt der Gutachterauswahl und den auf das Gutachten folgenden Maßnahmenschritte zu. Bei der Gutachterauswahl ist neben der zu prüfenden Unbefangenheit insbesondere auf die fachliche Qualifikation und die Erfahrung in der Leitung bzw. Steuerung von Hochschulen zu achten. Die Qualität der Umsetzungsmaßnahmen hängt insbesondere vom vorher spezifizierten Evaluationsauftrag ab. Die Kritik am Peer-Review-Verfahren konzentriert sich zumeist auf die Frage der Subjektivität bzw. der Neutralität der Gutachter und auf das Verhältnis zwischen Aufwand und Ertrag des Verfahrens. Inwiefern Evaluationen tatsächlich zu Optimierungen führen, ist insgesamt noch wissenschaftlich wenig erforscht. Im Rahmen der Förderlinie „Leistungsbewertung in der Wissenschaft" im Förderprogramm „Empirische Bildungsforschung" des BMBF wurden jedoch unlängst eine Reihe von Forschungsvorhaben aufgesetzt, die sich mit der Frage nach den Methoden der Qualitätsbewertung in der Forschung und deren Wirksamkeit beschäftigen. Die Ergebnisse dieser Projekte lassen wichtige Impulse für die zukünftige Gestaltung von entsprechenden Verfahren erwarten.[2]

Bibliometrie

Im Rahmen der Bibliometrie wird das Publikations- und Zitationsverhalten von Forschern bzw. Gruppen von Forschern in wissenschaftliche Fachzeitschriften quantitativ erhoben. Ziel der Szientometrie war ursprünglich das Publikationsverhalten der Forscher und die Entwicklung von Forschungsfeldern zu beschreiben; somit grundlegende Fragen der Wissenschaftsforschung zu beantworten. Relativ rasch wurden die Datenbanken – vor allem das Web of Science der Firma Thomson Reuters und Scopus des Verlages Elsevier sind hier zu nennen – auch für Fragen der Evaluation und der „Leistungsmessung" herangezogen. Die zugrundeliegende Idee ist, dass sich wissenschaftliche Leistung über das Zählen von Publikationen (Output) und Zitationen (Wirkung) messen lässt. Hierzu wird ein Sample als wichtig eingestufter Publikationsorgane detailliert danach analysiert, wie oft die Artikel der Zeitschrift in anderen Publikationsorganen zitiert werden. Je größer die Anzahl an Zitaten je Artikel, desto höher die Bedeutung der Zeitschrift (Impact factor). Die Leistung von Wissenschaftlern bzw.

---

2   Einen Überblick über die geförderten Vorhaben liefert die Webseite http://www.hochschulfor-schung-bmbf.de/de/1333.php (zuletzt 21.01.2014).

wissenschaftlichen Gruppen oder Instituten bemisst sich vor allem an der Anzahl der Artikel, die in diesen Zeitschriften publiziert werden, der Höhe des Impactfactors (also die Summe der Impactfactoren der Zeitschriften, in denen publiziert wurde) und der Anzahl der Zitate, die ein Wissenschaftler/eine Wissenschaftlerin oder eine Gruppe auf sich verbuchen kann. Neben diesen drei Kennzahlen existiert noch eine Fülle anderer Indikatoren (z.B. der Hirsch-Faktor), deren Bedeutung sehr kontrovers diskutiert wird, wie der Wert bibliometrischer Analysen zur wissenschaftlichen Leistungsmessung grundsätzlich in der Kritik steht. Häufig genannte Kritikpunkte sind:

- Wissenschaftliche Fächer, insbesondere geisteswissenschaftliche Fächer, in denen vornehmlich über Monographien oder Sammelbänden publiziert wird, sind in den Datenbanken sehr schlecht erfasst.
- Die Auswahl von Zeitschriften in den beiden zentralen Datenbanken ist sehr unterschiedlich, was zu unterschiedlichen Ergebnissen bei Abfragen über ein und dieselbe Person führen kann.
- Bei der Zählung der Zitate ist nur unzureichend berücksichtigt, dass Zitate in manchen Disziplinen erst viele Jahre später auftreten. So wurde beispielsweise das zitierte Werk in der Geschichte 30 Jahre vor der Zitierung herausgegeben.
- Die errechnete Bedeutung einer Zeitschrift (impact factor) sagt nichts über die Bedeutung des einzelnen in ihr erschienen Artikels aus.

Die Durchführung von Evaluationen erfolgt im Hochschulbereich zumeist zweier Logiken. Die erste besteht darin, dass das gesamte Leistungsspektrum der Hochschule in einem bestimmten Zyklus einer Evaluation zu unterziehen ist. Diesem Denken folgt das kontinuierliche Abarbeiten von Evaluationsplänen. Die zweite Logik ist die problemgetriebene, bei der zur Lösung einer akuten Problemlage schnell eine Evaluation durchgeführt werden muss. Eher selten anzutreffen ist die Form geplanter Evaluationen, wo die Einführung einer Maßnahme durch die Evaluation begleitet wird und die Effekte abschließend bewertet werden.

3.   Wie ist der Stand der Evaluationsforschung?

Die Forschung über Evaluation im Kontext der Hochschullehre ist in Deutschland noch im Anfangsstadium. Einige Arbeiten liegen jedoch bereits vor, die sich mit Fragen nach der Professionalisierung der Evaluation in diesem Bereich (Brandt, 2011) oder Metaevaluationen (Harris-Huemmert, 2011; Mittag et al., 2003) und Fragen nach der Wirksamkeit von Qualitätssicherungseinrichtungen an Hochschulen (Seyfried und Pohlenz, 2013) beschäftigen. Forschungsdesiderate bestehen aus vorliegender Sicht in

- methodischen Fragen zur Lösung der Problematik nicht vorhandener oder zumindest wenig alltagstauglicher, wirkungsorientierter Evaluationsdesigns
- Fragen nach den Impulsen der eingesetzten Verfahren für die Qualitätsentwicklung und ggf. nach weiterentwickelten Verfahren der Evaluation
- Fragen nach den Bedingungen unter denen Evaluation die in sie gesetzten Erwartungen (Selbstreflexion der Lehrenden, Qualitätsverbesserung auf der Basis von Evaluationen) wirksam(er) erfüllen kann.

Eher selten sind Arbeiten, in denen grundsätzlich die Verbindung von Evaluation und Hochschulsteuerung angesprochen wird.

4. Umgang mit Standards in diesem Feld

Die Inhalte der DeGEval-Standards sind für die Evaluation im Kontext der Hochschullehre überaus valide. So wird die Diskussion zu Sinn und Unsinn von Evaluation von Lehre und Studium seitens der Lehrenden vielfach aus der Perspektive der Nützlichkeit der eingesetzten Verfahren für die Qualitätsentwicklung geführt.

Inwieweit eine aktive Auseinandersetzung mit den Standards stattfindet bzw. inwieweit die zahlreichen Akteure die Standards als Leitfaden bei der Konzeptionierung und Implementation von Evaluationsdesigns nutzen, ist jedoch noch nicht systematisch untersucht worden.

5. Entwicklungslinien

Die Entwicklungsbedarfe der Evaluation im Kontext der Hochschullehre ergeben sich aus den beschriebenen Desideraten. Ein vielfach vorgebrachtes Argument gegen Evaluation von Lehre und Studium ist, dass es angesichts der Unklarheit, was Qualität von Lehre und Studium überhaupt kennzeichne, unmöglich sei, das Vorliegen bzw. die Abwesenheit von Qualität zu diagnostizieren. Mithin wäre es aus einer Evaluationsforschungslogik heraus gedacht notwendig, Standards für gute Lehre zu entwickeln und aus diesen Instrumente für die Einhaltung bzw. das Verfehlen dieser Standards abzuleiten. In anderen Ländern, darunter in den USA, lässt sich jedoch an dieser Stelle feststellen, dass Kompetenzstandards definiert wurden, die die Messbarkeit des Erreichens einer Kompetenz im Wesentlichen vereinfachen. Die sogenannten Value Rubrics der AACU sind fachübergreifend definiert worden und lassen sich gut auf unterschiedliche Fachrichtungen übertragen. Der Grad, in dem eine Kompetenz erreicht wurde, lässt sich dann mit Evaluationsergebnissen in der Lehre möglicherweise korrelieren und feststellen, inwiefern die Lehre das Erlernen einer Kompetenz unterstützt hat. Aus der Logik des Wissenschaftssystems ergibt sich damit jedoch die Schwierigkeit, unterschiedliche Qualitätsverständnisse unter einem (mehr oder weniger konsensfähigen) Standard vereinheitlichen zu müssen. Dies wäre vermutlich nur auf Kosten der Entwicklungs- und Selbstreflexionsaufgabe möglich, die der Evaluation neben der Qualitätsbeurteilungsfunktion innewohnt. Es sind mithin Verfahren zu entwickeln, die der Diversität von Qualitätsverständnissen ebenso gerecht werden, wie dem (auch öffentlich artikulierten) Bedarf an Informationen über die Qualität der (öffentlich finanzierten) Lehre. Allerdings steht zumindest die deutsche Hochschullandschaft derzeit in einem Spannungsverhältnis: Einerseits sind hohe Studierendenzahlen politisch erwünscht, denn pro Erstsemesterplatz gibt es eine Finanzierung. Doch Wechsler/innen/quoten zeigen eine erhebliche studentische Migration innerhalb einer Universität auf, so dass am Ende eines Studiengangs die Zahl der Absolventen/der Absolventinnen weitaus geringer ausfällt, als die Zahl der Erstsemesterstudierende, was nicht unbedingt einhergeht mit schlechter Lehrqualität, sondern mit anderen Variablen (z.B. Erwartungen/Motivation usw.).

Die Zeichen stehen jedoch günstig. Mit der mittlerweile festzustellenden Verbreitung der Systemakkreditierung (in Deutschland) und der Auditierung (in Österreich) sind Hochschulen aufgefordert, Qualitätsmanagementsysteme zu etablieren (und nachzuhalten), die sowohl die Rechenschaftsaufgabe erfüllen helfen, wie auch die nach innen gerichteten Kompetenzen zu „Selbstdiagnose" und Problemlösung stärken sollen. Diese werden notwendigerweise innerhalb der je individuellen Tradition und (Steuerungs-)Kultur der Hochschulen entwickelt. Sie können helfen, je spezifische Qualitätsverständnisse zu profilieren, die dann aber – sobald sie konsentiert sind – als Beurteilungsmaßstab für das Lehr- und Lerngeschehen dienen können und müssen.

Eine Herausforderung für die Entwicklung der Hochschulevaluation besteht in der verstärkten Entwicklung bzw. Erweiterung von Verfahren der Forschungsevaluation und insbesondere deren Verknüpfung mit der Evaluation von Lehre und Studium. Insofern sich zahlreiche Hochschulen eine forschungsbasierte Lehre als Entwicklungsziel vornehmen, wird eine gemeinsame Betrachtung dieser Leistungsbereiche zu einem wichtigen Evaluationsgegenstand. Eine Abbildung dieses Ziels auf der Verfahrensebene ist bislang jedoch erst sporadisch vorhanden. Die Systemakkreditierung ist (in Deutschland) derzeit vorwiegend auf die Prozessqualität in Lehre und Studium ausgerichtet. Ein Einbezug der Forschung könnte über ein umfassendes institutional research realisiert werden, welches hier nicht als reines (outcome-bezogenes) Datenmanagement verstanden wird, sondern als evaluationsgestützte Selbsterforschung hinsichtlich der Zielerreichung in Lehre und Studium sowie der Forschung in Übereinstimmung mit Guideline 1.6 der ENQA Standards (ENQA 2009), die als Grundlage für die Qualitätssicherung im europäischen Raum aufgestellt wurden: „Institutional self-knowledge is the starting point for effective quality assurance".

Literatur

Brandt, T. (2009): *Evaluation in Deutschland: Professionalisierungsstand und -perspektiven.* Münster: Waxmann.

Braun, E. (2008): Das Berliner Evaluationsinstrument für selbsteingeschätzte studentische Kompetenzen (BEvaKomp). Göttingen: V&R Unipress.

Dorfer, A. & Ressler, R. (2009): Competence-orientied Course Evaluation and Follow-up Measures. URL: http://www.oecd.org/edu/imhe/43977332.pdf (zuletzt 21.1.2014).

ENQA (2009): Standards and Guidelines for Quality Assurance in the European Higher Education Area. URL: http://www.enqa.eu/wp-content/uploads/2013/06/ESG_3edition-2.pdf (zuletzt 22.1.2014).

Harris-Huemmert, S. (2011): *Evaluating Evaluators: An Evaluation of Education in Germany.* Wiesbaden: VS Verlag für Sozialwissenschaften/ Springer.

Kottmann, A. & Nickel, S. (2010): Wissenschaftsmanagement – Terra incongnita der Wissenschaft? Überblick über den Forschungsstand, in S. Nickel & F. Ziegele, *Karriereförderung im Wissensmanagement – nationale und internationale Modelle. Eine empirische Vergleichsstudie.* Gütersloh: CHE.

Mittag, S., Bornmann, L. & Daniel, H.-D. (2003): *Evaluation von Studium und Lehre an Hochschulen. Handbuch zur Durchführung mehrstufiger Evaluationsverfahren.* Münster: Waxmann.

Mitterauer, L. (2013): Qualitätssicherung und universitäres Steuerungssystem. *Zeitschrift für Hochschulentwicklung (ZfHE)*, Jg. 8, Heft 2, S. 32–48.

Pohlenz, P. (2010): Agenten des Wandels. Institutionalisierung von Qualitätsentwicklung auf Hochschulebene. *Zeitschrift für Hochschulentwicklung (ZfHE)*, Jg. 5, Heft 4, S. 94–103.

Seyfried, M. & Pohlenz, P. (2013): Entwicklungen und Professionalisierung im Bereich der Evaluation an Hochschulen – zwischen Kontrolle und akademischer Selbstreflexion. In: Hense, J., Rädiker, S., Böttcher, W. u. Widmer, T. (Hrsg.): Forschung über Evaluation: Bedingungen, Prozesse und Wirkungen. Münster: Waxmann.

Simon, D. (2003): Selbststeuerung der Wissenschaft durch Evaluationen? Optionen und Grenzen Institutioneller Forschungsbewertungen. In K. Fischer & H. Parthey (Hrsg.) Evaluation wissenschaftlicher Institutionen: *Wissenschaftsforschung Jahrbuch 2004.* Berlin: Gesellschaft für Wissenschaftsforschung 2004, S. 9–18.

Karin Waldherr, Marcus Capellaro, Monika Finsterwald, Ludwig Grillich,
Wolfgang Haß, Joseph Kuhn, Mary Lindner, Boris Orth, Vera Popper,
Ursula von Rüden, Georg Spiel, Jürgen Töppich, Annekatrin Wetzstein

Evaluation im Bereich der Prävention und Gesundheitsförderung: Stand, Herausforderungen und Entwicklungsperspektiven in Deutschland und Österreich

1. Einführung

Die Gesundheitssysteme westlicher Länder stehen vor einigen Herausforderungen: Die zunehmende Lebenserwartung und der damit verbundene größere Anteil älterer Menschen, die Zunahme an chronischen Krankheiten auch in jüngeren Altersgruppen und die ungleiche soziale Verteilung von Gesundheitschancen lassen sich mit kurativen Ansätzen alleine nicht bewältigen. Für die künftige Finanzierbarkeit des Gesundheitssystems spielen Maßnahmen, die das Entstehen von Krankheiten verhindern (Prävention) bzw. die vorhandene Gesundheit stärken (Gesundheitsförderung), eine entscheidende Rolle. Daher hat die Aufmerksamkeit für diesen Bereich in der Politik stark zugenommen.

Da perspektivisch gesehen dem Gesundheitssystem nicht mehr Mittel zur Verfügung stehen, gilt vor dem Hintergrund der Ressourcenknappheit und des ständig steigenden Kostendrucks die Forderung des Nachweises von Effektivität und Effizienz sowie der Qualitätsentwicklung – in Analogie zum therapeutischen Bereich – immer mehr auch für Gesundheitsförderungs- und Präventionsmaßnahmen.

Auch im Arbeitskreis (AK) Gesundheitswesen der Deutschen Gesellschaft für Evaluation (DeGEval) haben sich Evaluationen von Präventions- und Gesundheitsförderungsmaßnahmen in den letzten Jahren immer stärker als Schwerpunktinteresse der AK-Mitglieder herauskristallisiert und stehen im Fokus des Diskurses. Anliegen des folgenden Beitrags ist es, zunächst einen kursorischen Einblick in die Besonderheiten bei Evaluationen von Präventions- und Gesundheitsförderungsmaßnahmen zu geben (Kapitel 2). Des Weiteren soll anhand von zwei Beispielen ein Einblick in aktuelle Entwicklungen in Deutschland gegeben werden (Kapitel 3) sowie die historische Entwicklung und der aktuelle Stand in Österreich, ebenfalls anhand zweier Beispiele (Kapitel 4), dargestellt werden. Der Beitrag schließt den Diskurs mit einem gemeinsamen Ausblick (Kapitel 5), in dem die gewonnenen Erkenntnisse zusammengefasst und Möglichkeiten genannt werden, mit den vorliegenden Herausforderungen bei Evaluationen von Präventions- und Gesundheitsförderungsmaßnahmen umzugehen.

2. Besonderheiten bei Evaluationen von Maßnahmen der Prävention und Gesundheitsförderung

Präventions- und Gesundheitsförderungsmaßnahmen sind konfrontiert mit zahlreichen Herausforderungen. Beispiele hierfür sind:

- Verzögerte Wirksamkeit der Maßnahmen (d.h. die Senkung spezifischer Erkrankungsraten bzw. die Verbesserung von Gesundheitsparametern sind oft erst nach Jahren beobachtbar);
- Multikausalität (d.h. Gesundheit ist durch viele Faktoren beeinflusst);
- nicht lineare Wirkungszusammenhänge und eingeschränkte Reproduzierbarkeit von Effekten (d.h. die gleiche Intervention kann in verschiedenen Kontexten vollkommen unterschiedliche Effekte haben);
- Dynamik (d.h. einzelne Elemente eines Systems und wechselseitige Beeinflussungen in einem System ändern sich mit der Zeit);
- Carry-Over Effekte (d.h. Effekte von Maßnahmen wirken auch auf Personen, die nicht am Programm teilnahmen).

Diese Herausforderungen betreffen die Entwicklung von qualitativ hochwertigen Interventionen sowie die Planung, Durchführung und Interpretation von Evaluationen zur Bewertung der Interventionen gleichermaßen.

Gesundheitsförderungs- und Präventionsmaßnahmen werden jedoch oftmals nur unzureichend und ohne Verzahnung mit Evaluation entwickelt, die Ziele sind allgemein gehalten (z.B. gestärktes Wohlbefinden) und der Zusammenhang zwischen der Intervention und dem intendierten Ziel (Wirkungsketten) ist unklar (z.B. wie und warum sollte das Informationsblatt zur gesunden Ernährung das Ernährungsverhalten bestimmter Personengruppen beeinflussen?).

Geht man davon aus, dass das Evaluationsdesign der Komplexität des Evaluationsgegenstandes entsprechen sollte, ergeben sich weitere Besonderheiten: Beispielsweise ist im Rahmen von Wirkungsmessungen die wissenschaftlich fundierte Zuschreibung von beabsichtigten und nicht beabsichtigten Effekten methodisch sehr anspruchsvoll, aufwendig und oft auch nicht durchführbar. So sind harte Studiendesigns, die systematische Verzerrungen minimieren und Kausalaussagen ermöglichen (z.B. RCT[1], der als „Goldstandard" in der Wirkungsmessung gilt), bei Interventionen, die unter realen Lebensbedingungen umgesetzt werden, nicht immer möglich. Dennoch lassen sich erfolgreiche Beispiele von RCTs in der Gesundheitsförderung und Prävention angeben (z.B. Grillich, Kien & Gartlehner, to be submitted; Sharpe, Schober, Treasure & Schmidt, 2013; Van Dongen, Strijk, Proper, Van Wier, Van Mechelen, Van Tulder & van der Beek, 2013).

---

1 Die randomisierte kontrollierte Studie (=RCT; englisch für „randomized controlled trial") setzt voraus, dass Personen zufällig zu Interventions- und Kontrollgruppe zugeteilt werden.

3.   Die Situation in Deutschland

Die gesamten Gesundheitsausgaben machen in Deutschland 11,3 % des Bruttoinlandsproduktes aus. Damit liegt Deutschland nach den USA, den Niederlanden und Frankreich auf Platz 4 (OECD, 2013). Auf den Bereich Prävention/Gesundheitsförderung entfallen im Durchschnitt 4 % der Gesundheitsausgaben (Kuhn, 2014). Ein beachtlicher Teil der Evaluationen im deutschen Gesundheitswesen wird von Ministerien und Behörden durchgeführt oder in Auftrag gegeben. Die Bundeszentrale für gesundheitliche Aufklärung (BZgA) als dem Bundesministerium für Gesundheit (BMG) zugeordnete Fachbehörde führt Maßnahmen der Prävention und Gesundheitsförderung sowie Evaluationen durch. Das ebenfalls dem BMG zugeordnete Deutsche Institut für Medizinische Dokumentation und Information (DIMDI) setzt systematische wissenschaftliche Bewertungen auch von präventiven Maßnahmen um.

Das Bundesministerium für Bildung und Forschung (BMBF) fördert unter anderem Forschungsverbünde zur Primärprävention und Gesundheitsförderung. Weitere Maßnahmen werden von unterschiedlichen Akteuren/Akteurinnen, die an der medizinischen Versorgung der Bevölkerung beteiligt sind, durchgeführt oder beauftragt. Beispielsweise sind der Gemeinsame Bundesausschuss (z.B. Früherkennungsuntersuchungen), der Spitzenverband Bund der GKV (Gesetzliche Krankenversicherung) oder einzelne Krankenkassen zu nennen.

Auch die Deutsche Gesetzliche Unfallversicherung (DGUV), der Dachverband für gewerbliche Berufsgenossenschaften und Unfallkassen, führt gesundheitsbezogene Evaluationen durch. Genauso wie Stiftungen, Projektförderer und Vereine sind Unternehmen mit gesundheitlich relevantem Geschäftsmodell und Unternehmen aus anderen Branchen im Rahmen des betrieblichen Gesundheitsmanagements Akteure der gesundheitsbezogenen Evaluation in Deutschland.

3.1   Evaluation von komplexen Programmen in Deutschland – zwei Beispiele

Präventionsprogramme und ihre Evaluation finden stets im Kontext von unterschiedlichen politischen und ökonomischen Interessen statt. Deswegen stellen gerade große politisch initiierte Präventionsprogramme, wie z.B. die Präventionsmaßnahmen der Krankenkassen nach § 20 Sozialgesetzbuch V oder die Gemeinsame Deutsche Arbeitsschutzstrategie (GDA) nach § 20a Arbeitsschutzgesetz, eine besondere Herausforderung für die Evaluation dar. Solche Programme sind das Ergebnis politischer Aushandlungsprozesse, d.h., sie sind nicht primär nach wissenschaftlichen Gesichtspunkten konzipiert und auch ihre Evaluation unterliegt nicht nur wissenschaftlichen Kriterien. Eine gute Orientierung und Unterstützung für die anzustrebende möglichst hohe Akzeptanz der Evaluation bieten vor diesem Hintergrund die Evaluationsstandards der DeGEval – Nützlichkeit, Durchführbarkeit, Fairness und Genauigkeit (www.degeval.de/degeval-standards/standards).

Des Weiteren handelt es sich bei solchen Präventionsprogrammen häufig um *„komplexe Interventionen"*, die aus mehreren Einzelkomponenten bestehen, *„die sich wechselseitig bedingen und ihrerseits in komplexe Kontexte implementiert werden"* (Mühlhauser, Lenz & Meyer, 2012, S. 43). Sie bündeln z.B. unter einem gemeinsamen strategischen Dach verschiedene Akteur/inn/e/n, Inhalte, Ziele und Vorgehensweisen. Diese Programme sind zuweilen schon aus pragmatischen Gründen einem Kontrollgruppendesign nicht zugänglich, z.B. wenn bei gemeindeorientierten Programmen keine oder nicht genügend randomisierbare Einheiten vorhanden sind. Auch können Interventionen ggf. aus rechtlichen oder ethischen Gründen einer Kontrollgruppe nicht vorenthalten bzw. einer Interventionsgruppe nicht differentiell zugemutet werden. Beispielsweise müssen Arbeitsschutzvorschriften im Kern für alle Betroffenen gleich vollzogen werden. Häufig schränken zudem nicht kontrollierbare Interventionskontexte die belastbare Zuordnung von Interventionen und Effekten ein oder die Interventionen sind nicht hinreichend standardisierbar.

In der Literatur besteht allerdings weitgehend Einigkeit, dass gerade solche multidimensionalen Programme stärkere und nachhaltigere Wirkungen entfalten als viele Einzelprojekte. Zwei dieser komplexen Programme werden im Folgenden dargestellt.

3.2 Mehr-Ebenen-Kampagnen der Bundeszentrale für gesundheitliche Aufklärung (BZgA)

Die Bewertung von komplexen Interventionen im Gesundheitswesen wie bspw. Kampagnen ist, neben deren Planung und Durchführung, eine zentrale Aufgabe der bereits zuvor angeführten BZgA. Bundesweit bekannte Kampagnen der BZgA sind z.B. *„Gib Aids keine Chance"* oder *„Alkohol? Kenn dein Limit."*

Das Erreichen von Zielgruppen durch Mehr-Ebenen-Kampagnen mit dem Ziel der Aufklärung über gesundheitliche Risiken ist Teil der Handlungsfelder Prävention und Gesundheitsförderung. Der Begriff Kampagne bezeichnet dabei eine systematisch geplante Kombination von einzelnen Komponenten (Maßnahmen, Projekten) zur Erreichung gesundheitsbezogener Ziele in der Gesamtbevölkerung oder bei definierten Zielgruppen (Töppich, 2008). Der Mehr-Ebenen-Ansatz bezieht sich auf die Ansprache sowohl von Einzelpersonen, Gruppen, Communities und Settings oder auf die Gesellschaft als Ganzes.

Kampagnenkomponenten sind hier funktional, wirtschaftlich und ablauforganisatorisch abgrenzbare Interventionen mit jeweils eigenen, dem Gesamtziel einer Kampagne „zuarbeitenden", zielorientierten Aufgabenstellungen (BZgA, 2003). Für die einzelnen Phasen der Planung, Durchführung und Bewertung einer Kampagne nutzt die BZgA wissenschaftlich gestützte Erkenntnisse.

Die Evaluation einer Kampagne muss auf das zugrunde liegende theoretische Interventionsmodell und die Konzeption der Kampagne zugeschnitten werden. Grob lassen sich, in Erweiterung des bekannten Qualitätsmodells von Donabedian (1980), insgesamt vier Bewertungsdimensionen unterscheiden (vgl. Koch, Kawski & Töppich, 2001, S. 91f.):

1. Wirksamkeitsvoraussetzungen:
   Hier geht es zum einen um eine Situationsanalyse zur Problemdefinition und eine Bedarfsbestimmung. Dazu gehören u.a. die Ermittlung der Verbreitung eines bestehenden Gesundheitsproblems in der Bevölkerung (Epidemiologie), mögliche Risiko- und Schutzfaktoren, die wissenschaftliche Evidenzgrundlage für Interventionen und mögliche Kooperationspartner. Zum anderen geht es um die Ermitt-

lung der Strukturqualität, die Adäquatheit der verfügbaren Ressourcen wie Personal- und Sachmittelausstattung, Räumlichkeiten, Know-how, finanzielle Mittel etc. für eine erfolgreiche Durchführung der Kampagne.

2. Konzeptqualität:

Diese umfasst auf Grundlage der Analyse der Wirksamkeitsvoraussetzungen die Entwicklung einer Handlungsstrategie für die geplante Intervention, die sorgfältige Formulierung von Haupt- und Zwischenzielen sowie die Auswahl geeigneter Indikatoren, die das Erreichen dieser Ziele überprüfbar machen (Koch, Kawski & Töppich, 2001). Es werden Antworten darauf gegeben, ob die gewählten Interventionen, Methoden und das Forschungsdesign dazu geeignet sind, die definierten Ziele im angestrebten Ausmaß und Zeitraum bei einer Zielgruppe erreichen und auch nachweisen zu können. Im Falle der Kampagnenevaluation entstammt die Literatur zum Nachweis ihrer Wirksamkeit nahezu ausschließlich dem angloamerikanischen Sprachraum (z.B. Abroms & Maibach, 2008; Noar, Palmgreen, Chabot, Dobransky & Zimmerman, 2009); die Anwendbarkeit ihrer Ergebnisse auf den deutschsprachigen Raum ist noch kaum überprüft. Die konzeptuellen Überlegungen münden üblicherweise in ein theoretisch begründetes Interventionsmodell. Unter mehreren grundsätzlich geeigneten theoretischen Ansätzen nutzt die BZgA das auf McGuire (1989) und Singhal und Rogers (1989) zurückgehende Medienwirkungsmodell. Darin wird die Abfolge von Zwischenschritten der Kampagnenwirkung postuliert, die von der bewussten Wahrnehmung der Botschaft, Informiertheit, Überzeugung über die Verhaltensabsicht und Verhaltensänderung bis hin zur Verhaltensstabilisierung reicht. Das Durchlaufen dieser Stufen stellt eine idealtypische Abfolge dar. Abhängig vom jeweiligen Kampagnenthema bzw. von der Ausrichtung der Kampagne können in der Realität jedoch auch einzelne Stufen wiederholt durchlaufen oder übersprungen werden. Zudem kann es auch Ziel einer Kampagne sein, ein schon positives Gesundheitsverhalten beizubehalten (z.B. Nichtrauchen).

3. Prozessqualität:

Diese hat die Funktion, die Planungs- und Durchführungsgüte einer Kampagne zu sichern. Die Entwicklung einer Kampagne beginnt mit einer klaren Zielformulierung und der Analyse der Faktoren, die für die Erreichung der Ziele als relevant erachtet werden. Ist eine vorläufige Auswahl an Maßnahmen und Medien getroffen, werden diese im Rahmen von Pretests hinsichtlich deren Wahrnehmung (u.a. spontaner Eindruck, *Likes* und *Dislikes*), Verständnis, Erinnerung (*Recall*) oder Akzeptanz in der Zielgruppe evaluiert. Damit soll sichergestellt werden, dass das Medien- und Maßnahmenangebot die notwendigen Voraussetzungen zur Entfaltung der anvisierten Wirkungen erfüllt. Zur Untersuchung von Kino-Spots, Plakaten, Anzeigen und Broschüren hat die BZgA standardisierte Verfahren entwickelt. Weitere Einzelmaßnahmen werden je nach Art und Fragestellung gesondert untersucht.

4. Ergebnisqualität:

Wirksamkeitsnachweise sowohl von Einzelmaßnahmen und Medien als auch der Gesamtkampagne erfolgen anhand von Indikatoren (Zielerreichungsgradmesser). Sie geben Auskunft darüber, ob und in welchem Ausmaß die Zielgruppe von der Kampagne erreicht wird (Erreichbarkeitsindikatoren), sowie ob und in welchem Ausmaß die beabsichtigten Wirkungen auftreten (Wirkungsindikatoren, zumeist bezogen auf Wissens-, Einstellungs- und Verhaltensaspekte). Darüber hinaus kann es je nach Kampagnenziel auch sinnvoll sein, Strukturindikatoren zu messen, z.B. zur Erfassung der Entwicklung von Kooperationsstrukturen und -prozessen. Können gemessene Veränderungen entlang des der Kampagne zugrunde liegenden *„Logischen Modells"* plausibel dargestellt werden und gibt es für diese keine alternativen Erklärungen, lassen sich die beobachteten Effekte mit einer gewissen Wahrscheinlichkeit auf die Maßnahme oder Kampagne zurückführen. Kampagneneffekte der BZgA werden durch regelmäßig wiederholte Repräsentativbefragungen der Bevölkerung gemessen, z.B. in den Themenfeldern HIV/Aids, illegale Drogen, Alkohol, Tabak oder Glücksspiel (von Rüden, 2014; BZgA, 2013, 2012, 2014a,b).

Forschung, Evaluation und Maßnahmen der Qualitätssicherung haben im Rahmen der Gesundheitskampagne somit folgende Aufgaben:

- Gewährleistung eines hohen Maßes an Planungs- bzw. Konzeptqualität der Kampagne und ihrer Maßnahmen,
- Untersuchung und Optimierung der Leistungsfähigkeit einzelner Kampagnenmaßnahmen,
- Überprüfung des Interventionsverlaufs und der Kampagnenwirkungen durch regelmäßige Beobachtung geeigneter Indikatoren und somit die Wahrnehmung einer Monitoring-Funktion sowie
- Rückkopplung der Ergebnisse für Impulse zur gezielten Weiterentwicklung.

Mit diesem Vorgehen orientiert sich die skizzierte Methodik am sogenannten *„Public Health Action Cycle"* (Rosenbrock, 1995), in dem Forschung, Planung, Durchführung/ Implementierung und Evaluation als zirkuläre Prozessabfolge skizziert werden und zugleich eine kontinuierliche Qualitätssicherung und -entwicklung erfolgt.

Bei der Evaluation bevölkerungsweiter Kampagnen sind Beobachtungsstudien (in regelmäßigen Abständen durchgeführte, repräsentative Querschnittsstudien, als Bevölkerungsmonitoring) die Methode der Wahl, da sich klassische experimentelle Designs hierfür nur bedingt eignen (Haß & Töppich, in Vorbereitung). Da es sich bei Mehr-Ebenen-Kampagnen um komplexe Interventionen handelt, müssen für diese geeignete Studiendesigns (Berücksichtigung von Settings, Interventionsketten, Wechselwirkungen von Zwischen- und Hauptzielen etc.) weiterentwickelt werden (vgl. auch Robert Koch-Institut & Bayerisches Landesamt für Gesundheit und Lebensmittelsicherheit, 2012). In jedem Fall sind eine sorgfältige Dokumentation der Methodik und die Publikation der Evaluationsergebnisse notwendig, um die Chance der Aufnahme solcher Studien in systematische Reviews im Feld der Prävention und Gesundheitsförderung zu erhöhen und damit auch zum Wissenszuwachs und zur Evidenzbildung beizutragen.

3.3 Die Gemeinsame Deutsche Arbeitsschutzstrategie (GDA)

Zur Evaluation komplexer Interventionen zeichnen sich in manchen Fällen partielle Evaluationen als gangbarer Weg ab. Die Wirkungsevaluation konzentriert sich darauf, relevante Einzelkomponenten zu identifizieren und zu evaluieren (sofern sie nicht bereits als evidenzbasiert gelten können), und ggf. übergeordnete Aspekte wie Kooperationsverhältnisse und dergleichen in einer stark partizipativ ausgerichteten Prozessevaluation zu begleiten.

Diese Vorgehensweise soll kurz am Beispiel der Evaluation der eingangs erwähnten Gemeinsamen Deutschen Arbeitsschutzstrategie (GDA) veranschaulicht werden, in deren Evaluationsbeirat ein Vertreter der DeGEval mitgewirkt hat und deren Evaluationsansatz konzeptionell auf die DeGEval Bezug nimmt. Die GDA ist ein Präventionsansatz, der Bund, Länder und Unfallversicherungsträger auf die Formulierung und Umsetzung gemeinsamer Arbeitsschutzziele verpflichtet. In der ersten GDA-Periode 2008–2013 ging es um die Verringerung von Häufigkeit und Schwere von Arbeitsunfällen, die Verringerung von Muskel-Skelett-Belastungen und Erkrankungen sowie die Verringerung der Häufigkeit und Schwere von Hauterkrankungen, des Weiteren um die Verbesserung der Zusammenarbeit mit Dritten (z.B. den Krankenkassen) und die Vereinheitlichung des arbeitsschutzrechtlichen Regelwerks. In der zweiten GDA-Periode 2013–2018 geht es um die Verbesserung der Organisation des betrieblichen Arbeitsschutzes, die Verringerung von arbeitsbedingten Gesundheitsgefährdungen und Erkrankungen im Muskel-Skelett-Bereich sowie um den Schutz und die Stärkung der Gesundheit bei arbeitsbedingter psychischer Belastung (www.gda-portal.de/de/Startseite.html). Dazu dienen Arbeitsprogramme in verschiedenen Interventionsfeldern, auf die sich die Träger der GDA in der Nationalen Arbeitsschutzkonferenz (NAK)[2] verständigt haben.

Die Evaluation der GDA ist im Arbeitsschutzgesetz vorgegeben. Die Erfahrungen mit den oben kurz skizzierten Problemen der Evaluation komplexer Interventionen in der ersten GDA-Periode haben dazu geführt, das Evaluationsdesign für die zweite GDA-Periode als *„Prozessorientiertes Wirkungsmonitoring"* (PMV) anzulegen (siehe dazu Stamm, Schmitt, Lenhardt & Pernack, 2013). Dabei wird nicht versucht, Interventionen und Wirkungen über ein Kontrollgruppendesign miteinander in Verbindung zu bringen, sondern es werden Interventionsprozesse über Wirkungsketten bis zu einem Umsetzungspunkt verfolgt, der erwarten lässt, dass die Interventionen einen Beitrag zum gewünschten Outcome leisten. Man bewegt sich damit sehr nahe an der Interventionsrealität, kann aber keine Effektmaße wie in Evaluationsstudien mit Kontrollgruppe berechnen.

---

2   Als zentrales Entscheidungsgremium für die Planung, Koordinierung und Evaluation der zur Umsetzung der GDA vorgesehenen Maßnahmen wurde durch das Arbeitsschutzgesetz (geändert durch das Unfallversicherungsmodernisierungsgesetz (UVMG)) die „Nationale Arbeitsschutzkonferenz" eingerichtet.

4. Die Situation in Österreich

Im Bereich „*Prävention/Gesundheitsförderung*" steht in Österreich vergleichsweise wenig Geld zur Verfügung. Das zeigt beispielsweise die Vergleichsstudie „*Health at a Glance 2013*" zur Leistungsfähigkeit der Gesundheitssysteme der OECD, in der 31 Industrieländer verglichen werden (OECD, 2013). Die gesamten Gesundheitsausgaben machen in Österreich 10,8 % des Bruttoinlandsproduktes aus. Damit liegt Österreich auf Platz 8. Auf den Bereich Prävention/Gesundheitsförderung entfallen in Österreich lediglich 1,8 %, was deutlich unter dem EU-Schnitt ist. Eine mangelhafte präventive Versorgung schlägt sich darin nieder, dass die Österreicher/Österreicherinnen drei Jahre weniger in Gesundheit verbringen als EU-Bürger/innen im Durchschnitt (Riedler, 2013). Dies belastet auch das Gesundheitssystem mit hohen Folgekosten. Um u.a. sicherzustellen, dass die meist mit Steuergeldern finanzierten Maßnahmen in einer für die Zielgruppen bestmöglichen Form erbracht werden, wurde in Österreich im Gesundheitsreformgesetz 2013 der Ausbau von Gesundheitsförderung und Prävention festgelegt und Evaluation und Evidenzbasierung eingefordert. Somit wurde ein gutes politisches Fundament für Evaluationen und Maßnahmen der Qualitätssicherung im Bereich „*Prävention/Gesundheitsförderung*" geschaffen.

4.1 Historische Entwicklungen und aktueller Stand

Die Entwicklung der Gesundheitsförderung und Prävention sowie deren Evaluation stehen in Österreich in engem Zusammenhang mit dem Gesundheitsförderungsgesetz (GfG) von 1998 und der Beauftragung des „*Fonds Gesundes Österreich*" (FGÖ) als zentrale Förder- und Koordinationsstelle für Gesundheitsförderung und Primärprävention. Grundlage der Arbeit des FGÖ ist die Ottawa Charta[3] (WHO, 1986). Schwerpunkte waren von Beginn an „*Ernährung und Bewegung*", „*Psychosoziale Gesundheit*" sowie setting- und zielgruppenspezifische Ansätze (z.B. betriebliche, schulische und kommunale Gesundheitsförderung, ältere Menschen, Menschen mit geringem sozioökonomischem Status, mit besonderen Bedürfnissen, in schwierigen Lebenssituationen oder mit besonderen Belastungen). Dem FGÖ steht seit 1998 unverändert ein jährliches Budget von 7,25 Mio. Euro zur Verfügung. Im Jahr 2006 wurde die Gesundheit Österreich GmbH (GÖG) gegründet und der FGÖ als einer der Geschäftsbereiche neben dem Österreichischen Bundesinstitut für Gesundheitswesen (ÖBIG) und dem Bundesinstitut für Qualität im Gesundheitswesen (BIQG) eingegliedert.

Auch vom Bundesministerium für Gesundheit wurden insbesondere in den letzten Jahren in Kooperation mit anderen Bundesministerien, Organisationen und wichtigen Stakeholdern zahlreiche bundesweite Strategien und Programme entwickelt und umgesetzt (z.B. Kinder- und Jugendgesundheitsstrategie, Nationaler Aktionsplan Ernährung, Nationaler Aktionsplan Bewegung, Rahmengesundheitsziele, Suizidprävention).

---

3   Die sogenannte Ottowa Charta ist das Schlussdokument der ersten internationalen Konferenz zur Gesundheitsförderung der WHO im Jahre 1986. In dieser werden die Staaten dazu aufgefordert, Strategien und Programme zur Gesundheitsförderung umzusetzen und weiterentwickeln. Ein inhaltliches und methodisches Integrationsmodell ist beschrieben, das bis heute als Leitfaden für Gesundheitsförderung gilt.

Weitere wichtige Akteure/inn/e/n im Bereich der Gesundheitsförderung und Prävention in Österreich sind einerseits auf Bundesebene der Hauptverband der Sozialversicherungsträger (HSV), die Allgemeine Unfallversicherungsanstalt (AUVA) sowie die Pensionsversicherungsanstalt (PVA), andererseits auf Landesebene die einzelnen Sozialversicherungen und Gebietskrankenkassen sowie Einrichtungen wie beispielsweise die Wiener Gesundheitsförderung GmbH oder der NÖ Gesundheits- und Sozialfonds. Dies stellt nur eine exemplarische Auflistung einiger wichtiger Akteur/inn/e/n und Initiativen dar. Eine vollständige Darstellung, insbesondere auf Ebene der Bundesländer, würde den Rahmen des vorliegenden Beitrages sprengen.

Nicht bei allen Fördergebern in Österreich sind Evaluationen für alle Präventions- bzw. Gesundheitsförderungsmaßnahmen verpflichtend. Für Projekte, die vom FGÖ gefördert werden, wird jedoch seit Gründung des FGÖ Wert auf Evaluation gelegt. Es besteht seit 1998 Evaluationspflicht für alle größeren Projekte (derzeit für Projekte ab 20.000 Euro beantragter Fördersumme). Für Projekte mit geringerer Fördersumme ist eine ausführliche Dokumentation obligat und Evaluation optional. Bei Projekten, bei denen die beantragte Fördersumme einen – im Laufe der Jahre öfter angepassten – bestimmten Betrag überschreitet, ist eine externe Evaluation verpflichtend, welche Ergebnis- und Prozessevaluation vorsieht. Projektdurchführende, die eine Fördersumme unter dieser Grenze beantragen, können zwischen Selbstevaluation und externer Evaluation wählen.[4]

In der Vergangenheit standen, sowohl beim FGÖ als auch bei anderen Fördergebern, Evaluationen von Einzelmaßnahmen im Vordergrund, wobei die Evaluationen bezüglich der Qualität und der Einhaltung von Evaluationsstandards große Heterogenität aufwiesen. Insbesondere bei Selbstevaluationen waren mangelnde oder Nicht-Kenntnis von Evaluationsstandards resultierend in „schwachen" Evaluationsdesigns ohne theoretisches Modell, ohne Formulierung messbarer Ziele und/oder Verwendung fragwürdiger Indikatoren, Kennzahlen und Messinstrumente, festzustellen. Seltener gab es Evaluationen entlang von Wirkungsketten, Evaluationen der Nachhaltigkeit oder Evaluationen im Sinne einer wissenschaftlich fundierten Entwicklung eines komplexen Programmes auf Basis eines systematischen, transparenten und datengestützten Lernprozesses. Diese Evaluationen werden ebenso wie ökonomische Evaluationen von Präventions- und Gesundheitsförderungsmaßnahmen vornehmlich im Rahmen externer Evaluationen von Universitäts- und Forschungsinstituten durchgeführt.

Analog zur Qualität der Evaluationen ist auch das Bild der Evaluierenden heterogen. Neben den Projektdurchführenden selbst führen die GÖG, Universitäts- und Forschungsinstitute, Unternehmensberatungen, selbständig tätige Arbeits- und Organisationspsycholog/inn/en, Sozialwissenschaftler/innen, Sportwissenschaftler/innen, Absolvent/inn/en von Public Health Lehrgängen, etc. Evaluationen durch.

Um die Qualität der Projekte und deren Evaluationen weiterzuentwickeln und systematisches, projektübergreifendes Lernen aus den Projektevaluationen zu ermöglichen, wurden seitens des FGÖ umfangreiche Maßnahmen ergriffen: Beginnend mit 2013 setzt der FGÖ eine *„Formative Programmevaluation"* um (vgl. Fonds Gesundes Österreich, 2013; Waldherr, Rohrauer-Näf, Simek, Braunegger-Kallinger & Peinhaupt, 2012, 2013), die einem systemischen Ansatz folgt und deren Ziel die Weiter-

---

4   Vgl. http://info.projektguide.fgoe.org/ (eingesehen am 13.03.2014).

entwicklung der geförderten Projekte und schließlich auch der Gesundheitsförderung in Österreich ist. Im Zuge dessen wurden auch die Kriterien für die Evaluationen der geförderten Projekte überarbeitet. Beginnend mit 2014 wurde die Grenze für eine verpflichtende externe Evaluation auf 60.000 Euro herabgesetzt (in den Jahren davor betrug diese Grenze 72.000 Euro), wobei sich der FGÖ zusätzlich vorbehält, eine externe Evaluation unabhängig von der Förderhöhe zu beauflagen (vgl. Fonds Gesundes Österreich, 2014). Bei externer Evaluation ist eine „systematische, prozessbegleitende Evaluation vorzusehen", die sowohl auf Strukturen und Prozesse der Implementierung als auch auf Wirkungen fokussiert.[5] Seit 2014 sind externe Evaluator/inn/en verpflichtet, den „*FGÖ Evaluationsbogen*" zu beantworten, in dem obligate Evaluationsfragen zu Qualitätskriterien zu den Grundprinzipien der Gesundheitsförderung (z.B. gesundheitliche Chancengerechtigkeit, Zielgruppenorientierung, Partizipation, Nachhaltigkeit), zu Qualitätskriterien der Projektplanung und -umsetzung (z.B. Begründung der Aktivitäten und Methoden) sowie zu Ziel- und Zielgruppenerreichung beantwortet werden müssen. Damit werden zentrale Qualitätsdimensionen vergleichbar zur Evaluation von Kampagnen der BZgA (vgl. Kap. 3.2) berücksichtigt. Im Zuge von Selbstevaluationen sollen diese Fragestellungen im Rahmen der Zwischen- und Endberichte beantwortet werden. Des Weiteren erhalten sowohl externe Evaluator/inn/en als auch Selbstevaluator/inn/en Hilfestellungen und Checklisten zur Evaluation, in denen sie u.a. auch auf die Standards der DeGEval hingewiesen werden. Im Rahmen des FGÖ-Weiterbildungsprogrammes werden Vernetzungstage für Evaluator/inn/en organisiert. Durch diese Maßnahmen soll die Heterogenität der Projektevaluationen verringert werden und der Blick stärker auf Prozesse und Lernen aus Evaluationen gerichtet werden.

Als weiteres Beispiel für diese positiven Entwicklungen sollen die Aktivitäten im Präventionsbereich der Allgemeinen Unfallversicherungsanstalt (AUVA) genannt werden: Auch diesem Auftraggeber ist es ein Anliegen, sowohl die Wirksamkeit seiner Präventionsmaßnahmen zu untersuchen (d.h. ob diese wirken) als auch die dahinterliegenden Wirkmodelle zu explizieren und zu prüfen (d.h. warum diese wirken). Die Evaluationsergebnisse sollen dann als Ausgangspunkt für die Konzeption weiterer (möglicherweise zielgruppenspezifischerer) Interventionen sein. Um diese Ziele zu erreichen und zukünftig alle Präventionsaktivitäten an einem Standard auszurichten, wurde in einem evaluationswissenschaftlichen Projekt eine übergeordnete Evaluationsstrategie entwickelt: Ein integratives Baukastensystem als gemeinsames Meta-Modell für alle Evaluationen ermöglicht eine Vergleichbarkeit der Ergebnisse von Interventionen und letztendlich eine Aussage über komplexe Programme oder Kampagnen (AUVA, 2013).

Die exemplarisch angeführten Maßnahmen seitens des FGÖ und der AUVA sind wichtige Schritte zur weiteren Erhöhung der Qualität von Evaluationen. Ganz allgemein ist in Österreich jedoch eine Professionalisierung im Arbeitsfeld Evaluation notwendig: In vielen Hochschulstudien werden inzwischen zwar Lehrveranstaltungen bzw. Module zu Evaluation in unterschiedlichem Umfang angeboten, ein anerkanntes Aus- oder Weiterbildungsprogramm gibt es in Österreich jedoch bisher nicht.

---

5   Vgl. Fonds Gesundes Österreich (2013). Fact Sheet „Anforderungen an die Evaluation geförderter Projekte" (http://info.projektguide.fgoe.org/fileadmin/redakteure/downloads/hilfestelltungsdownloads/Evaluation_2014/Factsheet_Evaluation.pdf; eingesehen am 13.03.2014).

Zusammenfassend kann für Evaluationen von Gesundheitsförderungs- und Präventionsmaßnahmen in Österreich festgehalten werden, dass seitens der Autor/inn/en einerseits an vielen Stellen ein Handlungsbedarf gesehen wird. Andererseits wurde der Wert von Evaluationen seitens der Politik in den letzten Jahren vermehrt erkannt und es wurden Maßnahmen gesetzt, um einen verbesserten Rahmen hierfür zu schaffen (wie z.B. sichtbar im Gesundheitsreformgesetz, 2013). Zentrale Auftraggeber/innen von Evaluationen (z.B. AUVA) und Fördergeber/innen (z.B. FGÖ) arbeiten kontinuierlich an der Weiterentwicklung ihrer Qualitätsstandards für Evaluationen.

In Zukunft sollen in Österreich auch Gesundheitsfolgenabschätzungen (GFA) etabliert werden. Das Etablierungskonzept sieht die Erprobung in Form von Pilotprojekten inklusive Evaluation vor. Eine erste *„Pilot-GFA zum verpflichtenden Kindergartenjahr"* wurde im Auftrag des Gesundheitsministeriums, des HSV und des Landes Steiermark vom ÖBIG durchgeführt (Haas, Gruber, Kerschbaum, Knaller, Sax & Türscherl, 2012) und durch eine Prozessevaluation begleitet (Grillich & Griebler, 2012).

5. Ausblick

Welche Konsequenzen ergeben sich aus den identifizierten Schwachstellen bei Evaluationen von Gesundheitsförderungs- und Präventionsmaßnahmen in beiden Ländern?

Folgende Möglichkeiten der weiteren Entwicklung werden gesehen:
* *Möglichkeiten zum Umgang mit komplexen Interventionen:*
  Die Komplexität und Dynamik von Interventionen in der Gesundheitsförderung und Prävention erfordert gegenstandsadäquate Methoden und daher von der Evaluation Flexibilität sowie Triangulation von Methoden, Perspektiven und Zeitpunkten, um wesentliche Beiträge für die Weiterentwicklung von Interventionen zu liefern. Konkrete Beispiele aus Deutschland und Österreich sowie eine ausführlichere Diskussion zur Evaluation komplexer Interventionsprogramme in der Prävention/Gesundheitsförderung sind beispielsweise in der gleichnamigen Publikation des Robert Koch-Instituts (RKI) und des Bayerischen Landesamtes für Gesundheit und Lebensmittelsicherheit (2012) zu finden.
* *Möglichkeiten zur Wirkungsevaluation:*
  Eine Lösungsmöglichkeit sind systemische Ansätze und die Fokussierung von Wirkungsevaluationen auf die Schlüsselelemente einer komplexen Intervention, um ein tieferes Verständnis von komplexen Wirkungszusammenhängen zu erlangen (vgl. Waldherr, Rohrauer-Näf, Simek, Braunegger-Kallinger & Peinhaupt, 2012). Das bedeutet, sich bei Wirkmodellen konkrete Wirkungsmechanismen genauer anzusehen, und auch der Frage nach zu gehen, warum eine Intervention nicht für alle Personen/-gruppen bzw. allen Kontexten (gleichermaßen) wirksam bzw. geeignet ist. Dieses Phänomen findet man sehr häufig bei der Evaluation von Gesundheitsförderungs- und Präventionsmaßnahmen, insbesondere wenn sie in sehr vielen verschiedenen Kontexten von verschiedenen Akteur/inn/en umgesetzt werden. Denn es unterscheiden sich nicht nur Personen hinsichtlich verschiedener Persönlichkeitscharakteristika, sondern auch die Kontexte, in denen sie sich bewegen und in denen eine Intervention umgesetzt wird. Diesen Umständen gerecht zu werden,

versuchen Ansätze wie z.B. jener der *realistic evaluation* (Pawson & Tilley, 1997, die untersuchen, was für wen unter welchen Bedingungen wirkt), oder das bereits angesprochene „Prozessorientierte Wirkungsmonitoring" (s. dazu z.B. Schmitt, 2013).

- *Möglichkeiten zur Vermeidung von „Typ-III-Fehlern":*
  Des Weiteren sollten vermehrt auch Informationen über die tatsächliche Implementation der Programme gesammelt werden (d.h. Umsetzungsgenauigkeit bzw. -treue), um den sogenannten *„Typ-III-Fehler"* zu reduzieren (vgl. Century et al. 2010): Man nimmt aufgrund ausbleibender Effekte an, dass ein Programm/ eine Maßnahme keine Wirkung zeigt. Dieser ausbleibende Effekt kommt jedoch dadurch zustande, dass das Programm nicht so umgesetzt wurde, wie es intendiert war. Besonders anfällig für Typ-III-Fehler sind komplexe Programme und/oder Programme mit vielen Multiplikationsebenen – wie sie eben im Bereich der Prävention/Gesundheitsförderung vorliegen. Implementationsforschung und Evaluationen der Viabilität[6] von Interventionen (vgl. Chen, 2010) können zur Entwicklung von unter realen Lebensbedingungen praktikablen Interventionen beitragen.

Betrachtet man die Gemeinsamkeiten der dargestellten Situationen in Deutschland und Österreich, wird deutlich, dass man in beiden Ländern in ähnlicher Art und Weise versucht, Lösungen für die Bewältigung der komplexen Herausforderungen im Präventionsbereich und in der Gesundheitsförderung zu finden: Zum einen durch die Etablierung zentraler Organisationen (wie die im Beitrag genannten BZgA und FGÖ), die bestimmte Qualitätsstandards für Evaluationen festlegen. Zum anderen wird ersichtlich, dass in beiden Ländern die Notwendigkeit gesehen wird, dass die Entwicklung von Interventionen im Präventionsbereich und in der Gesundheitsförderung stärker theoretisch fundiert und mehr mit Evaluationen verzahnt wird. Partizipative, nutzenorientierte, prozessorientierte systemische Evaluationsansätze und das Prinzip *„Lernen aus Evaluationen"* müssen einen höheren Stellenwert erhalten (vgl. Patton, 2008). Dies setzt jedoch entsprechende Ausgangsbedingungen voraus, wie z.B. rechtzeitige Einbindung der Evaluation, klare Zielsetzung und Kohärenz zwischen Zielen und gesetzten Maßnahmen bzw. theoretische Fundierung der Maßnahmen, ausreichend finanzielle Mittel auch für anspruchsvollere Evaluationsdesigns (sowohl für Ergebnis- als auch Prozessevaluationen).

Dafür ist die Etablierung einer entsprechenden Haltung erforderlich: Auftraggebende und relevante Stakeholder in Politik und Verbänden müssen dafür sensibilisiert werden, dass Evaluation nicht nur der Kontrolle und Legitimation dienlich ist, sondern auch dem Erkenntnisgewinn und der (Weiter-)Entwicklung von Programmen und Maßnahmen (vgl. Stockmann, 2006, S. 66). Dies erfordert eine enge Kooperation mit den Akteuren/Akteurinnen im Feld und an Universitäten/Hochschulen sowie ein ausreichendes Evaluationsbudget. Aktuelle Entwicklungen in der Evaluationsliteratur, die Evaluation als Möglichkeit zum Lernen und zur Weiterentwicklung in den Mittelpunkt stellen – wie z.B. die *Developmental Evaluation* (Patton, 2010), partizipative Qualitätsentwicklung (vgl. Wright, 2010) oder Evaluation der Viabilität von Interventi-

---

6   Hierbei wird erfasst, ob die Beteiligten die Intervention als hilfreich und geeignet betrachten, ob diese (finanziell) tragbar und auch in der Umsetzung praktikabel ist.

onen (vgl. Chen, 2010) – können helfen, diesen Haltungs- und Paradigmenwechsel zu unterstützen.

Literatur

Abroms, L. C. & Maibach, E. W. (2008). The effectiveness of mass communication to change public behavior. *Annual Review of Public Health, 29*, 219–34.

AUVA – Allgemeine Unfallversicherungsanstalt (Hrsg.). (2013). *Report 63. Darstellung des integrativen Baukastensystems für Evaluationen im Präventionsbereich der AUVA.* Verfügbar unter: https://www.sozialversicherung.at/mediaDB/1018762_R63.pdf [25.02.2014].

Bundeszentrale für gesundheitliche Aufklärung (2003). *Zielorientierte Kampagnenplanung der BZgA.* Internes Arbeitspapier. Köln: Bundeszentrale für gesundheitliche Aufklärung.

Bundeszentrale für gesundheitliche Aufklärung (2012). *Die Drogenaffinität Jugendlicher in der Bundesrepublik Deutschland 2011. Der Konsum von Alkohol, Tabak und illegalen Drogen: Aktuelle Verbreitung und Trends.* Köln: Bundeszentrale für gesundheitliche Aufklärung.

Bundeszentrale für gesundheitliche Aufklärung (2013). *AIDS im öffentlichen Bewusstsein der Bundesrepublik Deutschland 2012.* Kurzbericht. Köln: Bundeszentrale für gesundheitliche Aufklärung.

Bundeszentrale für gesundheitliche Aufklärung (2014a, in Vorbereitung). *Ergebnisbericht zum Alkoholsurvey 2012* (vorläufiger Arbeitstitel). Köln: Bundeszentrale für gesundheitliche Aufklärung.

Bundeszentrale für gesundheitliche Aufklärung (2014b). *Glücksspielverhalten und Glücksspielsucht in Deutschland 2013.* Köln: Bundeszentrale für gesundheitliche Aufklärung.

Century, J., Rudnick, M. & Freeman, C. (2010). A framework for measuring fidelity of implementation: A foundation for shared language and accumulation of knowledge. *American Journal of Evaluation, 31(2)*, 199–218.

Chen, H. T. (2010). The bottom-up approach to integrative validity: A new perspective for program evaluation. *Evaluation and Program Planning, 33*, 205–214.

Donabedian, A. (1980). *The definition of quality and approaches to its assessment. Explorations in quality assessment and monitoring. Volume 1.* Ann Arbor, MI: Health Administration Press.

Fonds Gesundes Österreich (2013). *Arbeitsprogramm 2013.* Wien: Gesundheit Österreich GmbH.

Fonds Gesundes Österreich (2014). *Leitfaden zur Projektförderung des Fonds Gesundes Österreich.* Wien: Gesundheit Österreich GmbH.

Grillich, L. & Griebler, U. (2012). *Prozessevaluation zum Pilotprojekt „Gesundheitsfolgenabschätzung des verpflichtenden Kindergartenjahres".* Donauuniversität Krems: Department für Evidenzbasierte Medizin und Klinische Epidemiologie.

Grillich, L., Kien, C. & Gartlehner, G. (to be submitted). *Effect of a school-based health promotion program on children in primary schools: A cluster randomized controlled trial.*

Haas, S., Gruber, G., Kerschbaum, H., Knaller, C., Sax, G. & Türscherl, E. (2012). *Gesundheitsfolgenabschätzung zum verpflichtenden Kindergartenjahr. Wissenschaftlicher Ergebnisbericht 2012.* Wien: Österreichisches Bundesinstitut für Gesundheitswesen.

Haß, W. & Töppich, J. (2014). Evaluation und Evidenz in der Prävention. In Bundesärztekammer (Hrsg.), *Report Versorgungsforschung: Prävention – Wirksamkeit und Stellenwert in der Gesundheitsversorgung,* Band 9. Deutscher Ärzteverlag.

Koch, U., Kawski, S. & Töppich, J. (2001). Entwicklung eines Qualitätssicherungskonzepts in der Prävention. In Bundeszentrale für gesundheitliche Aufklärung (Hrsg.), *Qualitätsmanagement in Gesundheitsförderung und Prävention. Grundzüge, Methoden und Anforderungen. Reihe Forschung und Praxis der Gesundheitsförderung, Band 15* (S. 87–95). Köln: Bundeszentrale für gesundheitliche Aufklärung.

Kuhn, J. (2014). Prävention – mehr als Früherkennung. In Kassenärztliche Vereinigung Bayern (Hrsg.), *KVB FORUM 1-2/2014.* S. 8–13. Verfügbar unter: http://www.kvb.de/fileadmin/kvb/dokumente/Presse/Publikation/KVB-FORUM/FORUM-2014-01-02/FORUM/KVB-FORUM-1-2-2014-Titelthema-Praevention-mehr-als-Frueherkennung.pdf [25.03.2014].

McGuire, W. J. (1989). Theoretical Foundations of Campaigns. In R. E. Rice & C. K. Atkin (Eds.), *Public Communication Campaigns* (pp. 43–65). Newbury Park, CA: Sage Publications.

Mühlhauser, I., Lenz, M. & Meyer, G. (2012). Entwicklung, Bewertung und Synthese von komplexen Interventionen – eine methodische Herausforderung. In Robert-Koch-Institut, Bayerisches Landesamt für Gesundheit und Lebensmittelsicherheit (Hrsg.), *Evaluation komplexer Interventionsprogramme in der Prävention: Lernende Systeme, lehrreiche Systeme? Beiträge zur Gesundheitsberichterstattung des Bundes* (S. 43–55). Berlin: RKI.

Noar, S. M., Palmgreen, P., Chabot, M., Dobransky, N. & Zimmerman, R. S. (2009). A 10-Year Systematic Review of HIV/AIDS Mass Communication Campaigns: Have We Made Progress? *Journal of Health Communication, 14(1),* 15–42.

OECD (2013). *Health at a Glance 2013.* Paris: Organisation for Economic Co-operation and Development, 2013. Verfügbar unter: http://www.oecd-ilibrary.org/social-issues-migration-health/health-at-a-glance-2013_health_glance-2013-en [25.02.2014].

Pawson, R. & Tilley, N. (1997). *Realistic Evaluation.* London: Sage Publications Ltd.

Patton, M. (2008). *Utilization-Focused Evaluation* (4. edition). Thousand Oaks: SAGE Publications.

Patton, M. Q. (2010). *Developmental Evaluation. Applying Complexity Concepts to Enhance Innovation and Use.* New York, NY: Guilford Press.

Riedler, K. (2013). Aktuelle Herausforderungen der ambulanten Versorgung in Österreich. *Zeitschrift für Gesundheitspolitik, 1/2013,* 33–58.

Robert Koch-Institut, Bayerisches Landesamt für Gesundheit und Lebensmittelsicherheit (Hrsg.) (2012). *Evaluation komplexer Interventionsprogramme in der Prävention: Lernende Systeme, lehrreiche Systeme? Beiträge zur Gesundheitsberichterstattung des Bundes.* Berlin: RKI.

Rosenbrock, R. (1995). Public Health als soziale Innovation. *Das Gesundheitswesen, 57(3),* 140–144.

Schmitt, B. (2013). Evaluation der Gemeinsamen Deutschen Arbeitsschutzstrategie. In Robert Koch-Institut, Bayerisches Landesamt für Gesundheit und Lebensmittelsicherheit (Hrsg.), *Evaluation komplexer Interventionsprogramme in der Prävention: Lernende Systeme, lehrreiche Systeme? Beiträge zur Gesundheitsberichterstattung des Bundes* (S. 107–114). Berlin: RKI.

Sharpe, H., Schober, I., Treasure, J. & Schmidt, U. (2013). Feasibility, acceptability and efficacy of a school-based prevention programme for eating disorders: Cluster randomized controlled trial. *British Journal of Psychiatry, 203(6),* 428–435.

Singhal A. & Rogers, E. (1999). *Entertainment Education. A Communication Strategy for Social Change.* Mahwah, New Jersey, London: LEA Publishers.

Stamm R., Schmitt, B., Lenhardt, U. & Pernack, E. F. (2013). Evaluation: Was bringt die Gemeinsame Deutsche Arbeitsschutzstrategie. *Prävention 36(2)*, 55–58.

Stockmann, R. (2006). *Evaluation und Qualitätsentwicklung. Eine Grundlage für wirkungsorientiertes Qualitätsmanagement.* Münster: Waxmann.

Stockmann, R., Meyer, W. & Schenke, H. (2011). Unabhängigkeit von Evaluationen. *Zeitschrift für Evaluation, 10*, 39–67.

Töppich, J. (2008). Die Nutzung von Gesundheitsdaten in der Prävention und Gesundheitsförderung der Bundeszentrale für gesundheitliche Aufklärung (BZgA). In Statistisches Bundesamt (Hrsg.), *Statistik und Wirtschaft. Band 9* (S. 96–103). Wiesbaden: Statistisches Bundesamt.

Van Dongen, J., Strijk, J., Proper, K., Van Wier, M., Van Mechelen, W., Van Tulder, M. & van der Beek, A. J. (2013). A cost-effectiveness and return-on-investment analysis of a worksite vitality intervention among older hospital workers: Results of a randomized controlled trial. *Journal of Occupational and Environmental Medicine, 55(3)*, 337–46.

von Rüden, U. (2014). HIV und Safer Sex. Konzept, Strategie und wissenschaftliche Grundlagen der HIV/AIDS-Prävention der BZgA. In Bundesärztekammer (Hrsg.), *Report Versorgungsforschung: Prävention – Wirksamkeit und Stellenwert in der Gesundheitsversorgung*, Band 9. Deutscher Ärzteverlag.

Waldherr, K., Rohrauer-Näf, G., Simek, M., Braunegger-Kallinger, G. & Peinhaupt, C. (2013). Formative Evaluation der Fördertätigkeit des Fonds Gesundes Österreich. Ein systemischer Ansatz zur Evaluation eines komplexen Programms. *Prävention, 36(1)*, 6–9.

Waldherr, K., Rohrauer-Näf, G., Simek, M., Braunegger-Kallinger, G. & Peinhaupt, C. (2012). Evaluation der Fördertätigkeit des Fonds Gesundes Österreich. In Robert Koch-Institut, Bayerisches Landesamt für Gesundheit und Lebensmittelsicherheit (Hrsg.), *Evaluation komplexer Interventionsprogramme in der Prävention: Lernende Systeme, lehrreiche Systeme? Beiträge zur Gesundheitsberichterstattung des Bundes* (S. 135–144). Berlin: RKI.

WHO – World Health Organization (1986; 17–21. November). *Ottawa charter for health promotion: an International Conference on Health Promotion, the move towards a new public health.* Ottawa, Geneva, Canada: World Health Organization.

Wright, M. (Hrsg.). (2010). *Partizipative Qualitätsentwicklung in der Gesundheitsförderung und Prävention.* Bern: Verlag Hans Huber.

Edith Halves, Marianne Lück-Filsinger, Stefan Schmidt

Evaluation in der Sozialen Arbeit: Entwicklungen und Herausforderungen aus der Perspektive des Facharbeitskreises „Soziale Dienstleistungen der DeGEVAL"

1. Einleitung

„Die Soziale Arbeit ist ein komplexer wie unübersichtlicher Gegenstand", so beschreibt Werner Thole (2002) das Handlungsfeld, dem sich der AK Soziale Dienstleistung zuordnet (ebda. S. 19). Er konstatiert weiter, dass es bereits an einem „einheitlichen, von allen akzeptierten Begriff fehlt" (ebda.) und dass „die Geschichte der Sozialen Arbeit von der Expansion und Ausdifferenzierung sozialpädagogischer Aufgaben und Arbeitsfelder geprägt ist" (ebda. S. 23).

Aufgrund dieser doch sehr offenen Gegenstandbestimmung kann der folgende Beitrag nur den Versuch darstellen, die Chancen und Herausforderungen für den AK Soziale Dienstleistungen in der DeGEval Gesellschaft für Evaluation zu beschreiben.

Ausgangspunkt unserer Überlegungen ist ein kurzer Abriss über die Entwicklung der Evaluation im Handlungsfeld Soziale Arbeit in der Bundesrepublik Deutschland (Kap. 2) und die Darstellung ihrer fachlichen Besonderheit und Arbeitsweise (vgl. Kap. 3). Das Kapitel 4 widmet sich Chancen und Herausforderungen, die sich daraus für die Arbeit des AK ergeben.

2. Entwicklung der Evaluation in der Sozialen Arbeit

Innerhalb der Profession Soziale Arbeit war Evaluation lange nur als Selbstevaluation denkbar (vgl. Heiner, 1996; König. 2000). Erst mit Merchel (2010) ist aus der Profession heraus eine Auseinandersetzung mit Evaluation in ihrer gesamten Bandbreite geleistet worden. Eine ganze Reihe von weiteren Einflüssen, die Entwicklung des Diskurses über Evaluation in der Bundesrepublik Deutschland nachhaltig gekennzeichnet:[1]

- die „Übersetzung" der US- amerikanischen Diskussion zur Evaluation und der Standards für Evaluation des „Joint Committee on Standards for Educational Evalu-

---

[1] Diese Aufzählung erhebt keinen Anspruch auf Vollständigkeit.

ation" in den deutschsprachigen Raum (vgl. Joint Committee on Standards for Educational Evaluation & Sanders, 2006);

- Publikationen über Bundesprojekte wie z.B. „Strategien und Konzepte externer Evaluationen in der Kinder- und Jugendhilfe (eXe)" und deren Auftragnehmer – in diesem Fall das Deutsche Jugend Institut (vgl. DJI Bulletin 72/2005);
- sowie die Evaluationsnotwendigkeit der durch den Europäischen Sozialfonds-gestützten Programme zur Beschäftigungsförderung in der Periode von ca. 2002–2007 (vgl. EQUAL Programmevaluierung, 2008);
- die Übernahme des Qualitätsdiskurses in der Sozialen Arbeit und der damit verbundenen Notwendigkeit, Qualität nachvollziehbar zu dokumentieren (vgl. Spiegel, 2006);
- und nicht zuletzt die Diskussion um den Nachweis von Wirkungen, von Effektivität und Effizienz, sowohl als Ergebnis als auch im Prozess der Leistungserbringung im Zuge des Umbaus des Sozialstaates (vgl. Haubrich, 2009)

Nimmt man die Entwicklung im gesamten deutschsprachigen Raum hinzu, kann eine weitere Ausdifferenzierung festgestellt werden. (vgl. Haubrich, Loidl-Keil & Drilling, 2009).

3. Besondere Fachlichkeit der Evaluation in der Sozialen Arbeit

Bis in die 1990er Jahre hinein wurde Evaluation in der Bundesrepublik Deutschland als „Begleitforschung" (z.B. zu Modellvorhaben im Bereich der Psychiatrie oder der Kinder- und Jugendhilfe) angelegt. Begleitforschung ist stärker an sozialwissenschaftlichen Forschungsstandards orientiert. Im Gegensatz dazu ist Evaluation eher dem Paradigma der Bewertung und Empfehlung als dem Zweck einer Erhebung verpflichtet, wobei die Grenzen in der Forschungspraxis eher fließend als trennscharf verlaufen Evaluation erfordert daher konzeptionelle und theoretische Auseinandersetzung mit den Themen Forschung und Evaluation (vgl. Haubrich, 2009). Denn zum einen sollen die im Rahmen von Evaluation notwendigen Erhebungen den Standards sozialwissenschaftlicher Forschung verpflichtet sein, zum anderen ist der Prozess darüber hinaus beispielsweise durch (mehrmalige) Feedbackverfahren und Fragen des Prozessnutzens für die unterschiedlichen beteiligten Stakeholder gekennzeichnet (vgl. Beywl, Speer & Kehr, 2004). Damit steht Evaluation immer im Spannungsfeld zwischen systematischem wissenschaftlichen Arbeiten und dem diskursiven Austausch mit den Stakeholdern.

Bundesweite Evaluationen werden heute vorrangig an „Modellvorhaben" zu aktuellen und sozialpolitisch brisanten Themen vergeben. Sie sind weniger an grundlegenden fachlichen Fragestellungen, wie z.B. Fragen der Professionalisierung der Sozialen Arbeit durch Evaluation oder gar der Entwicklung von Evaluationskonzepten orientiert. So konnte sich im „Sozialen" kaum eine eigenständige Evaluationstradition etablieren (vgl. Heiner, 1988; Thole, 2009).

Dabei sehen sich sowohl die eher am „Forschungsparadigma" als auch die eher am „Entwicklungsparadigma" Evaluierenden (vgl. Kromrey, 2001) vor die Notwendigkeit gestellt, sich mit der „Ko-Produktion" sowohl in den konkreten Projekten, Maßnahmen, Initiativen, als auch in den Evaluationen über diese „Programme" auseinandersetzen zu müssen. Der Begriff „Ko-Produktion" ist in der Theorie sozialer, personenbezogener Dienstleistungen eingeführt worden. Er soll auf die Tatsache hinweisen, dass Problemstellungen (in der Sozialen Arbeit) nur in Kooperation mit den Klient/innen/en bzw. Nutzer/innen bearbeitbar sind (vgl. Bauer, 2001). In diesem Zusammenhang wird z.B. „die Kinder- und Jugendhilfe als Gemeinschaftsanstrengung sozialer und wirtschaftlicher Infrastrukturpolitik" und das Jugendamt als „Akteur für soziale Gestaltungs- und Partizipationsprozesse in einem definierten Sozialraum der Gebietskörperschaft" (Brocke, 2002, S. 1) herausgestellt. So verstanden soll die Kinder- und Jugendhilfe dazu beitragen, dass die Bedingungen, unter denen Kinder und Jugendliche und deren Familien aufwachsen, deren Handlungs- und Gestaltungsmöglichkeiten in „sozialen Erneuerungsprozessen" berücksichtigt werden. In Anlehnung an diese Begriffsbestimmung wird „Ko-Produktion" als „Gemeinschaftsleistung" der verschiedenen Akteure verstanden. Überlegungen, ob und wenn ja, welche Folgen diese „Gemeinschaftsleistung" für das Evaluationsdesign hat, wäre weiterer Überlegungen wert.

Diese Bedingungen für Evaluation gelten für alle vier unterscheidbaren Praxisfelder in der Sozialen Arbeit:

- die Kinder-, Jugend- und Familienhilfe,
- die Altenhilfe,
- die sozialpädagogischen Angebote im Gesundheitssystem (bspw. Sozialpsychiatrische Dienste, Werkstätten für behinderte Menschen, Kurhäuser) und
- das Praxisfeld der erwachsenenbezogenen Sozialen Hilfen (bspw. Schuldnerberatung, Resozialisierungsmaßnahmen, Unterkünfte für Obdachlose) (vgl. Thole, 2002).

Augenfällig ist, dass der Bereich Kinder- und Jugendhilfe der Hauptarbeitsbereich der Evaluation in der Sozialen Arbeit ist.

Evaluationen in der Sozialen Arbeit ebenso wie die Evaluation über Arbeitsfelder der Sozialen Arbeit sind schwer standardisierbar. Vielmehr erscheint es so, dass „wirksame Lösungen einer erfolgreichen Sozialen Arbeit sich im Kontext der jeweils vorliegenden, konkreten Situationen und Problematiken realisieren. Ihre Übertragbarkeit ist unsicher, weil sich die als wirksam erwiesenen Praxen immer auf eine konkrete Fallproblematik beziehen. Erfolgreiche Soziale Arbeit ist weder programmierbar noch technologisch zu operationalisieren. Eine Garantie für ein erfolgreiches, nachhaltig wirkendes Handeln können wissensbasierte Programme ebenso wenig liefern wie andere standardisierte sicheres Agieren versprechende Modelle sozialpädagogischen Handelns. Standardisierte Handlungsmodelle sind nicht geeignet, die Unsicherheiten professionellen, und sozialpädagogischer Handelns zu beseitigen." (Thole, 2009, 10).[2] Gleichzeitig weist Thole (2009) darauf hin, dass es Maßstäbe zur Beurteilung von Eva-

---

2 Über die Möglichkeiten der Verwendung standardisierbarer Messverfahren im Bereich der Sozialen Arbeit urteilen viele der im Buch „Outcome in der Jugendhilfe gemessen" (Macsenaere, Hiller & Fischer, 2010) zu Wort kommenden Autoren/innen sicherlich anders. 2006 hat sich der AK Soziale Dienstleistungen und weitere Protagonisten mit diesem Thema bereits einmal ausführlicher beschäftigt. Vielleicht könnte diese Diskussion wieder aufgenommen werden (s. auch unten Ausblick).

luationen geben muss. Aus diesem Dilemma käme die einzelne Evaluation nur heraus, in dem sie ganz deutlich ihre jeweiligen Zwecke, den Geltungsbereich und die Bewertungsperspektive angibt.

Zur Heterogenität des Feldes trägt weiterhin der föderale Aufbau der Bundesrepublik Deutschland und das Subsidiaritätsprinzip bei (vgl. Haubrich, 2009): So können Bundesministerien, Landesbehörden, Kommunen, freie gemeinnützige Träger, private Träger, Fachgesellschaften bzw. -verbände, einzelne Einrichtungen, fachpolitisch tätige Organisationen, Stiftungen, [...] sowohl als Auftraggebende für Projekte, Initiativen, Maßnahmen als auch für Evaluationen tätig sein. Durch das Prinzip der Selbstevaluation können darüber hinaus auch einzelne Professionellen oder spezifische Gruppen (z.B. eine Abteilung in einer Behörde) aktiv werden.

4.　Der AK Soziale Dienstleistungen

Um das weite Feld der Evaluation des Sozialen eingrenzen zu können, konzentriert sich der AK Soziale Dienstleistungen auf den Aspekt der Leistungserbringung und weniger auf Fragen nach den Organisationsprinzipien bzw. der Professionalisierung der Sozialen Arbeit. Diese Themen geraten nur in den Fokus der Evaluation, wenn sie Folgen für die Leistungserbringung zeitigen.

Der AK ist offen für die Bearbeitung von Themen, die sich durch den spezifischen Evaluationsgegenstand der Leistungserbringung im sozialen Bereich ergeben. Diese ist durch vier Charakteristika gekennzeichnet:
- Beteiligung unterschiedlicher Stakeholder in Maßnahmen und Programmen;
- Berücksichtigung der Nutzer/innenperspektive als Teil der Wirkmechanismen im Sozialen;
- Selbstevaluation als eingeführter (Reflexions-)Praxis im Sozialen;
- Schnittstellen zwischen dem Sozialen und pädagogischen, juristischen, finanz- oder gesundheitspolitischen Themenfeldern in der Evaluation (vgl. AK Soziale Dienstleistungen 2013).

Der AK arbeitet folgerichtig transdisziplinär und ist offen für den Austausch mit anderen Arbeitskreisen der DeGEval und Fachgesellschaften, wie z.B. der Deutschen Gesellschaft für Erziehungswissenschaft oder Deutschen Gesellschaft für Soziale Arbeit, in denen Evaluation der sozialen Arbeitsfelder bzw. der Profession ebenfalls Gegenstand wissenschaftlicher Diskurse ist (vgl. AK Soziale Dienstleistungen 2013).

Eine neue Qualität innerhalb der AK Arbeit wurde Ende 2012 durch die Durchführung einer Mitgliederbefragung erreicht. Von den rund 250 im Verteiler des AK geführten Personen haben 60 geantwortet. Die Hälfte der Befragten sind persönliche Mitglieder in der DeGEval, neben 24 Vertreter/innen aus Institutionen haben auch acht Nicht-DeGEval-Mitglieder/innen geantwortet. Als hauptsächlich in Evaluationen bearbeitete thematische Felder werden vorrangig die Kinder- und Jugendhilfe sowie die Arbeitsmarktpolitik genannt (n = 56; Mehrfachnennungen möglich). Die Befragung sollte dem Zweck dienen, zentrale Merkmale der Interessenten/innen zu beschreiben, Erwartungen der Mitglieder zu kennen und nicht zuletzt Aktivitätspotentiale aus zu loten. Zu Letzterem kann gesagt werden, dass sich 24 Antwortenden über Tagungsbeiträge aktiv einbringen und ansonsten die Seiten des AKs im Internet als Informationsquelle nutzen wollen. Aufgrund hoher beruflicher Belastungen (nicht zuletzt durch den starken zeitlichen Druck bei Evaluationsaufträgen bzw. privatwirtschaftlicher Orientierung) sieht sich die Mehrzahl der Antwortenden nicht in der Lage, sich im AK Soziale Dienstleistungen weitergehend zu engagieren.[3]

## 5.	Ausblick

Trotz dieses ernüchternen Befundes ist eine sinnvolle Bearbeitung zahlreicher Themen in Kooperation mit zahlreichen Fachgesellschaften, wie z.B. der Deutschen Gesellschaft für Erziehungswissenschaft, der Deutschen Gesellschaft für Soziale Arbeit oder der Deutschen Gesellschaft für Gerontologie und Geriatrie, denkbar. Es könnte über den Stellenwert der Standards für Evaluation (vgl. DeGEval, 2011) im Spannungsfeld zwischen Qualitätsentwicklungsinstrument und „faktischem Beiwerk" in Evaluationen debattiert werden. Und nicht zuletzt könnte die Entwicklung einer „Evaluationstheorie im Sozialen" (vgl. Haubrich, 2009) zumindest diskursiv begonnen werden.

Literatur

AK Soziale Dienstleistungen (2013): *Mission Statement des AK Soziale Dienstleistungen der Gesellschaft für Evaluation (DeGEval e.V.)*. Verfügbar unter: http://www.degeval.de/arbeitskreise/soziale-dienstleistungen/ [22.02.2014].

Bauer, Rudolph (2001): *Personenbezogene Soziale Dienstleistungen. Begriff, Qualität und Zukunft*. Wiesbaden: Westdeutscher Verlag.

Beywl, W., Speer, S. & Kehr, J. (2004): *Wirkungsorientierte Evaluation im Rahmen der Armuts- und Reichtumsberichterstattung*. Verfügbar unter: http://www.univation.org/download/Evaluation_der_Armuts-_und_Reichtumsberichterstattung.pdf [22.02.2014].

Brocke, H. (2002). *Soziale Arbeit als Koproduktion*. Journal der Regiestelle E & C, Nr. 7. Verfügbar unter: http://www.eundc.de [13.01.2014].

DeGEval (2011): *Vorwort zur 4. Auflage der Standards*. Verfügbar unter: http://www.degeval.de/degeval-standards/standards [22.02.2014].

DJI Bulletin 72 PLUS (2005): *Evaluation – einige Sortierungen zu einem schillernden Begriff*. Verfügbar unter: http://www.dji.de/bulletins [22.02.2014].

EQUAL Programmevaluierung (2008): *Evaluierung der GI EQUAL für den Zeitraum 2002–2008 – Abschlussbericht der EQUAL-Programmevaluation: Analyse, Würdigung und Bewertung des Gesamtprogramms*. Verfügbar unter: http://ec.europa.eu/employment_social/equal_consolidated/data/document/DE-Final evaluation report.pdf [22.02.2014].

Haubrich, K. (2009): *Evaluation in der Sozialen Arbeit in Deutschland. Entwicklungslinien und Besonderheiten der Evaluationsdebatte am Beispiel der Kinder-, Jugend- und Familienhilfe*. In: Widmer, T., Beywl. W. & Fabian, C. (Hrsg.) (2009): Evaluation – ein systematisches Handbuch. Wiesbaden: VS, Verlag für Sozialwissenschaften.

3	Die Gesamterhebung ist auf den Seiten des AKs eingestellt > siehe www.degeval.de/arbeitskreise/soziale-dienstleistungen/aktuelles.

Haubrich, K., Loidl-Keil, R. & Drilling; M. (2009): *Evaluation in der Sozialen Arbeit im Ländervergleich.* In: Widmer, T., Beywl. W. & Fabian, C. (Hrsg.) (2009): Evaluation – ein systematisches Handbuch. Wiesbaden: VS, Verlag für Sozialwissenschaften.

Heiner, M. (Hrsg.) (1988). *Selbstevaluation in der sozialen Arbeit. Fallbeispiele zur Dokumentation und Reflexion beruflichen Handelns.* Freiburg im Breisgau: Lambertus-Verlag.

Heiner, M. (1996): *Qualitätsentwicklung durch Evaluation.* Freiburg im Breisgau: Lambertus-Verlag.

Joint Committee on Standards for Educational Evaluation & Sanders, J.R. (Hrsg.) (2006): *Handbuch der Evaluationsstandards. Die Standards des „Joint Committee on Standards for Educational Education".* 3., erweiterte und aktualisierte Auflage Opladen: Leske + Budrich.

König., J. (2007): *Einführung in die Selbstevaluation – ein Leitfaden zur Bewertung der Praxis Sozialer Arbeit.* 2., neu überarbeitete Auflage. Freiburg im Breisgau: Lambertus-Verlag.

Kromrey, H.: *Evaluation – ein vielschichtiges Konzept: Begriff und Methodik von Evaluierung und Evaluationsforschung. Empfehlungen für die Praxis.* Sozialwissenschaften und Berufspraxis. 24 Jg. Heft 2/2001. Zugriff: www.bibb.de/dokumente/pdf/a11_vielschichtiges_konzept.pdf [22.02.2014].

Macsenaere, M., Hiller, S. & Fischer, K. (Hrsg.) (2010): *Outcome in der Jugendhilfe gemessen.* Freiburg im Breisgau: Lambertus-Verlag.

Merchel, J. (2010): *Evaluation in der Sozialen Arbeit.* Stuttgart: UTB Verlag.

Spiegel, H. von (2006): *Qualitätsentwicklung in Jugendarbeit und Erziehungshilfe in Deutschland. Ein Versuch aus biographischer Perspektive.* Verfügbar unter: http://www.alt.degeval.de/calimero/tools/proxy.php?id=19591 [22.02.2014].

Thole, W. (Hrsg.) (2002): *Grundriss Soziale Arbeit. Ein einführendes Handbuch.* Opladen: Leske + Budrich.

Thole, W. (2009): *Vom Messen der Effekte hin zur Wirksamkeitsforschung.* Verfügbar unter: http://www.alt.degeval.de/calimero/tools/proxy.php?id=21457 [22.02.2014].

Michael Astor, Iris Fischl, Judith Hoffmann, Gesa Koglin,
Marianne Kulicke, Sonja Sheikh, Jan Wessels, Katy Whitelegg

Evaluation von Forschungs-, Technologie und Innovationspolitik in Deutschland und Österreich – ein Überblick

1. Das Evaluationsfeld

Staatliche Interventionen in Forschung, Technologie und Innovation (FTI) haben eine lange Tradition und bilden heute unbestritten ein eigenständiges Politikfeld. Seit Jahrzehnten finden in diesem Politikfeld auch Verfahren der Evaluation Anwendung, die nach der wissenschaftlichen oder technologischen Qualität und dem Erfolg von FTI-Vorhaben oder entsprechenden Institutionen fragen und unterschiedliche Effekte öffentlich finanzierter Maßnahmen (z.B. realisierte oder erwartete, direkte und indirekte, ökonomische, technologische, soziale, ökologische Effekte usw.) untersuchen.

Im politischen Prozess erfüllen Evaluationen folgende Funktionen: (1) die Legitimation politisch-administrativen Handelns (Nachweis eines adäquaten und effektiven Gebrauchs von Fördermitteln), (2) die Information an die Öffentlichkeit über den Umgang mit und die Verwendung von öffentlichen Geldern, (3) das Lernen von Programmverantwortlichen für ein verbessertes Management und die Feinanpassung politischer Maßnahmen und (4) die Lenkung der strategischen Planung neuer Initiativen auf Basis von Evaluationsergebnissen. Zudem können Evaluationen (5) als intelligentes Medium moderierend zwischen divergierenden und wetteifernden Interessen unterschiedlicher Akteure innerhalb der FTI-Politik wirken.

Der Arbeitskreis FTI-Politik bietet seit September 1998 allen an Evaluation in diesem Politikfeld Interessierten eine Plattform für den Erfahrungsaustausch.

2. Historische Entwicklung der Evaluation in diesem Feld

Die deutsche FTI-Politik setzte in den letzten Jahrzehnten hinsichtlich ihrer Zielsetzungen, der inhaltlichen Schwerpunkte und der bevorzugten Nutzung einzelner Förderinstrumente wiederholt neue Akzente, die Evaluationsfragestellungen und -methoden entscheidend beeinflussten.

Bis Mitte der 1970er Jahre zielte die Innovationspolitik hauptsächlich auf technologische Fragestellungen. Ab 1974 wurden zusätzlich Maßnahmen zur Verbesserung der Arbeitsbedingungen in Betrieben konzipiert, wodurch verstärkt auch sozial- und gesellschaftspolitische Fragestellungen in die Agenda der Forschungsförderung einflossen. Salfer und Furmaniak (1981, S. 237) verweisen darauf, dass in diesem Kontext erstmals versucht wurde, Aspekte der Durchführbarkeit von Evaluationen im Sinne einer Bilanzierung und Wirkungsanalyse „innerhalb eines instabilen Politikfeldes zu benennen und zu systematisieren." Zwei weitere Impulse aus den 1970er Jahren prägen bis heute die Innovationspolitik Deutschlands. So identifizierte die Innovationsforschung kleine und mittlere Unternehmen (KMU) als wichtige Adressaten der FTI-Politik. Um die größenspezifischen Nachteile der KMU bei der Durchführung von Forschung und Entwicklung (FuE) zu kompensieren, wurde ein breit angelegtes Programm mit Zuschüssen für FuE-Personal in KMU aufgelegt und in seinen Wirkungen evaluiert (Gielow, Kuntze & Meyer-Krahmer, 1982). Mit dem Bericht des Club of Rome zu den Grenzen des Wachstums (1972) fanden ferner Umweltthemen Eingang in den forschungspolitischen Diskurs und wurden Teil des Zielsystems der Innovationspolitik.

1984 wurden erstmals die Forschungsrahmenprogramme (FRP) als zentrales Instrument europäischer Forschungs- und Technologiepolitik initiiert, um die wachsende Kluft Europas gegenüber USA und Japan insbesondere im Bereich der Informationstechnologien zu überwinden. Auch wenn die europäischen Forschungsrahmenprogramme ein erhebliches Wachstum ihrer Mittel zu verzeichnen hatten, wird die Technologie- und Innovationspolitik aufgrund der immer noch massiven nationalen Förderung aber weiterhin zumeist auf nationaler Ebene umgesetzt (vgl. Prange 2003, S. 12ff.).

Seit den 1980er Jahren wird die Technologie- und Innovationspolitik Deutschlands durch die dynamischen Entwicklungen der Informations- und Kommunikationstechnik, der Lebenswissenschaften und der Mikro- und Nanotechnologie bestimmt. Die Entwicklung dieser neuen Technologien wird durch eine große Zahl heterogener, kleinerer Akteure getragen, die in selbstorganisierten, multidisziplinären Prozessen arbeiten. Die Einflussnahme staatlicher Politik auf die Entwicklung und Anwendung von Technologien wird damit weit schwieriger, aber nicht obsolet (Dolata 2006, S. 430ff.). Neben breit angelegten KMU-Förderprogrammen entstand im Rahmen der Fachprogramme des Bundesministeriums für Bildung und Forschung (BMBF) eine Vielzahl an Fördermaßnahmen für spezifische Technologiefelder, die in unterschiedlicher Intensität und Regelmäßigkeit durch Evaluationen auf ihre Wirkung untersucht wurden.

Im gleichen Zeitraum bildete sich ein zweiter Fokus der FTI-Politik heraus, die Stärkung von Forschungskooperationen, zunächst durch Verbundprojekte und ab Ende den 1990er Jahren durch Netzwerke und Cluster. Durch die letztgenannten sollen unterschiedliche Akteurstypen in direkte Kooperations- und Kommunikationsstrukturen eingebunden werden, um sich im internationalen Wettbewerb der Regionen strategisch zu positionieren und den Transfer nichtkodifizierten Wissens zwischen den Akteuren zu intensivieren. Wettbewerbe zur Auswahl der besten Konzepte gaben Impulse, durch die Regionen ihre technologischen Profile schärfen und die branchen- und disziplinübergreifende Zusammenarbeit verbessern konnten. Damit wurden neben Forschungseinrichtungen, Hochschulen und Unternehmen auch die Regionen als Zielgruppen der FTI-Politik erkannt und adressiert. Während Programme mit Kooperations- oder Verbundprojekten systematisch evaluiert wurden (z.B. die beiden

BMWi-Programme PRO INNO, INNO-WATT), traf dies für Netzwerke und Cluster lange Zeit nur begrenzt zu.

Die Hightech-Strategie der Bundesregierung von 2006 bündelte nicht nur bereits bestehende Förderprogramme, sondern führte auch zu neuen, querschnittlichen Maßnahmen, die ihrerseits nun systematisch evaluiert wurden (z.B. Forschungsprämie, Validierungsförderung). Mit ihrer Fortschreibung als Hightech-Strategie 2020 erfolgt die Hinwendung zu einer missionsorientierten FTI-Politik. Gesellschaftliche Fragestellungen von hoher Zukunftsrelevanz wie der demographische Wandel oder der Umbau des Energiesystems setzen nicht nur einen Handlungsrahmen, sondern definieren die mittel- und langfristigen Zielsetzungen der Forschungspolitik. Diese Ziele sollen mit einem breiten Instrumentarium an Förderansätzen verfolgt und die entsprechenden Rahmenbedingungen verbessert werden.

In der Zusammenschau ergibt sich ein eng geknüpftes Netz von Fördermaßnahmen der EU, des Bundes und der Länder, mit denen die unterschiedlichen Zielgruppen der FTI-Politik angesprochen sind. Wurden die FTI-Politikmaßnahmen zunächst nur sporadisch und unsystematisch (ex post-) Evaluationen unterzogen, so ist in der letzten Dekade ein Wandel hin zu systematischeren und flächendeckenden Wirkungsanalysen spürbar, die begleitend oder auch gegen Ende der Laufzeit umgesetzt werden.

Eine ähnliche Entwicklung zeigt sich auch in Österreich. In den letzten Jahrzehnten nahm die Anzahl öffentlicher Interventionen durch die FTI-Politik erheblich zu. Auch wenn die „Programmflut" der späten 1990er Jahre ab dem Jahr 2000 etwas abflachte, gab es im Jahr 2009 allein auf Bundesebene noch rund 75 Förderprogramme (Mayer, Fischl, Ruhland & Sheikh, 2009). Dabei weisen die entsprechenden Programme und Förderinstrumente einen zunehmenden Grad an Differenzierung auf und adressieren strukturelle Defizite ebenso wie Markt- und Systemversagen. Diese gestiegene Komplexität rief auf Seiten der Politik ein verstärktes Bedürfnis nach mehr Wissen und Informationen über die Funktions- und Wirkungsweisen der zahlreichen Programme und Initiativen hervor, um die Basis für eine evidenzgesteuerte Politikgestaltung zu schaffen. Dass Evaluationen hier einen wichtigen Beitrag liefern können, ist unter den relevanten Akteuren heute weitgehend anerkannt; sie bilden insofern einen festen Bestandteil des Politikzyklus. Nahezu alle FTI-relevanten Maßnahmen in Österreich werden regelmäßig evaluiert, wobei der Trend zunehmend in Richtung begleitende Evaluationen und Wirkungsanalysen geht.

3. Aktueller Stand

3.1 Welche Evaluationen werden hauptsächlich durchgeführt?

Im Feld der FTI-Politik kommt die ganze Bandbreite von Evaluationstypen zum Einsatz: Neben Abschätzungen über erwartbare Effekte vor dem Start einer Fördermaßnahme (ex ante) und der abschließenden Evaluation zu Programmende (summativ/ex post) finden sich Evaluationen der Startphase einer Maßnahme, Zwischenevaluationen nach einigen Jahren Programmlaufzeit sowie begleitende Evaluationen mit formativem Charakter. Ex post-Evaluationen können dabei sowohl kurz-, mittel- wie auch langfristige Wirkungsanalysen umfassen. Portfolio-Bewertungen ganzer Maßnahmenbündel in einem Themenfeld, eines Fördergebers oder einer Region sind in Deutschland noch relativ selten zu finden, in Österreich gewinnen sie zunehmend an Bedeutung.

Das Projekt INNO-Appraisal (Edler, Cunningham, Gök, Rigby, Amanatidou, Garefi, Buehrer, Daimer, Dinges, Berger, Schmidmayer & Guy, 2010) analysierte die europaweite Verteilung dieser Evaluationstypen im FTI-Bereich im Zeitraum 2002 bis 2007. In Deutschland waren etwa ein Drittel der untersuchten Studien begleitend, etwas mehr als ein Drittel Zwischen- und etwas weniger als ein Drittel ex post Evaluationen. Im Vergleich zu anderen Ländern fiel der hohe Anteil begleitender Evaluationen auf. Ex ante Evaluationen identifizierte diese Studie nicht, gleichwohl ist in den letzten Jahren auch dieser Evaluationstyp allerdings in geringerem Umfang durchgeführt worden.

Gegenstand der Evaluation im Feld der FTI-Politik sind in erster Linie Fördermaßnahmen und die durch sie geförderten Projekte und Fördernehmer. Maßnahmen dieses Politikfeldes besitzen zumeist klar definierte Leitziele oder eine Programmmission, seltener operationalisierbare Programmziele. Sie sind entweder technologieoffen oder technologiespezifisch. Letztere umfassen zumeist nur eine begrenzte Anzahl an Förderprojekten. Selten sind im Politikfeld FTI Programme mit einem experimentellen Förderansatz zu finden.

Ebenso evaluiert werden Institutionen des Innovationssystems, z.B. Netzwerke (Cluster, Forschungsverbünde u.ä.) und Forschungseinrichtungen. Insbesondere Netzwerkansätze der Innovationsförderung und die hierauf zielenden Evaluationen haben in den vergangenen Jahren erheblich zugenommen. Die wichtigsten Ministerien im Politikfeld FTI (s.u.) beauftragen mittlerweile regelmäßig die Evaluation der größeren Fördermaßnahmen, wobei Rhythmus und nachgefragter Evaluationstyp aufgrund der dezentralen Zuständigkeiten in den Ministerien erhebliche Unterschiede aufweisen. Die Anzahl der auf Bundesebene in Deutschland und Österreich vergebenen Evaluationen liegt im Durchschnitt im jeweils niedrigen zweistelligen Bereich.

Umfang, Laufzeit und Komplexität der ausgeschriebenen Evaluationen variieren aufgrund der sehr heterogenen Maßnahmenlandschaft in der FTI-Politik erheblich. Typische Laufzeiten betragen zwischen drei Monaten und zwei Jahren, bei begleitenden Evaluationen (in Österreich deutlicher seltener als in Deutschland) können sie drei Jahre und länger sein. Das Volumen des Evaluationsauftrags überschreitet in der Regel nicht 1 % des Budgets der evaluierten Maßnahme, fällt aber zum Teil erheblich geringer aus und hängt vom Evaluationszweck ab.

Evaluationen in diesem Politikfeld basieren meist sowohl auf quantitativen wie auf qualitativen Ansätzen. Je nach Untersuchungsgegenstand werden Primärdatenerhebungen mit Sekundärauswertungen, Fallstudien und Experteninterviews kombiniert. Die Standardisierung der methodischen Herangehensweise ist aufgrund heterogener Untersuchungsgegenstände und Laufzeiten eher gering ausgeprägt. Zum Einsatz kommen überwiegend bereits erprobte Ansätze, neuere Methoden wie experimentelle Ansätze finden selten Anwendung.

Immer wieder werden komplexere Evaluationen beauftragt, die an der Schnittstelle zweier aufeinander folgender Förderprogramme liegen und daher sowohl einen Expost- als auch einen Ex-ante-Anteil haben. In Österreich wurde darüber hinaus im Jahr 2010 eine Systemevaluierung durchgeführt, die die gesamte Forschungsförderung und -finanzierung umfasste.

3.2   Wer sind die wichtigen Akteure?

Die FTI-Politik wird in Deutschland maßgeblich von den Bundesministerien für Bildung und Forschung (BMBF) sowie für Wirtschaft und Energie (BMWi) geprägt. Ferner sind die Bundesministerien für Umwelt, Naturschutz, Bau und Reaktorsicherheit (BMUB), für Verkehr und digitale Infrastruktur (BMVI) und für Gesundheit (BMG) mit regelmäßigen Politikmaßnahmen präsent. Weitere Institutionen wie die Deutsche Forschungsgemeinschaft, die Deutsche Bundesstiftung Umwelt und andere Stiftungen beeinflussen mit ihren Maßnahmen ebenfalls das Politikfeld und sind potenzielle Auftraggeber für Evaluationen. Auch die Wissenschafts- und Wirtschaftsministerien der Länder beauftragen in begrenztem Umfang Evaluationen. Insgesamt werden Evaluationen in der FTI-Politik praktisch ausschließlich durch öffentliche Einrichtungen über entsprechende Ausschreibungen vergeben.

In Österreich sind es vor allem die Bundesministerien für Verkehr, Innovation und Technologie (BMVIT) und Wissenschaft, Forschung und Wirtschaft (BMWFW), die Evaluationen durchführen lassen. Hinzu kommen Förderagenturen wie die Forschungsförderungsgesellschaft (FFG) oder die Austria Wirtschaftsservice (aws), die mit Blick auf die Optimierung ihrer eigenen Programme auch immer wieder Evaluationsstudien und Wirkungsanalysen vergeben. Weitere relevante Akteure auf Bundesebene sind der Rat für Forschung und Technologieentwicklung (RFTE), die Christian Doppler Forschungsgesellschaft (CDG), die Ludwig Boltzmann Gesellschaft sowie die Österreichische Qualitätssicherungsagentur (AQA). Auf Länderebene werden Evaluationen in Österreich – mit Ausnahme des Bundeslandes Wien – in weit geringerem Ausmaß beauftragt. Hier sind vor allem die Landesregierungen und regionalen Förderstellen relevante Akteure.

Auf Seiten der Auftragnehmer sind drei Kerngruppen zu identifizieren: (1) Wirtschafts- und Innovationsforschungsinstitute mit öffentlicher Grundfinanzierung, (2) privatwirtschaftliche Beratungsunternehmen und Forschungseinrichtungen mit Fokus auf Innovations- und Technologiepolitik und (3) klassische (national, international agierende) Beratungsfirmen. Nicht selten werden Evaluationen in Konsortien bearbeitet, die neben methodisch ausgewiesenem Evaluationswissen der oben genannten Kerngruppen auch fachspezifisches technologisches Know-how unabhängiger Experten mit einbeziehen.

Die Heterogenität auf Seiten der Auftraggeber und -nehmer einer FTI-Evaluation findet sich auch auf Seiten der Evaluierten wieder. Teilnehmer an forschungs-, technologie- und innovationspolitischen Maßnahmen sind in erster Linie innovative Unternehmen und Forschungseinrichtungen (Universitäten, [Fach-]Hochschulen, außeruniversitäre Forschungseinrichtungen), die als Einzelakteure oder als Netzwerke im Mittelpunkt des Evaluationsinteresses stehen. Projektträger bzw. Förderagenturen als Verantwortliche für die Umsetzung von evaluierten Fördermaßnahmen sind häufig ebenfalls Evaluierte, außerdem sind sie zentrale Quellen für Prozess- oder Monitoringdaten und Informationen über die Geförderten.

3.3 Welche Herausforderungen im Umgang mit den Auftraggebern sind zu meistern?

Da Fördergeber (Fachreferate/Ressorts der Ministerien, Projektträger/Förderagenturen) in der Regel auch gleichzeitig die Beauftragenden von Evaluationen sind, stellt die Wahrung einer kritischen Distanz gegenüber der evaluierten Maßnahme eine größere Herausforderung dar. Gleichzeitig ist der Kontakt zu den zentralen Akteuren einer Maßnahme in dieser Konstellation besonders eng. Hiervon profitieren gerade formativ angelegte Evaluationen, da die Nutzung der Steuerungsinformationen dieser Evaluationen durch die Maßnahmenverantwortlichen wahrscheinlicher wird. Die Doppelrolle von Programmverantwortlichen und Auftraggeber führt zudem zu einer Informationsasymmetrie gegenüber den Evaluierenden. Typischerweise kennt der Auftraggeber die evaluierte Maßnahme besser und stellt gegebenenfalls bestimmte Bewertungen des Evaluators/der Evaluatorin in Frage. Wichtig ist daher, von Beginn an ein gemeinsames Grundverständnis über das Untersuchungsobjekt zwischen Auftraggeber und Evaluator/in zu schaffen und eine hohe Adressatenorientierung bei der Umsetzung der Evaluation zu realisieren – ohne Aufgabe der notwendigen unabhängigen Perspektive der Evaluation.

Ferner stehen Evaluationen im Bereich der FTI-Politik den gleichen Herausforderungen gegenüber, wie Evaluationen in den meisten anderen Politikfeldern: Begrenzte zeitliche und finanzielle Ressourcen bei gleichzeitig umfangreichen Anforderungen, zum Teil unzureichende Datenverfügbarkeit und eingeschränkter Zugang zu vorhandenen Daten. Diese Aspekte können zu einem Spannungsverhältnis zwischen den vertraglich vereinbarten Leistungen, den tatsächlich erwarteten und den mit den verfügbaren Ressourcen möglichen Leistungen führen.

3.4 Welche spezifischen methodischen Herausforderungen sind im Bereich der FTI-Politik zu berücksichtigen?

Methodische Herausforderungen ergeben sich vor allem aus der Größe der jeweiligen Zielgruppen. In technologieorientierten Maßnahmen wird nicht selten eine relativ kleine Zielgruppe adressiert (z.B. alle innovierenden Unternehmen im Anwendungsfeld Elektromobilität) und weitgehend abgedeckt, so dass sich die Bildung von Kontrollgruppen schwierig gestaltet. Zudem existieren häufig alternative Fördermaßnahmen für die Zielgruppe, so dass nicht geförderte Unternehmen kaum zu finden sind.

FTI-Maßnahmen haben außerdem einen relativ indirekten und mittelfristig orientierten Zielkorridor. Sie sollen z.B. Technologiefelder und Branchen auf längere Sicht stärken. Dieser Impact ist erst mit deutlicher Zeitdistanz (in der Literatur wird von fünf bis zehn Jahren ausgegangen) zu erwarten. Evaluationsergebnisse werden in der Regel jedoch kurz vor/nach Ende einer Maßnahme angefordert, wenn diese Wirkungen noch nicht hinreichend messbar sind.

FTI-Maßnahmen sind Interventionen in einem relativ komplexen System. Der eigentliche Förderstimulus, in der Regel die staatlichen Fördermittel einer Maßnahme, ist im Vergleich zu externen Einflussvariablen (z.B. die internen FuE-Ausgaben der Wirtschaft, konjunkturelle Einflüsse etc.) eher gering. Gerade bei Evaluationen die auf

Befragungen der Geförderten (Selbstauskünfte) aufbauen, müssen Fördernehmer die evaluierte Maßnahme als Stimulus einer Wirkungskette klar von anderen Faktoren (betriebsintern, konjunkturell etc.) abgrenzen können.

In den letzten Jahren zeichnete sich für einen Teil der ausgeschriebenen Studien ein Trend zu komplexeren Strukturen, Umfängen und innere Logiken von Evaluationsgegenständen ab (vgl. Kulicke, 2009). Beispiele dafür sind Maßnahmenbündel, Programmportfolios (vgl. Fischl, Kulicke & Wessels, 2013), die Zusammenführung mehrerer Einzelprogramme zu einem komplexen Programm (z.B. Zentrales Innovationsprogramm Mittelstand [ZIM], vgl. Kulicke, Becker, Berteilt, Hufnagl, Grebe, Kirbach, Brandt & Lübbers, 2010) oder die Stärkung von Clustern. Hinzu kommt, dass die intendierte Reichweite i.S. explizierter Wirkungsziele von FTI-Politik größer wird. Es wird also eine begrenzte Anzahl an Projekten gefördert, daraus aber Anstoßwirkungen deutlich über den Förderzeitraum hinaus bzw. auf das ungeförderte Feld erwartet. Zum Teil werden auch die Evaluationsaufträge selbst umfassender, in dem beispielsweise ex ante-, begleitende, ex post- und Impact-Evaluationen innerhalb eines einzigen Evaluationsauftrages zusammengefasst werden (BMBF, 2010).

Die Befragung der Geförderten als wichtige Datenquelle von FTI-Evaluationen führt zu einer weiteren methodischen Herausforderung, da die Befragten als potenzielle Zielgruppe zukünftiger Maßnahmen keine „neutralen" Auskunftspersonen mehr sind, sondern ein Eigeninteresse am Hervorbringen „gewünschter" Ergebnisse, nämlich positiver Fördereffekte, haben. Die wiederholte Befragung einer bereits informierten bzw. sensibilisierten Zielgruppe kann somit zu strategischem Antwortverhalten führen.

Adressaten von Evaluationsberichten sind primär politische Akteure, z.B. innerhalb der Ministerialbürokratie, die eine allgemeinverständliche und zudem kurze und prägnante Aufbereitung der Ergebnisse für die weitere politische Kommunikation benötigen. Dies steht in deutlichem Spannungsverhältnis zum Bedarf nach einer umfassenden Darstellung ausdifferenzierter Ergebnisse, die sich aus den komplexen Evaluationsgegenständen ergibt.

3.5 Wie ist der Stand der Evaluationsforschung?

In Österreich findet bereits seit vielen Jahren ein intensiver Austausch über theoretische Fragestellungen im Zusammenhang mit der Evaluation von FTI-Politik statt – vorrangig angetrieben durch die Plattform Forschungs- und Technologieevaluierung (Plattform fteval). So fanden etwa die letzten beiden größeren internationalen Evaluierungskonferenzen zu FTI-Politik in Wien statt („New Frontiers of Evaluation" im April 2006 und „New Horizons, New Challenges" im November 2013). Ferner wurde im Jahr 2007 von der Plattform fteval ein Buch herausgegeben („Evaluation of Austrian Research and Technology Policies"), das österreichische Evaluierungsstudien der Jahre 2003 bis 2007 zusammenfasst. Das regelmäßig erscheinende „fteval JOURNAL for Science and Technology Policy Evaluation" hat ebenfalls den Anspruch, sich an der Schnittstelle zwischen praktischer forschungs- und technologiepolitischer Relevanz und akademischer Qualität zu positionieren und trägt – in Kombination mit regelmäßig von der Plattform fteval organisierenden Veranstaltungen – zur Weiterentwicklung der Evaluierungskultur und Evaluierungspraxis in Österreich bei.

In Deutschland dagegen hat es in den letzten Jahren nur vereinzelt Publikationen gegeben, die sich auf den FTI-Bereich konzentrierten. Eine Diskussion zu methodisch-konzeptionellen Fragen findet sich – wenn überhaupt – nur in Evaluationen zu komplexen Evaluationsgegenständen bzw. Förderprogrammen.

3.6 Umgang mit Standards

Die Standards der Evaluation können bei Evaluatoren und Evaluatorinnen in Deutschland zwar in der Regel als bekannt vorausgesetzt werden, die Auftraggeberseite ist allerdings aufgrund ihrer heterogenen Struktur in den Fachabteilungen der Ministerien weniger vertraut mit ihnen. Durch eine weitere „Professionalisierung" auf Auftraggeberseite ist in Zukunft tendenziell mit einer weiteren Verbreitung der Standards zu rechnen.

In Österreich spielen die Standards der DeGEval als Orientierungshilfe eine eher untergeordnete Rolle, da es spezifische „Standards der Evaluierung in der Forschungs- und Technologiepolitik" gibt, die von der Plattform fteval erstmals 2003 herausgegeben und 2012 aktualisiert bzw. überarbeitet wurden. Alle relevanten Akteure des Bereichs FTI-Politik in Österreich sind Mitglied der Plattform fteval und bekennen sich zu den in einem gemeinsamen, interaktiven Prozess aller Mitglieder erarbeiteten Standards.

4 Zukünftige Entwicklungslinien und absehbare Herausforderungen

4.1 Entwicklung im Politikfeld FTI und Rahmenbedingungen

Mit der skizzierten Missions- und Wirkungsorientierung in Deutschland (vgl. BMBF, 2012) ändern sich Evaluationsgegenstände und Bezugspunkte für Bewertungen. Die Missionsorientierung impliziert eine stärkere Ausrichtung von FTI-Maßnahmen an gesellschaftlichen Herausforderungen, die in Kombination mit technologischen Entwicklungen zu neuen Themen führen und neben den klassischen sozio-ökonomischen Wirkungen auch die Messung vielfältiger anderer Wirkungen (z.B. ökologische, personengruppenbezogene) erfordern. Ferner verschwinden die Grenzen zwischen bisher typischen Zielgruppen von Fördermaßnahmen, z.B. durch neue Initiativen der Vernetzung von Wissenschaft und Wirtschaft, wodurch Förderkonstellationen aus heterogenen Förderadressaten entstehen.

Zudem verändern sich wichtige Rahmenbedingungen für FTI-Politik und Evaluation. Dazu zählen z.B. die Bestrebungen der Europäischen Kommission, Evaluationen für die Unterstützung der Strategischen Planung und des maßnahmenbezogenen Managements (Activity-Based Management) zu nutzen. In der Strategie Europa 2020 wird Evaluation als zentraler Bestandteil der Arbeit der Kommission benannt (KOM, 2010). Ferner zeichnet sich ab, dass in Deutschland bei Evaluationen von FTI-Fördermaßnahmen immer stärker die Anforderungen aus §7 der Bundeshaushaltsordnung

Berücksichtigung finden müssen, d.h. es soll eine umfassende Zielerreichungs-, Wirkungs- und Wirtschaftlichkeitskontrolle durchgeführt werden, inklusive der Implikationen auf der volkswirtschaftlichen Ebene.

4.2 Entwicklungen der Evaluationsaufträge im Bereich FTI-Politik

Setzt sich die Entwicklung der letzten Jahre fort, ist eine steigende Anzahl an begleitenden und Zwischenevaluationen mit höheren Anforderungen an die Evaluationsinhalte und einer eindeutigen Komponente der Politikberatung zu erwarten. Komplexer werdende Fördermaßnahmen im Zuge der stärkeren Missionsorientierung im Politikfeld FTI implizieren eine Kopplung verschiedener Themen und Wirkungsfelder. Folglich müssten auch die finanziellen und zeitlichen Umfänge solcher Aufträge steigen. Doch gab es in den letzten Jahren auch viele Evaluationen von Fördermaßnahmen mit kurzen Bearbeitungszeiträumen und knappen Budgets; sie hatten primär eine Legitimationsfunktion. Begrenzte Ressourcen bewirken aber eine stärkere Standardisierung des Evaluationsinhalts und der Methodik. Die Forderung des Bundesrechnungshofs, Wirtschaftlichkeitskontrollen regelmäßig und systematisch bei allen Fördermaßnahmen der Bundesministerien durchzuführen, müsste diesen Trend eigentlich stoppen, denn diese Kontrollen erfordern umfangreichere Analyseschritte. Auch eine weitere Entwicklung könnte die Inhalte von Evaluationsaufträgen in Zukunft verändern: Die wesentlichen Auftraggeber im Politikfeld FTI sind derzeit bestrebt, die Ausschreibe- und Vergabepraxis bei Evaluationen zu professionalisieren und zu vereinheitlichen. Zu erwarten sind Implikationen auf die Evaluationsinhalte und größere Spielräume für anspruchsvollere Evaluationsmethodiken.

4.3 Herausforderungen und Handlungsfelder für zukünftige Evaluationen im Politikfeld FTI

Aus den oben skizzierten Entwicklungen ergibt sich eine Reihe von Herausforderungen. Evaluationen von FTI-Politik müssen sich mit inhaltlich und strukturell z.T. deutlich veränderten Evaluationsgegenständen auseinandersetzten, was eine angepasste Integration von Fachexpertise und Evaluationsexpertise erfordert. Insbesondere die Evaluation von „Missionserfüllung" verlangt eine noch stärkere Orientierung in Richtung multidimensionaler Wirkungs-/Impact-Evaluation (sozial, ökonomisch, ökologisch u.ä.). Wirtschaftlichkeitsbetrachtungen beinhalten neben Aussagen zur Zielerreichung und Wirksamkeit einer Maßnahme auch eine Bewertung der Effizienz des Mitteleinsatz. Multiakteurskonstellationen stellen neue Herausforderungen an die Umsetzung von Evaluation, aber auch an die Berichterstattung dar. Darunter fällt z.B. eine neue „Adressatenorientierung", die sich aus der wachsenden Abhängigkeit der Programmsteuerung von mehreren staatlichen und privaten Akteuren, also aus neuen Formen verteilter Kompetenz ergibt (Leeuw nach Metje, 2012, S. 320) sowie aus neuen Partizipationsmodellen (vgl. Dörflinger & Mayer, 2011 und Koglin, 2011) ergibt. Diese Veränderungen implizieren auch einen steigenden Rechtfertigungs- und Erfolgsdruck bei der Evaluationen von FTI-Maßnahmen (vgl. Furobo nach Metje, 2012, S. 319).

5. Fazit

Insgesamt ist das Politikfeld FTI bei einem steigenden Bedarf an methodisch fundierten Evaluationen durch eine hohe Veränderungsdynamik hinsichtlich seiner Ziele, Instrumente, Adressaten und Wirkungen geprägt. Von Auftraggebern wird der Nutzen von Evaluationen als Steuerungsinstrument über ihre Legitimationsfunktion hinaus stärker anerkannt. Gleichzeitig steigen die Anforderungen an Evaluator/inn/en im Hinblick auf „Politikberatung". Sowohl auf Seiten der beauftragenden Einrichtungen wie auch der Evaluierenden findet eine zunehmende Professionalisierung statt. Auftraggeber konzipieren den Evaluierungsauftrag in Richtung bedarfsadäquater Ergebnisse, Evaluationseinrichtungen entwickeln ihre Methodiken so weiter, dass daraus ein größtmöglicher Nutzen für die Programmsteuerung und -optimierung entstehen kann.

Literatur

BMBF (2010). Bekanntmachung des BMBF zur Durchführung der Evaluation des BMBF-Foresight-Prozesses, Zyklus II. *BMBF-Newsletter*, 19.08.2010.

BMBF (2012) (Hrsg.). Hightech-Strategie der Bundesregierung. Verfügbar unter: www.hightech-strategie.de [20.01.2014].

Dolata, U. (2006). Technologie- und Innovationspolitik im globalen Wettbewerb, *Zeitschrift für Politikwissenschaft, 16*(2), 427–455.

Dörflinger, A. & Mayer, S. (2011). Partizipation bei Evaluierungen im FTI-Bereich: die großen W's. DeGeval-Jahrestagung 2011. Verfügbar unter: www.degeval.de/veranstaltungen/jahrestagungen/linz-2011/dokumentation/item/656 [20.01.2014].

Edler, J., Cunningham, P., Gök, A., Rigby, J., Amanatidou, E., Garefi, I., Buehrer, S., Daimer, S., Dinges, M., Berger, M., Schmidmayer, J. & Guy, K. (2010). INNO-Appraisal – Perspectives on Evaluation and Monitoring. Final Report. Brussels.

Fischl, I., Kulicke, M. & Wessels, J. (2013). Portfolioevaluierungen: Herausforderungen und aktuelle Erfahrungen. *Zeitschrift für Evaluation, 12*(2).

Gielow, G., Kuntze, U. & Meyer-Krahmer, F. (1982*). Innovationsförderung bei kleinen und mittleren Unternehmen. Wirkungsanalyse von Zuschüssen für Personal in Forschung und Entwicklung.* Frankfurt/Main: Campus Verlag.

Koglin, G. (2011). Clustermonitoring Berlin-Brandenburg – Partizipation als Erfolgsfaktor. DeGEval-Jahrestagung 2011. Verfügbar unter: www.degeval.de/veranstaltungen/jahrestagungen/linz-2011/dokumentation/item/656 [20.01.2014].

KOM (2010). 2020 – Mitteilung der Kommission „Europa 2020: Eine Strategie für intelligentes, nachhaltiges und integratives Wachstum". Endgültige Fassung vom 3. März 2010. Brussels.

Mayer, S., Fischl, I., Ruhland, S. & Sheikh, S. (2009). Das Angebot der direkten FTI-Förderung in Österreich. Teilbericht 5 – WIFO/KMU Forschung Austria/prognos. Wien.

Kulicke, M. (2009). Überblick zu den Herausforderungen aus veränderten FTI Maßnahmen für Evaluationen, Beitrag zum Frühjahrstreffen des AK Forschung-, Technologie- und Innovationspolitik, 20.05.2009 in Karlsruhe. Verfügbar unter: www.alt.degeval.de/calimero/tools/proxy.php?id=21149 [25.11.2013].

Kulicke, M., Becker, C., Berteilt, H., Hufnagl, M., Grebe, T., Kirbach, M., Brandt, T. & Lübbers, T. (2010). *Evaluierung des Programmstarts und der Durchführung des „Zentralen Innovationsprogramms Mittelstand (ZIM)".* Stuttgart: Fraunhofer Verlag.

Metje, U. M. (2012). Die Zukunft der Evaluation in modernen Gesellschaften, Tagung anlässlich des 10-jährigen Bestehens des Centrums für Evaluation (Ceval), Juni 2012. *Zeitschrift für Evaluation, 2/2012,* 313–321.

Plattform Forschungs- und Technologieevaluierung (2012). Standards der Evaluierung in der Forschungs- und Technologiepolitik.

Platform Research and Technology Policy Evaluation & Austrain Council for Research and Technology Development (2007). Evaluation of Austrian Research and Technology Policies.

Prange, H. (2003). Technologie- und Innovationspolitik in Europa: Handlungsspielräume im Mehrebenensystem. *Technikfolgenabschätzung – Theorie und Praxis, 12*(2), 11–20.

Salfer, P. & Furmaniak, K. (1981). Das Programm „Forschung zur Humanisierung des Arbeitslebens". *Mitteilungen aus der Arbeitsmarkt- und Berufsforschung, 14*(3), 237–245.

Martin Rost, Julia Hapkemeyer, Sonja Kind

Evaluation im Feld der Wirtschaft – Entwicklungslinien und aktuelle Herausforderungen

1.   Evaluationsfeld

Das Evaluationsfeld „Wirtschaft" umfasst Evaluationsaktivitäten, die sich auf privatwirtschaftliche Unternehmen beziehen. Darüber hinaus richten sich die Evaluationsaktivitäten auch auf Intermediäre im Bereich der Wirtschaft wie beispielsweise Verbände, Kammern, Wirtschaftsförderer oder Stiftungen (Arbeitskreis „Evaluation in der Wirtschaft", 2008). Noch ist Evaluation in der Wirtschaft ein vergleichsweise unbekanntes Terrain. Von Unternehmensvertreter/inne/n wird immer wieder die Frage gestellt, was denn das Besondere an Evaluation sei und wie diese sich zum Beispiel von üblichen Methoden der Betriebsführung abgrenze.

Hier sind insbesondere die dahinterstehenden Ziele, Verfahren sowie methodischen und praktischen Anforderungen von Evaluation angesprochen. Im privatwirtschaftlichen Kontext findet daher Evaluation als Steuerungs- und Qualitätssicherungsinstrument bisher noch wenig Anwendung (Stockmann, 2007). Im Wirtschaftskontext dominieren kennzahlenorientierte Ansätze wie z.B. Controlling oder die Balanced Scorecard (Baier, 2009). Evaluation ist im klassischen Managementzyklus in der Funktion der Kontrolle implizit. Jedoch handelt es sich bei diesem Verständnis schwerpunktmäßig um einen Soll-Ist-Vergleich, der zudem häufig auf monetäre Kenngrößen bezogen ist. Bei Evaluationen in der Wirtschaft stehen aber auch nicht intendierte Folgen sowie förderliche und hemmende Faktoren für den Erfolg einer wirtschaftlichen Maßnahme/eines Programms im Fokus (Hapkemeyer, Kind & Rost, 2014).

Daher dienen Evaluationen insbesondere zur Beantwortung der Frage, wie Ziele von Programmen bzw. Projekten im Wirtschaftskontext besser erreicht und nicht intendierte negative Auswirkungen vermieden werden können. Um diese zentrale Frage zu beantworten, werden im Evaluationsprozess in der Regel die Perspektiven unterschiedlicher Akteure berücksichtigt (DeGEval, 2008).

Eine Evaluation ist im Vergleich zum Qualitätsmanagement und zur Unternehmensberatung zudem durch eine andere Werthaltung und Denkweise gekennzeichnet: Es geht nicht nur um eine Kontrolle der Qualität und den Grad der Zielerreichung (ökonomische Perspektive), sondern auch um eine Qualitätsentwicklung und um die Messung von Wirkungen sozialer, kultureller und gesellschaftlicher Veränderungen. Dies erfordert eine umfassende Betrachtung der Interessen und Bedürfnisse aller beteiligten Personengruppen. Diese Werthaltungen stehen aber nicht im Widerspruch zueinander, sondern ergänzen sich sinnvoll. Da in Evaluationen über Kosten-Nutzen-Betrachtung hinausgehend weitere Werte mit einbezogen werden, stellt die Evaluation für Unternehmen gerade im Zusammenhang mit Corporate Governance und Corporate Social Responsibility ein sinnvolles Instrument dar (Rost, Kind & Hapkemeyer, 2014).

Evaluation kann Organisationen folglich helfen, aus der Vergangenheit systematisch zu lernen, gegenwärtige Prozesse zu optimieren und sich auf die Zukunft vorzubereiten. Evaluation unterstützt Organisationen dabei durch Feedbackprozesse (Kraus & Rost, 2012; Zepke, 2005) und kann somit organisationale Lernprozesse (Argyris & Schön, 1999) auslösen, die bei einer rein kennzahlenbasierten Überprüfung nicht zu erwarten sind.

2.   Historische Entwicklung der Evaluation in der Wirtschaft

Erste Ansätze zur Verbesserung von Arbeitsprozessen durch die systematische Analyse mit Hilfe von wissenschaftlichen Methoden erfolgte Anfang des 20. Jahrhunderts im sogenannten „Taylorismus" (Rosenstiel, 2007). Diese systematische Analyse eines Gegenstandes, d.h. des Arbeitsprozesses, mit Hilfe von wissenschaftlichen Methoden (Westermann, 2002) kann als einer der ersten Ansätze für Evaluation in der betrieblichen Praxis angesehen werden. Mit der Methode des Befragens von Organisationsmitgliedern und der Rückspiegelung der Ergebnisse in die Organisation (*Survey Feedback*), um Lern- bzw. Organisationsentwicklungsprozesse anzustoßen, stellte Kurt Lewin eine Methode vor (Rosenstiel, 2007; Schiersmann & Thiel, 2011), die der Evaluation sehr ähnlich ist. Im Gegensatz zu Organisationsentwicklung im Sinne von Lewin stellt die Analyse des Untersuchungsgegenstandes bei der Evaluation jedoch den Kern der Methode dar und ist nicht nur der Ausgangspunkt für weitere Prozesse. Zudem erfolgen die Feedbackprozesse im Rahmen von Evaluationen systematischer als bei der Methode der Organisationsentwicklung (Kraus & Rost, 2012; Rost et al., 2014; Seitz, Kerlen, Lippert & Steg, 2004).

Als einen weiteren Wegbereiter für die Entwicklung der Evaluation im Feld der Wirtschaft können die Experimente in den Hawthorne-Werken in den 1920er Jahren angesehen werden. Sie stellen einen der ersten experimentellen Zugänge zur Analyse von Arbeitsleistungen unter unterschiedlichen Arbeitsbedingungen dar. Diese durch die Hawthorne-Experimente angestoßene systematische Messung des Verhaltens von Menschen in Organisationen wurde in den späten 1970er Jahren weitergeführt (Lusthaus & Adrien, 1998). In den 1980er Jahren gewannen Ansätze zur Analyse von Organisationen an Bedeutung, bei denen neben Effektivität und Effizienz auch die verschiedenen Perspektiven der beteiligten Stakeholder (DeGEval, 2008; Westermann, 2002) berücksichtigt wurden: „The effectiveness of an organization is measured in terms of its functioning, problems and achievements from both the behavourial and social system points of view" (Lawler, Nadler & Cammann, 1980).

Anhand der angeführten Entwicklungsschritte kann abgelesen werden, dass die Personal- und Organisationsentwicklung einen wesentlichen Schwerpunkt für den Einsatz von Evaluation in der Wirtschaft bildet. Warum ist dies so? Evaluation wird grundsätzlich in allen Funktionsbereichen von Unternehmen eingesetzt. Der Finanz-

und der Produktionsbereich standen aber schon zu Beginn der betriebswirtschaftlichen Forschung in deren Mittelpunkt. Für diese Bereiche wurden umfangreiche und nutzenstiftende Kennzahlensysteme entwickelt. Das reale und teilweise irrationale Verhalten von Menschen in Organisationen fand hingegen erst in den letzten Jahrzehnten umfassend Eingang in die betriebswirtschaftliche Forschung (Wöhe & Döring, 2010). Evaluatoren im Bereich Wirtschaft fanden deshalb in den Bereichen Personal- und Organisationsentwicklung eine größere Lücke als in anderen Bereichen der Unternehmensführung vor – die zudem mit dem umfassenden und auch „weiche" Faktoren integrierenden Ansatz von Evaluation besonders gut gefüllt werden konnte. Aus diesem Grund findet im Folgenden eine Fokussierung der Betrachtung von Evaluation auf die Bereiche Personal- und Organisationsentwicklung statt.

Die bekanntesten Evaluationsmodelle im Bereich der betrieblichen Personalentwicklung sind das von Kirkpatrick (1959; 2006) und das darauf aufbauende Modell von Phillips (2005). Das Vier-Ebenen-Modell von Kirkpatrick (2006) stammt aus dem Bildungsbereich und diente ursprünglich als Modell zur Evaluation von Trainingsmaßnahmen. Diese Maßnahmen werden mittels qualitativer und quantitativer Indikatoren gemessen, um eine betriebswirtschaftliche Aussage zu den getätigten Investitionen machen zu können. Es basiert auf der Annahme, dass es in einer Evaluation vier Stufen gibt, die nacheinander durchlaufen werden und jede vorangehende Stufe die Voraussetzung für die nächste darstellt (Kirkpatrick, 2006; Phillips & Schirmer, 2008).

Evaluationsmodelle von Kirkpatrick und Phillips

1. Reaktion → 2. Lernen → 3. Verhalten → 4. Ergebnisse → ROI

Auf der Ebene „Reaktion" (Ebene 1) werden mit den in der betrieblichen Praxis üblichen Feedbackbögen die Zufriedenheit der Teilnehmer/innen, die Akzeptanz oder die Nützlichkeit einer Personalentwicklungsmaßnahme gemessen. Die Messung von „Lernen" (Ebene 2) erfolgt über eine Ermittlung der Wissens- und Kompetenzzunahme der Teilnehmer/innen an einer Personalentwicklungsmaßnahme in einem bestimmten Bereich. Auf der Ebene „Verhalten" (Ebene 3) wird abgebildet, inwieweit trainierte Verhaltensweisen, beispielsweise ein neuer Führungsstil oder die Art, wie ein Verkaufsgespräch geführt wird, auch im betrieblichen Alltag gezeigt werden. Auf der Ebene „Ergebnisse" (Ebene 4) wird schließlich gemessen, ob die Trainingsmaßnahme auch zu einer Verbesserung geführt hat, die sich in betrieblichen Kennzahlen wie Produktivität oder Kosten ausdrücken lässt. Auf Ebene 4 wird damit der monetäre Nutzen eines Programms ausgedrückt (Kirkpatrick, 2006). In Entscheidungsgremien von Unternehmen wird bei Entscheidungen der Nutzen einer Maßnahme den Kosten gegenübergestellt. Für diese Aufgabe stellte Phillips (Phillips, 2005) ein Modell zur Verfügung, in dem er das Modell von Kirkpatrick um eine fünfte Ebene erweiterte. In diesem Modell führte Phillips die Kennzahl des *Return on Investment* (ROI) ein, in der der Nutzen einer Maßnahme in Prozent ihrer Kosten ausgedrückt wird.[1] Die

---

1   Siehe zur ausführlichen Beschreibung der ROI-Ermittlung Phillips und Schirmer (2008).

Anwendung derartiger Evaluationsmodelle unterstützt Personalmanager/innen bei der Rechtfertigung beziehungsweise Begründung von Personalentwicklungsmaßnahmen in Unternehmen und trägt somit dazu bei, dass Evaluation ein integraler Bestandteil von Personalentwicklungsmaßnahmen in Unternehmen wird (Phillips & Schirmer, 2008). Ergänzend kann auch der „Social ROI" oder „VALUE of Investment" (Kellner, 2006) in den genannten Bereichen betrachtet werden.

Inwieweit sich der heute schon etablierte Einsatz von Evaluation im Bereich der Personalentwicklungsmaßnahmen auch auf andere betriebliche Maßnahmen überträgt, ist zum jetzigen Zeitpunkt noch ungewiss. Evaluationen in der Wirtschaft werden tendenziell für bestimmte Maßnahmen eingesetzt (z.B. Personalentwicklung, Messung von PR, Einführung Arbeitsschutz), in den meisten Fällen findet eine Evaluation jedoch eher sporadisch statt, teilweise auch unter anderer Bezeichnung (z.B. Technologieanalyse).

3.   Aktueller Stand

3.1   Welche Evaluationen werden durchgeführt? Inhalte und Schwerpunkte der Bewertungen

So vielfältig wie Unternehmen sind, sind auch die Fragestellungen, für die eine Evaluation – die Messung von Wirkung, Erfolg und Qualität – genutzt werden kann. Es können a) bereits durchgeführte Maßnahmen im Nachgang bewertet, b) laufende Maßnahmen begleitet oder c) zukünftige Entwicklungen mit Methoden der Evaluation prognostiziert werden (Westermann, 2002). Typische Anwendungsfelder von Evaluationen in der Wirtschaft sind zum Beispiel (siehe dazu auch Hapkemeyer et al., 2014, S. 192–193):

- Überprüfung der Wirkung und des Nutzens von Maßnahmen in den Bereichen Personalentwicklung, Arbeitsschutz und Qualitätsmanagement etc. (z.B. Kirkpatrick, 2006; Solga, 2008).
- Prozessbegleitendes Feedback und Optimierungsvorschläge bei Veränderungen in Organisationen, die sich beispielsweise auf die Führungsstrukturen, Arbeitsabläufe oder Arbeitsbedingungen beziehen (z.B. Kraus & Rost, 2012; Seitz, Kerlen, Steg & Schott, 2005).
- Analyse und Bewertung von Netzwerken und Kooperationsbeziehungen in und zwischen Unternehmen.
- Überprüfung neuer Technologien am Arbeitsplatz, wie neue Software oder Geräte mit neuen Funktionen, in Bezug auf ihre Wirkung und Akzeptanz (z.B. Evaluation von Mensch-Maschine-Interaktion [Mutschler & Reichert, 2004]).
- Evaluation von betrieblichen Präventionsprojekten im Gesundheitsbereich (vgl. Slesina, 2001).

3.2 Welche Methoden werden angewendet?

Aus den genannten Anwendungsfeldern kann der Einfluss unterschiedlicher wissenschaftlicher Traditionen wie Psychologie, Pädagogik, Soziologie, Wirtschaftswissenschaften oder Ingenieurswissenschaften abgelesen werden. Dies spiegelt sich auch in den eingesetzten Methoden wieder. So wird einerseits das gesamte Spektrum der Methoden der empirischen Sozialforschung wie qualitative und quantitative Befragungen, Beobachtungen, Dokumentenanalysen oder auch Experimente (Bortz & Döring, 2006) eingesetzt (Westermann, 2002). Andererseits werden aber auch betriebswirtschaftliche Kennzahlen oder ingenieurswissenschaftliche Methoden in die Analyse mit einbezogen. Evaluierende in der Wirtschaft sollten folglich in der Lage sein, sehr unterschiedliche Methoden einzusetzen oder interdisziplinäre Teams zusammenzustellen, um den komplexen Zusammenhängen in Wirtschaftsorganisationen gerecht zu werden.

3.3 Wer beauftragt wen?

Typische Auftraggebende sind Wirtschaftsunternehmen. Bislang bildet die Evaluation von Maßnahmen im Bereich des Personalmanagements den größten Schwerpunkt, wenngleich alle Bereiche der betrieblichen Tätigkeit evaluiert werden können. Evaluationen werden überwiegend von Beratungsunternehmen, Forschungseinrichtungen und Hochschulen durchgeführt. Neben größeren Beratungsunternehmen bieten vor allem kleinere Beratungsunternehmen Evaluationen an, die auf bestimmte Themengebiete spezialisiert sind.

3.4 Wie werden die Ergebnisse von Evaluationen genutzt?

Evaluation bietet Unternehmen eine sehr differenzierte Analyse eines Untersuchungsgegenstandes (Westermann, 2002), die sich auf einzelne Individuen, Organisationseinheiten oder das Gesamtunternehmen, auf operative betriebliche Prozesse oder die Unternehmensstrategie sowie auf die Vergangenheit oder die Zukunft beziehen kann. Sie stellt Unternehmen damit eine „Reflexionsarchitektur" (Zepke, 2005) zur Verfügung, die über die kennzahlenbezogenen Informationen aus dem klassischen Controlling hinausgeht. Evaluationsergebnisse werden zur Entscheidungsfindung vor dem Start eines Projektes, als Feedbackinstrument während eines Projektes und als Instrument zur Überprüfung im Anschluss an ein Projekt genutzt (Kraus & Rost, 2012; Westermann, 2002).

Evaluation eignet sich sowohl für konkrete Fragestellungen als auch für solche, die sich nicht in Zahlen messen lassen. Sie zeigt nicht nur, ob der gewünschte Nutzen einer Maßnahme erreicht wurde, sondern erfasst auch mögliche nicht beabsichtigte Wirkungen. Durch die Einbeziehung möglichst aller beteiligten und betroffenen Personen genießen Evaluationsprojekte meistens hohe Akzeptanz in den Unternehmen. Evaluation orientiert sich an den Problemen des jeweiligen Unternehmens und ist in der Ergebnisdarstellung praxisorientiert. In der Datenerhebung ist sie hingegen durch hohe Transparenz und methodische Nachvollziehbarkeit wissenschaftlich fundiert (Kind, Rost & Zinke, 2013; Kraus & Rost, 2012).

4. Standards der DeGEval im Feld der Wirtschaft

Entsprechend den Standards für Evaluation der DeGEval (2008) sollten Evaluationen in der Wirtschaft vier grundlegenden Prinzipien folgen: Nützlichkeit, Durchführbarkeit, Fairness und Genauigkeit. Die Klärung der Evaluationszwecke ist ein zentraler Nützlichkeitsstandard für Evaluationen im Wirtschaftskontext. Von Beginn an, also bereits bei der Planung der Evaluation, müssen die Evaluationszwecke transparent dargestellt werden. Um Nutzung und Nutzen der Evaluation sicherzustellen, sind die Perspektiven von allen beteiligten und betroffenen Personengruppen zu berücksichtigen. Hinsichtlich der Durchführbarkeit ist es im Wirtschaftskontext entscheidend, die Evaluation möglichst effizient zu gestalten. Stehen verschiedene angemessene Verfahren zur Auswahl, sollte das Vorgehen mit dem geringsten personellen Aufwand auf Seite der Auftraggebenden bevorzugt werden. Unter den Fairnessstandards ist der Schutz individueller Rechte besonders relevant, da häufig sensible personenbezogene Daten erhoben werden. Um die Transparenz und Akzeptanz der Evaluation auch nach Abschluss der Evaluation zu erhalten, ist mit dem Auftraggeber frühzeitig zu klären, inwieweit allen beteiligten und betroffenen Personengruppen die Evaluationsergebnisse zugänglich gemacht werden können. Im Sinne der Genauigkeitsstandards sollte möglichst multiperspektivisch und multimethodisch vorgegangen werden. Meist ist es sinnvoll, sowohl quantitative als auch qualitative Informationen zu berücksichtigen. Eine detaillierte Kontextanalyse ist unerlässlich, um gültige und umfassende Ergebnisse zu erhalten.

5. Entwicklungslinien und Herausforderungen

Während Evaluation eine lange Tradition zur Unterstützung von Prozessen im öffentlichen Bereich hat, konnte die Evaluation in der Wirtschaft noch nicht recht Einzug halten. Im wirtschaftlichen Umfeld wird Evaluation häufig mit der Rechtfertigung von politischen Maßnahmen und insofern eher mit einem aufwendigen bürokratischen Prozess assoziiert. Meist wird Evaluation nicht primär als ein Verfahren angesehen, das Nutzen für das Unternehmen stiften könnte, oder Evaluation wird auf den Einsatz von Feedbackfragebögen reduziert. Daher besteht noch Informationsbedarf. Um diesen decken zu können, ist es entscheidend, Nutzen und Ziele von Evaluationen in der Sprache der Wirtschaft zu formulieren.

Das Verständnis für den Nutzen der im Rahmen von Evaluationen eingesetzten Methoden wie Befragungen, Beobachtungen oder Dokumenten- und Prozessanalysen ist in Unternehmen vorhanden – das Verständnis für Evaluation als umfassendes Verfahren zur Beschreibung und Bewertung von Prozessen in Unternehmen muss hingegen noch wachsen (Westermann, 2002).

Um hierzu einen Beitrag zu leisten, können Evaluierende in diesem Feld folgende Frage mit Vertreter/inne/n aus dem Bereich „Wirtschaft" diskutieren: Welchen zusätzlichen Nutzung kann Evaluation gegenüber anderen Verfahren und Methoden in Unternehmen stiften? Gerade in den Themenfeldern Corporate Governance und Corporate Social Responsibility, die in Wirtschaftsunternehmen an Bedeutung zunehmen, stellt die Evaluation ein sinnvolles Instrument dar, um den Nutzen von Programmen und Projekten aus einer ergänzenden Perspektive zu bewerten.

Eine umfassende Befragung zu Bekanntheit und Anwendung von Evaluation im Wirtschaftskontext kann einen Beitrag dazu leisten, Verständnis und Wissen über Evaluation in der Wirtschaft zu vergrößern.

Literatur

Arbeitskreis „Evaluation in der Wirtschaft" in der DeGEval – Gesellschaft für Evaluation e.V. (2008): *Leitfaden „Evaluation in der Wirtschaft", eine Publikation des Arbeitskreises „Evaluation in der Wirtschaft" in der DeGEval – Gesellschaft für Evaluation e.V.* Verfügbar unter: http://www.Degeval.de/arbeitskreise/wirtschaft/publikationen [02.05.2014].

Argyris, C. & Schön, D. A. (1999). *Die lernende Organisation. Grundlagen, Methode, Praxis.* Stuttgart: Klett-Cotta.

Baier, P. (2009). *Praxishandbuch Controlling. Controlling-Instrumente, Unternehmensplanung und Reporting.* München: mi-Wirtschaftsbuch.

Bortz, J. & Döring, N. (2006). *Forschungsmethoden und Evaluation für Human- und Sozialwissenschaftler.* Heidelberg: Springer.

Hapkemeyer, J., Kind, S. & Rost, M. (2014). Evaluation in der Wirtschaft – Selbstverständnis des DeGEval-Arbeitskreises und Nutzen von Evaluation für die Wirtschaft. *Zeitschrift für Evaluation (DeGEval-Info), 13*(1), 190–193.

DeGEval – Gesellschaft für Evaluation e.V. (2008) (Hrsg.). *Standards für Evaluation.* Mainz (4. unveränderte Auflage).

Kellner, H. J. (2006). *Value of Investment. Neue Evaluierungsmethoden für Personalentwicklung und Bildungscontrolling.* Offenbach: Gabal Verlag.

Kind, S., Rost, M. & Zinke, G. (2013). Evaluation in der Wirtschaft: Fragen und Antworten. *Zeitschrift für Evaluation (DeGEval-Info), 12*(1), 194–198.

Kirkpatrick, D. L. (1959). Techniques for evaluating training programs. *Journal of American Society of Training Directors, 13*(3), 21–26.

Kirkpatrick, D. L. (2006). *Evaluating training programs: The four levels.* San Francisco: Berrett-Koehler.

Kraus, R. & Rost, M. (2012). Evaluation großangelegter Veränderungsprojekte. In L. Rosenstiel, E. von Hornstein & S. Augustin (Hrsg.), *Change Management Praxisfälle. Veränderungsschwerpunkte Organisation, Team, Individuum* (S. 13–28). Berlin, Heidelberg: Springer.

Lawler, E., Nadler, D. & Cammann, C. (1980) (Hrsg.). *Organizational Assessment.* New York: Wiley.

Lusthaus, C. & Adrien, M.-H. (1998). Organizational Assessment: A Review of Experience. *Universalia Occasional Paper, 31,* 1–16.

Mutschler, B. & Reichert, M.U. (2004). Usability-Metriken als Nachweis der Wirtschaftlichkeit von Verbesserungen der Mensch-Maschine-Schnittstelle. In *Proceedings Workshop on Software Metrics (MetriKon'04)* (S. 407–418). Königs Wusterhausen.

Phillips, J. J. (2005). *Return on Investment in Training and Performance Improvement Programs.* Burlington, MA: Butterworth-Heinemann.

Phillips, J. J. & Schirmer, F. (2008). *Return on Investment in der Personalentwicklung. Der 5-Stufen-Evaluationsprozess* (2. Aufl.). Berlin: Springer.

Rosenstiel, L. v. (2007). *Grundlagen der Organisationspsychologie.* Stuttgart: Schäffer-Poeschel.

Rost, M., Kind, S. & Hapkemeyer, J. (2014). Evaluation in Unternehmen: Unterschiede und Gemeinsamkeiten gegenüber anderen Bewertungsverfahren. *Zeitschrift für Evaluation (DeGEval-Info), 13*(1), 195–197.

Schiersmann, C. & Thiel, H.-U. (2011). *Organisationsentwicklung. Prinzipien und Strategien von Veränderungsprozessen* (3. Aufl.). Wiesbaden: VS Verlag für Sozialwissenschaften.

Seitz, D., Kerlen, C., Lippert, I. & Steg, H. (2004). Konzept zur Evaluation betrieblicher Organisationsentwicklung. Am Beispiel der Implementierung projektorientierter Managementsysteme. *Zeitschrift für Evaluation, 3*(1), 95–116.

Seitz, D., Kerlen, C., Steg, H. & Schott, D. (2005). Ergebnisse einer Evaluation betrieblicher Organisationsentwicklung. *Zeitschrift für Evaluation, 4*(2), 249–269.

Slesina, W. (2001). Evaluation betrieblicher Gesundheitszirkel. In H. Pfaff & W. Slesina (Hrsg.), *Effektive betriebliche Gesundheitsförderung. Konzepte und methodische Ansätze zur Evaluation und Qualitätssicherung* (S. 75–95). Weinheim: Juventa.

Solga, M. v. (2008). Evaluation der Personalentwicklung. In J. Ryschka, M. v. Solga & A. Mattenklott (Hrsg.), *Praxishandbuch Personalentwicklung. Instrumente, Konzepte, Beispiele* (2. Aufl., S. 333–363). Wiesbaden: Gabler.

Stockmann, R. (2007). *Handbuch zur Evaluation. Eine praktische Handlungsanleitung.* Münster: Waxmann.

Westermann, R. (2002). Merkmale und Varianten von Evaluationen. *Zeitschrift für Psychologie, 210*(1), 4–26.

Wöhe, G. & Döring, U. (2010). *Einführung in die allgemeine Betriebswirtschaftslehre* (Vahlens Handbücher der Wirtschafts- und Sozialwissenschaften, 24. Aufl.). München: Vahlen.

Zepke, G. (2005). *Reflexionsarchitekturen. Evaluierung als Beitrag zum Organisationslernen.* Heidelberg, Wien: Verlag für Systemische Forschung im Carl-Auer-Systeme-Verlag.

Peter Kaufmann, Leo Urban Wangler

Evaluation in der Umweltpolitik am Beispiel Klimapolitik[1]

1. Das Querschnittsfeld Evaluation in der Umweltpolitik am Beispiel Klimapolitik

In bestimmten Bereichen vereint sich Umweltpolitik mit den Zielsetzungen spezifischer Politikfelder, z.B. im Rahmen neuerer missionsorientierter Ansätze in der Innovationspolitik, im Sinne eines „nachhaltigen" Ressourcenmanagements. Unabhängig davon sollten jedoch die Themen Umwelt bzw. natürliche Ressourcen in verschiedenen Politikbereichen, und somit auch in deren Evaluation, als Querschnittsthema (vergleichbar mit Gender Mainstreaming) eine Rolle spielen. Die Klimapolitik mit ihren vielen Ansatzpunkten mit Bezug zum menschlichen Verhalten und deren Evaluation sei als ein Beispiel angeführt. Im Rahmen von Sektorpolitiken wie Industrie, Verkehr, Landwirtschaft, Gesundheit, Bildung, etc. werden rechtliche und technische Normen, monetäre Anreize sowie ein ganzes Bündel von weiteren Maßnahmen (Bildung, Öffentlichkeitsarbeit etc.) umgesetzt, die meist auch eine Umwelt- bzw. Klimarelevanz aufweisen. Dabei können sich auch (kurzfristige) Zielkonflikte auftun, sowohl mit ökonomischen als auch mit sozialen Zielsetzungen und anderen Politikbereichen (z.B. Außen- und Verteidigungspolitik beim Thema Zugang zu Rohstoffen und Kriseninterventionen in politisch instabilen Gegenden der Erde).

Damit handelt es sich beim Thema Umwelt meist um einen Evaluationsgegenstand mit hoher Komplexität. Zum Beispiel kommt im Bereich der Klimapolitik erschwerend hinzu, dass in Ergänzung zu den verschiedenen Interessenslagen auch Unsicherheiten über die konkreten, langfristigen Wirkungen des Klimawandels auf regionaler und lokaler Ebene auftreten, was den Konsens bezüglich der einzusetzenden Politikinstrumente (sog. „Policy-Mix") erschwert. Zudem stehen relativ wenig generalisierbare Erkenntnisse zu den konkreten Wirkungen von Umweltpolitikinstrumenten zur Verfügung, nicht zuletzt da deren Erfolg sehr vom Kontext und dem daraus abzuleitenden Verhalten der Individuen abhängt. Als Beispiel lässt sich der sog. „Rebound Effekt"[2]

---

1   Die Autoren danken Herrn Reinhard Zweidler, FHNW – Hochschule für Technik, Windisch, für wertvolle Hinweise im Rahmen eines Reviewprozesses. Wir konnten aufgrund von Platzgründen leider nicht alle aufnehmen – dies soll für eine Weiterentwicklung des vorliegenden Textes vorbehalten sein. Die Verantwortung für etwaige Fehler oder Missinterpretationen liegt natürlich allein bei den Autoren.

2   Eine breite Definition ist, dass erwartete Einsparungen von z.B. Energieverbrauch durch Verhaltensänderungen von Individuen (z.B. höherer Konsum aufgrund des freiwerdenden Einkommens) kompensiert werden.

nennen. Klimapolitische Erfolge durch Effizienzverbesserungen können eine nicht vorhergesehene Verhaltensreaktion hervorrufen und damit die intendierte (gesellschaftliche) Verbesserung teilweise wieder zunichtemachen. Bei einem zu eng gefassten Design einer Evaluation wird diese Möglichkeit wohl nicht einmal in Betracht gezogen.

Vor dem Hintergrund dieser Komplexität argumentieren inzwischen verschiedene Autoren, dass der Schwerpunkt einer effektiven Programmplanung und -umsetzung nicht mehr allein die ex ante Planung umfassen sollte, sondern dass beständige bzw. wiederkehrende Lernzyklen – ermöglicht durch Monitoring, Begleitforschung und/oder Evaluation der Programme – für eine erfolgreiche Umsetzung im Sinne eines Governance-Politikansatzes unabdingbar sind. Dies hat auch Auswirkungen auf den Evaluationsansatz, der bei umfassenden Themen wie Klimapolitik eher einen systemischen Charakter aufweisen und Elemente der Begleitforschung einbeziehen sollte.

Huitema et al. (2011, S. 179) schlussfolgern aufgrund einer Metaanalyse von 259 Evaluationen[3] von Klimapolitikinterventionen aus sechs europäischen Ländern (darunter auch Deutschland) sowie der EU-Ebene, dass sich zwischen den großen, konkurrierenden Denkansätzen der Sozialwissenschaften (hier: Rationalismus versus Konstruktivismus) ein in ersten Ansätzen erkennbarer Mittelweg abzuzeichnen beginnt.[4] In dem Überlappungsbereich gibt es eine akademische Diskussion darüber, wie mit Komplexität, Reflexivität sowie partizipativen Methoden in Evaluationen umgegangen werden sollte: „Theories of policy evaluation suggest that these evaluation practices should acknowledge the inherent complexity of climate policy making, be reflexive by questioning official policy goals, and be participatory.“

In dem Aufsatz von Huitema et al. (2011) wird darüber hinaus argumentiert, dass zur Handhabung der Komplexität die Ausarbeitung von Interventionstheorien/Wirkungsmodellen als Ausgangspunkt einer strukturierten Untersuchung der Politikintervention eine zentrale Rolle spielt. Die Ausarbeitung der Wirkmodelle hat den potenziellen Vorteil, dass nicht intendierte Nebeneffekte stärker in die Analyse einbezogen werden. Die Anwendung multipler Kriterien und Methoden zur Überprüfung von Hypothesen folgt ebenso daraus. In ihrer Analyse stellen die Autoren jedoch auch fest, dass die propagierte Vorgehensweise unzureichend Anwendung findet. So erfolgt in etwa der Hälfte der Evaluationen die Anwendung nur einer Methode (anstelle eines „Methodenmixes“) und das nicht nur mit Bezug zu den vordergründig akademischen Arbeiten.

Das Hinterfragen der Politikziele auf deren Zweckdienlichkeit hinsichtlich der zugrundeliegenden Intention (Reflexivität) wurde nur bei 18 % der in die Metaanalyse inkludierten Evaluationen, hauptsächlich durch parlamentarische Gremien und NGOs, umgesetzt. Aber sogar in diesen Fällen wird das Ausmaß an Reflexivität als relativ gering eingestuft.

Nur bei 12 Evaluationen (4,2 %!) wurde ein weiterer Kreis an Stakeholdern in einem Ausmaß einbezogen, dass man von einem partizipativen Ansatz sprechen kann;

---

3   In Form von nicht ausgeschriebenen, akademischen sowie von öffentlichen Organisationen ausgeschriebenen Politikevaluationen im Zeitraum 1998 bis 2007.
4   In dieser Diskussion scheinen Gegensatzpaare wie Objektivität vs. Werturteil, Reduktionismus vs. Emergenz, u.a. auf.

zudem waren 11 dieser Studien auf EU Ebene angesiedelt.[5] Der Zeitpunkt der Involvierung lag nicht im Stadium der Vorbereitung der Evaluation (Formulierung der Leistungsbeschreibung oder die Festlegung der Evaluationskriterien), sondern bei der Beschreibung des Status Quo und der Politikempfehlungen im Zuge der Umsetzung der Evaluation.

Die Metaanalyse der Klimapolitikevaluationen zeigte also, dass die Evaluationspraktiken den oben definierten Anforderungen nur zu einem relativ geringen Anteil entsprachen. Auch wenn wir unterstellen, dass es in den letzten Jahren eine teilweise positive Weiterentwicklung im Zugang zur Evaluation von Umwelt- bzw. Nachhaltigkeitspolitiken gegeben hat, scheint Spielraum für Verbesserungen gegeben zu sein.

Aufgrund der teilweise komplexen Zusammenhänge werden in Zukunft explizite theoriegeleitete Überlegungen in der Programmgestaltung (Stichwort: Wirkungsmodelle) eine größere Rolle spielen, die im Rahmen einer partizipativen Evaluation bzw. Begleitforschung überprüft werden können. Eine Verdeutlichung der Wirkungszusammenhänge erleichtert sowohl den Diskurs über die Angemessenheit von Politikzielen und der abgeleiteten Maßnahmen, als auch deren empirische Überprüfung.

2.   Historische Entwicklung

In Deutschland begann die Umweltpolitik in den 1960er und 1970er Jahren an politischer Bedeutung hinzuzugewinnen (vgl. Hünemörder, 2004). Seither hat sich der Anspruch an Umweltpolitik sowie deren Evaluation grundlegend verändert. Traditionelle Bereiche der Umweltpolitik (z.B. Luft, Wasser und Abfall) treten in der aktuellen politischen Diskussion etwas in den Hintergrund, doch sind sie weiterhin bedeutend. Klima- und energiepolitische Themen stehen neben Ressourceneffizienz, Ökologisierung der Wirtschaft, aber auch Biodiversität im Rahmen einer „nachhaltigen Entwicklung" im aktuellen Diskurs hoch oben, wobei hier der höhere Komplexitätsgrad der ökologischen sowie sozioökonomischen Zusammenhänge hervorzuheben ist.

Anhand von Überschneidungen zwischen Umwelt- und Energiepolitik, eingebettet in eine Transformation hin zu einer „Green Economy", verschwimmen die ursprünglich gesehenen Grenzen und es steigt der Anspruch an Evaluationen. Zusätzlich bringt der globale Charakter verschiedener Umweltprobleme mit sich, dass politische Maßnahmen durch internationale Abkommen (z.B. das Kyoto-Protokoll) koordiniert werden und die Umsetzung der international vereinbarten Zielvorgaben auf nationaler Ebene erfolgt.

Vier Dimensionen sind in diesem Zusammenhang von Bedeutung: (1) die vertikale Ebene, (2) die horizontale Ebene, (3) die zeitliche Dimension, sowie der (4) inter- bzw. transdisziplinäre Forschungsansatz. Bei der vertikalen Ebene stehen Probleme der Abgrenzung der Zuständigkeiten zwischen regionaler, nationaler, EU- und internationaler Ebene im Vordergrund. So sind nationale Maßnahmen zum Klimaschutz z.B. auch dahingehend zu analysieren, wie sie sich mit den Maßnahmen auf europäischer

---

5   Partizipation wurde hier definiert als Ausmaß, inwiefern die Involvierung von Stakeholdern über die Zielgruppe hinausging, und ob ein weiterer Kreis an Stakeholdern auch in die Rahmensetzung der Evaluation einbezogen wurde.

Ebene ergänzen bzw. von diesen abgrenzen und welche Maßnahmen auf Länderebene Bestandteil der Förderung sind. Auch gilt es zu evaluieren, ob die einzelnen Maßnahmen jeweils auf der richtigen Ebene angesiedelt sind. Mit Blick auf die horizontale Ebene geht es darum, ein Verständnis der Politiken auf den jeweiligen Ebenen zu entwickeln, um einordnen zu können inwiefern diese systematisch ineinandergreifen. Die zeitliche Dimension beleuchtet das Spannungsverhältnis zwischen kurz- und langfristigen Zielen, bspw. das Verhältnis zwischen den im Jahr 2050 liegenden Klimaschutzzielen und der „Angemessenheit" der aktuellen Politik zum erreichen der Ziele. So sind jährliche Reduktionen (von 1 %, wenn jetzt begonnen wird) notwendig, da „zu ambitionierte Ziele" in einem „zu kurzen Zeithorizont" stark zu Lasten der Wirtschaftsleistung gehen (etwa 2-3 %, würde erst 2020 begonnen) und damit kaum realistisch umgesetzt werden können. Gleichzeitig birgt das nicht Erreichen bestimmter Grenzwerte (z.B. in Bezug auf das sog. 2° C-Ziel) eine hohe Gefahr für die Umwelt und die Gesellschaft, weshalb eine Erfüllung der Zielvorgaben als unumgänglich anzusehen ist. Ein Hinauszögern der Maßnahmen erhöht damit die Anpassungskosten.

Die Vielfältigkeit des Umweltthemas spiegelt sich damit auch in der Evaluationspraxis. Unterschiede ergeben sich zum einen aus einem historischen Kontext heraus (Unterschiede in der Evaluationskultur der verschiedenen Disziplinen) und zum anderen durch die neuen Erkenntnisse über die Klimawirkungen und deren Zusammenhänge. Daraus entsteht die Notwendigkeit noch stärker als in der Vergangenheit fächerübergreifend zu kooperieren und die unterschiedlichen Denkansätze miteinander zu verzahnen.

So ist der Evaluationsbegriff im technisch-naturwissenschaftlichen Sinn eng mit dem Begriff der „Überwachung" verbunden (Klemisch, 2009).[6] Die Kontrolle der Einhaltung erfolgt durch Institutionen wie den Technischen Überwachungsverein (TÜV). Im Fokus steht die Einhaltung von Normen und Grenzwerten. Im Fall einer Verletzung der Grenzwerte werden entsprechende Maßnahmen eingeleitet, bis hin zum Entzug der Nutzungsrechte. Schwierigkeiten entstehen dadurch, dass sich entweder aufgrund von wissenschaftlichen Unsicherheiten oder der Debatte um das technisch Machbare versus dem ökonomisch Finanzierbaren Grenzwerte oft weniger an sinnvollen Zielvorgaben im Sinne des Vorsorgeprinzips orientieren, sondern im politischen Prozess korrigiert werden (die empirische Evidenz zeigt in vielen Fällen, dass die Grenzwerte zu hoch angesetzt werden).

Aus der damit einhergehenden Diskussion trat der Kosten-Nutzen-Aspekt immer stärker in den Vordergrund. Im Zuge dieser Debatte wurden Umweltthemen zunehmend auch von Ökonomen aufgegriffen. Aus ökonomischer Sicht sind viele Umweltexternalitäten auf das Fehlen klar definierter Eigentumsrechte für das öffentliche Gut „saubere Umwelt" zurückzuführen (sog. Politikversagen). Die Definition von Eigentumsrechten könnte in verschiedenen Fällen wesentlich zur Internalisierung der Umweltprobleme beitragen (Coase, 1960). Häufig finden auch sog. Umweltsteuern Anwendung, um individuelles Verhalten in eine gesellschaftlich gewünschte Richtung zu lenken (Pigou, 1932). Als weitere Politikinstrumente zum Beheben der negativen Externalitäten stehen sog. "Command and Control Policies" (generell Standards und Regulierungen) zur Verfügung, die relativ zu den beiden erstgenannten marktbasier-

---

6   Diese Tätigkeit lässt sich im Evaluationsjargon am ehesten dem Begriff des „Monitoring" zuordnen.

ten Beispielen aus politischer Sicht zu den meistgewählten Politikinstrumenten zählen.[7] Aus ökonomischer Sicht gelten die marktbasierten Instrumente (Steuern und Zertifikate) hingegen zu den präferierten Ansätzen, da sie theoretisch treffsicherer sind und das umweltpolitische Ziel effizienter als nicht marktbasierte Politikinstrumente erreichen können. Leider hinkt die empirische Evidenz bei der Definition der Eigentumsrechte (Stichwort: CO_2-Zertifikate) etwas hinter dem konzeptionellen Versprechen hinterher und konnte noch nicht ihr volles Potential entfalten. Hinsichtlich der steuerlichen Herangehensweise fehlen bislang die großen Vorhaben seitens der Politik.

Der Versuch, die Kosten von Umweltschäden zu bewerten, ist damit als Ausgangspunkt ökonomischer Evaluationen im Umweltbereich anzusehen. Eine Kosten-Nutzenbetrachtung (ex ante, begleitend oder ex post) zu den umweltpolitischen Eingriffen kann der Politik als eine Entscheidungsgrundlage dienen. Die Bewertung der Kosten stellt die Evaluator/inn/en jedoch vor umfassende methodische Herausforderungen, und macht sie somit „angreifbar". Aufgrund dessen wird auch hier argumentiert, dass derartige Methoden in einen partizipativen Prozess eingebettet sein sollten, um ein ausreichendes Maß an Legitimität zu gewährleisten.

Evaluationen im Sinne der klassischen Programmevaluation wurden in der frühen Phase der Umweltpolitik (bis in die frühen 1990er Jahre), wenn überhaupt, nur sehr eingeschränkt nachgefragt. Ab Mitte der neunziger Jahre hat sich dies jedoch verändert. Es setzte sich zunehmend die Erkenntnis durch, dass Umweltprobleme nicht allein durch technische Lösungen bewältigt werden können. Viele umweltpolitische Ansätze basieren darauf, dass man versucht Verhaltensänderungen der maßgeblichen Akteure zu erreichen, sei es durch Zwang oder durch Anreize. Insbesondere dort wo Anreizsysteme implementiert werden, ist deren Wirkung auf das menschliche Verhalten zentral und dies führt dazu, dass zunehmend sozialwissenschaftliche Ansätze, insbesondere auch solche der Verhaltensökonomie, nachgefragt werden. Damit öffnete sich die Umweltdiskussion vermehrt für sozialwissenschaftliche Fragestellungen und den damit einhergehenden Evaluationsmethoden. Zwar haben etablierte traditionelle Umweltinstitute in der Regel weiterhin einen technisch-naturwissenschaftlichen Schwerpunkt, doch erfordert die Komplexität und Breite des Feldes die Zusammenarbeit verschiedener Disziplinen, darunter auch mit Expert/inn/en der klassischen „Evaluations-Community" sowie aus dem Bereich der Wirtschaftswissenschaften.

Die Diskussion zeigt, dass die Ableitung allgemeingültiger Kriterien für Umweltevaluationen keineswegs trivial ist: Grundsätzlich sind Evaluation immer in dem jeweiligen Kontext zu sehen und dementsprechend sind auch die Methoden und Herangehensweisen zu wählen. Folgende Kriterien lassen sich jedoch aufgrund ihrer Bedeutung als allgemeingültig definieren und sind damit für die Ausgestaltung von Umweltpolitiken, darunter auch Klimapolitiken, bestimmend: (1) die Effizienz (Kosten-Nutzen-Verhältnis) zur Erreichung derzeitiger und zukünftiger Herausforderungen (z.B. zukünftige Veränderungen aufgrund von Demografie oder Klimawandel), (2) die ökologische Treffsicherheit, (3) eine etwaige dynamische Anreizwirkung, (4) die Verteilungsgerechtigkeit der Kostenübernahme, sowie (5) die Kosten, die sich aus Unsi-

---

7   Darüber hinaus wurden Ansätze im demeritorischen Sinne entwickelt (Musgrave, 1959), die einen Strukturwandel ohne ein objektives Erfolgskriterium der Effizienz unterstützen. Die Vorgehensweise ist ein allein politischer Abwägungsprozess, der mit Erfolgsindikatoren begleitend unterstützt, und bei Bedarf laufend korrigiert wird.

cherheiten ergeben können. Dies stellt unbestritten auch eine Herausforderung für die Evaluation dar.

3. Aktueller Stand

Seit Ende der 90er Jahre werden vermehrt Förderprogramme mit Bezug zu Umweltthemen evaluiert; auch politische Gesetze und Richtlinien werden einer evidenzbasierten Analyse unterzogen. Die folgende Tabelle listet eine Auswahl verschiedener Politiken in Deutschland, die einen starken Bezug zur Umwelt- und Energiepolitik haben, und einer Evaluation unterzogen wurden. So zum Beispiel das Erneuerbare-Energien-Wärme-Gesetz (EEG) oder das Kraft-Wärme-Kopplungsgesetz (KWKG).

Auch zukünftig ist davon auszugehen, dass Evaluationen im Umweltbereich an Bedeutung hinzugewinnen. Unter anderem fordert der Bundesrechnungshof regelmäßige Evaluationen der politischen Programme aller Bundesressorts. Umweltpolitische Themen wie die Energiewende werden auch in den nächsten Jahrzehnten das politische Tagesgeschäft dominieren. Der steigende Bedarf an Evaluationen etwaiger Maßnahmen betrifft neben der Bundesebene auch die internationale bzw. EU-Ebene sowie die Ebene der Länder und Regionen.

Aus Sicht der Evaluator/innen/en entsteht dabei die Herausforderung, dass die politischen Empfehlungen jeweils passgenau auf die zu adressierende politische Ebene zuzuschneiden sind, da sich der politische Gestaltungsspielraum der einzelnen Ebenen unterscheidet. So macht es einen wesentlichen Unterschied, ob sich Politikempfehlungen an Akteure auf EU-, Bundes- oder Landesebene richten. Zum Beispiel kommen politische Instrumente, wie handelbare Umweltzertifikate, eher auf EU- bzw. auf Bundesebene in Betracht und auch bei Umweltsteuern sind die Möglichkeiten der Länder durch die Verfassung eher eingeschränkt. Anders verhält es sich mit Vernetzungsaktivitäten, die für alle drei Ebenen relevante Politikoptionen darstellen. So wurden in Deutschland in den letzten Jahren auf Initiative der jeweiligen Bundesländer mehrere regionale Umweltagenturen gegründet.

Ein weiterer Trend ist darin zu sehen, dass Umweltpolitiken aufgrund der „neuen" Missionsorientierung in der Innovationspolitik zunehmend mit anderen Bereichen verschmelzen. Zum Beispiel stehen im Rahmen der Hightech-Strategie 2020 der deutschen Bundesregierung mit Klima und Energie und nachhaltige Mobilität zwei der fünf Bedarfsfelder der FTI-Politik in einem engen Bezug zu umweltpolitischen Themen (BMBF, 2013). Damit sind verschiedene FTI-Politiken wie die Förderung von Forschungskooperationen, Netzwerken und Clustern gerade auch mit Bezug zu Umwelttechnologien von zentraler Bedeutung. Durch die Fortschreibung des missionsorientierten Ansatzes im Rahmen der aktuellen Hightech- und Innovationsstrategie stehen gesellschaftliche Fragestellungen von hoher Zukunftsrelevanz auch weiterhin im Zentrum der Forschungspolitik. Diese aktuelle Entwicklung ist – in Ergänzung zu den Beispielen der vorherigen Abschnitte – als wesentlicher Grund anzusehen, weshalb die Komplexität der politischen Förderprogramme zunimmt und damit einhergehend der Methodenmix, der zur adäquaten Evaluation der Programme Anwendung findet. Auch die Förderung von Querschnittsthemen wie Unternehmensgründungen, Informations- und Kommunikationstechnologien oder Spitzentechnologien erfolgt vermehrt mit

Tabelle 1: Ausgewählte Strategien und Maßnahmen des Bundes und deren Evaluation

Bezeichnung und Referenz der Maßnahme	Art der Maßnahme	erwartetes Ergebnis	Zielgruppe und/ oder -tätigkeit	Zeitpunkt des Beginns und des Endes der Maßnahme	Evaluation
Erneuerbare-Energien-Gesetz (EEG)	Ordnungs-recht (monetärer Anreiz)	Erhöhter Anteil der erneuerbaren Energien an der Stromversorgung	Private Haushalt, Investoren	Beginn: April 2000 (als Nachfolgeregelung zu dem seit 1991 geltenden Stromeinspeisungsgesetz); Novellierungen 2004 und 2009; nächste Überprüfung 2011; das Gesetz ist nicht befristet	Evaluation der Direktvermarktung: Erste Ergebnisse im Rahmen des Projekts „Laufende Evaluierung der Direktvermarktung von Strom aus Erneuerbaren Energien", gefördert durch das Bundesministerium für Umwelt, Naturschutz und Reaktorsicherheit Jahr: 2013 Auftraggeber: BMU Auftragnehmer: FHG ISI http://www.isi.fraunhofer.de/isi-media/docs/e-x/working-papers-sustainability-and-innovation/WP01-2013_Working_Paper_Nutzenwirkung_1.pdf
Erneuerbare-Energien-Wärme-Gesetz (EEWärmeG)	Ordnungs-recht (monetärer Anreiz)	Erhöhter Anteil erneuerbarer Energien an der Wärmeversorgung von Gebäuden (Schwerpunkt Neubau)	Gebäudebesitzer (privat und öffentlich)	Beginn: Jan 2009; erste Überprüfung 2011	Erfahrungsbericht zum Erneuerbare-Energien-Wärmegesetz (EEWärmeG-Erfahrungsbericht) Jahr: 2011 Auftraggeber: BMU Auftragnehmer: Ecofys Germany GmbH, Fraunhofer-ISI, Öko-Institut und izes GmbH, http://www.erneuerbare-energien.de/fileadmin/Daten_EE/Dokumente__PDFs_/eewaermeg_erfahrungsbericht.pdf
Marktanreiz-programm (MAP)	Finanziell	Investitionen in erneuerbare Energien im Wärmesektor	Private Haushalte, Investoren	Beginn: 1999 aus den gesetzlich im EEWärmeG verankerten Mitteln bestritten; bis 2012	Evaluierung des Marktanreizprogramms für erneuerbare Energien: Ergebnisse der Förderung für das Jahr 2010, Auszug aus dem Gutachten „Evaluierung von Einzelmaßnahmen zur Nutzung" Jahr: 2011 Auftraggeber: BMU Projektkoordination: Fichtner GmbH & Co. KG, DLR, GFZ Helmholz Zentrum Potsdam, ifeu-Institut: Institut für Energie- und Umweltforschung gGmbH Heidelberg, SWT Technology und Technologie Förderzentrum Bayern (TFZ) http://www.erneuerbare-energien.de/fileadmin/ee-import/files/pdfs/allgemein/application/pdf/evaluation_map_2010.pdf

KfW-Förder-programme (z.B. CO2-Gebäude-sanierungs-programm)	Finanziell	Energieeffizienzmaßnah-men und Investitionen in erneuerbare Energien in Gebäuden	Private Haushal-te, Investoren, Gebäudeeigentü-mer, Kommunen, soziale Einrichtungen	z.B. Beginn: 1996	Effekte des CO2-Gebäudesanierungsprogramms 2007 Jahr: 2008 Auftraggeber: KfW Auftragnehmer: Bremer Energie Institut, Institut Wohnen und Umwelt, Darmstadt und Institut für Statistik der Universität Bremen http://www.bremer-energie-institut.de/download/publications/BEI500-003_0256_gutachten07.pdf
Kraft-Wärme-Kopplungs-gesetz (KWKG)	Ordnungs-recht (monetärer Anreiz)	Neubau, Modernisierung und Betrieb von KWK-Anla-gen sowie Wärmenetzen	Kraftwerksbetrei-ber, Energiever-sorger, Investoren	Beginn: April 2002, Novellierung Jan. 2009	Zwischenüberprüfung des Kraft-Wärme-Kopplungsgesetzes Jahr: 2011 Auftraggeber: BMWi Auftragnehmer: Prognos AG und Berliner Energieagentur GmbH http://www.bmwi.de/BMWi/Redaktion/PDF/Publikationen/novelle-des-kraft-waerme-kopplungsgesetzes,property=pdf,bereich=bmwi2012,sprache=de,rwb=true.pdf
Energieein-sparverord-nung (EnEV)	Ordnungs-recht (monetärer Anreiz	Einhaltung von Mindest-standards bezüglich der Energieeffizienz von Gebäu-den und Heizungs- sowie Kälteanlagen bei Sanierung und Neubau von Wohn- und Nichtwohngebäuden	Gebäudebesit-zer (privat und öffentlich)	Beginn (aktuelle Fas-sung vom 01.10.2009): Oktober 2007 Basis: Energieein-sparungsgesetz vom 28.03.2009; nächste Überprüfung 2011/2012	Evaluation und Begleitung der Umsetzung der Energieeinspar-verordnung 2002 in Baden-Württemberg Jahr: 2006 Auftraggeber: LUBW Auftragnehmer: ifeu-Institut: Institut für Energie- und Umweltfor-schung gGmbH Heidelberg/ECONSULT: Umwelt Energie Bildung GbR Rottenburg Evaluation und Begleitung der Umsetzung der Energieeinspar-verordnung 2002 in Baden-Württemberg http://www.fachdokumente.lubw.baden-wuerttemberg.de/servlet/is/40209/ZO3K23002SBer.pdf?command=downloadContent&filename=ZO3K23002SBer.pdf&
Energiefor-schungspro-gramm	Programm-förderung	Förderung von Umwelttech-nologien. Gefördert werden FuE-Vorhaben im Bereich der erneuerbaren Energien, Schwerpunktthemengebiete repräsentierten die Photo-voltaik und die Windenergie (mit besonderem Bezug zum Offshore-Bereich).	Unternehmen/KMU/ For-schungseinrich-tungen	Beginn 1974 Program-matik jeweils an die äußeren Umstände bzw. Begebenheiten angepasst. Die aktuelle Förderung findet im Rahmen des 5. Energieforschungs-programms statt.	Evaluierung des 4. Energieforschungsprogramms Erneuerbare Energien Jahr: 2007 Auftraggeber: BMU Auftragnehmer: Prognos, FhG ISE, IE, IWR und WindGuard http://www.prognos.com/uploads/tx_atwpubdb/070700_Prognos_BMU_Evaluierung_des_4_Energieforschungsprogramms.pdf

Quelle: Eigene Darstellung in Anlehnung an BUND (2009).

konkretem Bezug zu Umwelt- und Nachhaltigkeitsgesichtspunkten. Auch diese Beispiele sprechen für eine Zunahme der Nachfrage nach Umweltevaluationen einerseits, und andererseits für einen Anstieg der Anforderungen, dem/der Evaluator/in ausgesetzt sind.

Damit besteht bezüglich der Zusammensetzung der Gruppe, die sich mit der Evaluation einer Politikmaßnahme befasst (das „Evaluationsteam"), die Herausforderung, umwelttechnisches Wissen mit dem Methodenwissen zu Evaluationen in Einklang zu bringen (ähnliche Herausforderungen bestehen im Bereich der Zusammensetzung von FTI-Evaluationsteams). Es wäre grundsätzlich problematisch Umweltevaluation durchzuführen ohne das technische Wissen einzubeziehen, genauso problematisch ist es jedoch Evaluationen im Umweltbereich durchzuführen, ohne über die notwendigen grundlegenden Evaluationskenntnisse zu verfügen. Notwendig ist ein grundlegender Wissenstransfer zwischen Evaluator/inn/en und (Umwelt-)Techniker/inn/en, um die gestiegenen Anforderungen gegenüber Umweltevaluationen zukünftig noch besser bedienen zu können.

4. Zukünftige Entwicklungslinien

Ähnlich wie im Politikfeld FTI, in dem komplexer werdende Fördermaßnahmen im Zuge der stärkeren Missionsorientierung eine Kopplung verschiedener Themen und Wirkungsfelder nach sich zieht (siehe den relevanten Beitrag dazu in diesem Band), bedingt die Evaluierung der Umsetzung von Nachhaltigkeitspolitiken einen Evaluationsansatz, der sowohl den Umfang als auch die grundlegenden Unsicherheiten über Wirkungsmechanismen und Einflussfaktoren transparent darstellt. Hier ist vorab die adaptive ex ante Planung und Implementierung von Programmen und Portfolios inklusive deren begleitenden Evaluierung zur Integration kontinuierlicher Lernschleifen angesprochen.[8]

Die Politikevaluierung als ein Standbein der evidenzbasierten Politikberatung muss auf eine transparente Kombination von Annahmen („Theorie" der Wirkungsmechanismen) und empirischer Belege zur näherungsweise Bestätigung bzw. Falsifikation der Annahmen basieren. Dies betrifft umso mehr Politiken mit hinreichender Komplexität (wie das Thema Klima und Energie), aber auch weniger komplexe Umweltthemen. Es können auch unterschiedliche Aspekte des Evaluandums als „komplex" eingestuft werden (aufgrund von Unsicherheiten inhaltlicher Art, Ambiguität, Übereinstimmung über die Ziele der Politik, des Prozesses der Implementierung, der Verteilung der Kapazitäten/Befugnisse zur Implementierung etc.). Hier kann die Diskussion im Umweltbereich durchaus auch von der Evaluation von Entwicklungspolitiken lernen (z.B. Jones 2011, Hummelbrunner und Jones 2013, das Diskussionspapier der Arbeitsgruppe „Systemische Ansätze" der DeGEval aus dem Jahr 2013).

Ziel sollte es sein, möglichst offen die Annahmen über die Wirkungsmechanismen des Programms als auch jene der Stakeholder darzustellen und gleichzeitig zu disku-

---

8   Ein Ansatz fände sich z.B. in Blindenbacher, R. und Nashat, B. (2010). The Black Box of Governmental Learning. The Learning Spiral – A Concept to Organize Learning in Governments. Washington DC: World Bank Press. http://ieg.worldbankgroup.org/Data/reports/black_box_full.pdf [13.5.2014].

tieren, welche Unsicherheiten damit verbunden sind. Dies bedarf eines partizipativen Ansatzes der Evaluation (je nach Situation und den verbundenen Unsicherheiten, in unterschiedlichem Ausmaß) um die multiplen Perspektiven von Stakeholdern einzufangen.

Aus unserer Diskussion resultieren folgende Anforderungen für die Weiterentwicklung:

- Evaluator/inn/en suchen generell die Evaluationsfragen zu beantworten, die sich unmittelbar von den politischen Zielen sowie einigen Detailaspekten ableiten lassen und deren Beantwortung mit einem bestimmten Budget bedacht ist. Um sicherzustellen, dass der Rahmen bzw. die Dimensionierung der Evaluation nicht zu eng gesetzt ist, sind Auftraggeber/innen gut beraten, nicht nur bei der Entwicklung von Programmen und Portfolios, sondern auch bei der Formulierung der Ausschreibung („Terms of Reference") einen selektierten Kreis an Stakeholdern einzubeziehen. Dies impliziert die Notwendigkeit, die richtige Abgrenzung für die Evaluation sowie die adäquate Formulierung der Evaluationsfragen sicherzustellen. Dieser sehr wichtige Schritt im Zuge einer Evaluation soll somit die Reflexivität der Evaluation erhöhen.
- Eine entsprechende Abgrenzung des Evaluationsgegenstandes und der Definition der Evaluationsfragen erhöht die Wahrscheinlichkeit, dass bestimmte, mehr oder weniger komplexe Aspekte der Evaluation mit einem entsprechenden Methodenmix angegangen werden können.
- Es ist auch anzuraten, dass die Reflexion der Ergebnisse inklusive der Diskussion der Handlungsempfehlungen mit einem größeren Kreis an Stakeholdern („key actors") durchgeführt wird. Mit einem partizipativen Ansatz wird Transparenz hergestellt, wobei die Dimensionen der Legitimität, Vertrauen und Reziprozität als Teilaspekte des Governance-Ansatzes angesprochen werden.
- Daraus folgt das Erfordernis einer noch stärkeren Kompetenz von Evaluator/inn/en im Bereich der Moderation (mit Teilaspekten der Mediation) von Prozessen mit Einbezug von Stakeholdern. Darüber hinaus könnten innovative Evaluationsmethoden, z.B. abgeleitet von der Systemtheorie, verstärkt angewendet werden. Interdisziplinär bzw. transdisziplinär zusammengestellte Evaluator/inn/en-Teams werden die nötigen Kompetenzen eher aufweisen.
- Es spricht unserer Ansicht nach auch einiges dafür, die Erfolgskriterien und indikatoren für wichtige Umweltmaßnahmen zusammen mit Stakeholdern bzw. Nutznießern zu entwickeln um die Pluralität der Zugänge und die Anwendungsnähe zu erhöhen. Diese müssen die bereits definierten Erfolgskriterien und indikatoren der öffentlichen Hand mindestens umfassen, können aber darüber hinausgehen.
- Die obigen Argumente stärken somit den übergeordneten Trend hin zur begleitenden Evaluation von Programmen, wobei bereits bei der Ausschreibung (einer Fördermaßnahme) die Evaluation berücksichtigt werden sollte, um anhand einer „Nullmessung" die Evaluierbarkeit sicherzustellen, und passende Lernzyklen im Zuge der Entwicklung des Programm(-portfolios) zu etablieren.
- Insbesondere bei Evaluationen im Umweltbereich sollten nicht nur die intendierten Wirkungen von Programmen und Projekten untersucht werden, sondern deren Gesamtumweltauswirkung sowie deren Auswirkung auf andere Politikberei-

che. Dabei ist zu berücksichtigen, dass noch in vielen Bereichen ein unzureichender Kenntnisstand über solche Wirkungszusammenhänge besteht. Deshalb ist das „Politikversagen" im Bereich der Umweltpolitik stets angemessen zu würdigen. Ist dies, etwa aus Gründen des Budgets, der zur Verfügung stehenden Zeit etc. nicht möglich, müssen die Befunde solcher Evaluationen wenigstens angemessen relativiert werden, sodass auch „fachfremde" Leser/innen die Befunde richtig einordnen können.

- Darüber hinaus ist die Integration von Umweltaspekten in Politikevaluationen anderer Felder weiter voranzutreiben, wie mit Bezug zur Genderpolitik als ein weiteres Querschnittsthema, zumindest in Österreich, bereits gelungen ist.

Abschließend lässt sich festhalten, dass die Evaluation von Umwelt- bzw. Nachhaltigkeitspolitiken oft ein Querschnittsthema der anderen Politikbereiche darstellt, wie sich dies auch in der Struktur der DeGEval manifestiert. Darüber hinaus weisen Evaluationen von spezifischen Umweltaspekten jedoch genügend Eigenheiten auf, die eine separate Behandlung des Themas in der DeGEval als gerechtfertigt erscheinen lässt, bzw. dass Evaluator/inn/en mit spezifischen Kenntnissen der Umweltthematiken (Klima, Energie, Ressourcen etc.) nötig sind. In einem solchen AK könnte es vor allem darum gehen, die Kombination von Feld- und Evaluationswissen zu pflegen und innovative Methodenkompetenz zu entwickeln.

Dazu wäre es empfehlenswert, dass Fachexperten in Bereichen der Umwelttechnik sowie Umweltpolitik in die Evaluator/inn/en-Community integriert werden, die bislang noch keinen Kontakt suchten, jedoch Fachexpertisen bzw. Evaluationen für Bund und Länder durchführen. Man kann derzeit nicht davon ausgehen, dass diesem Kreis an Akteuren die Evaluationsstandards der DeGEval oder der fteval bekannt sind bzw. eine systematische Anpassung an die spezifischen Bedarfe stattfindet (siehe auch Widmer et al., 2009). Dazu wäre es wünschenswert, dass sich diese Fachexperten auch in der DeGEval engagieren bzw. die DeGEval gemeinsam mit Fachexperten Veranstaltungen durchführt.

Literatur

Blindenbacher, R. & Nashat, B. (2010). *The Black Box of Governmental Learning. The Learning Spiral – A Concept to Organize Learning in Governments.* Washington D.C.: World Bank Press. Verfügbar unter: http://ieg.worldbankgroup.org/Data/reports/black_box_full.pdf [13.5.2014].

BMBF (2013). *Wohlstand durch Forschung. Bilanz und Perspektiven der Hightech-Strategie für Deutschland.* Verfügbar unter: http://www.bmbf.de/pub/HTS_Bilanzbericht_Wohlstand_durch_Forschung.pdf [28.02.2014].

BUND (2002). *Perspektiven für Deutschland – Unsere Strategie für eine nachhaltige Entwicklung.* Verfügbar unter: http://www.bundesregierung.de/Content/DE/_Anlagen/Nachhaltigkeit-wiederhergestellt/perspektiven-fuer-deutschland-langfassung.pdf;jsessionid=E1429ADDC0923AC11D61AFF41D0507CA.s1t2?__blob=publicationFile&v=2 [28.02.2014].

BUND (2009). *Nationaler Aktionsplan für erneuerbare Energie gemäß der Richtlinie 2009/28/EG zur Förderung der Nutzung von Energie aus erneuerbaren Quellen.* Verfügbar unter: http://www.erneuerbare-energien.de/fileadmin/ee-import/files/pdfs/allgemein/application/pdf/nationaler_aktionsplan_ee.pdf [28.02.2014].

Coase, R. H. (1960). The Problem of Social Cost. *Journal of Law and Economics*, 3, 1–44.

Duscha, M., Klemisch, H. & Meyer, W. (2009). Umweltevaluation in Deutschland – Entwicklungstrends mit Fokus auf den Energiesektor. In T. Widmer, W. Beywl & C. Fabian (Hrsg.), *Evaluation: Ein Systematisches Handbuch* (S. 203–212). Wiesbaden: VS Verlag für Sozialwissenschaften.

Henzelmann, T., Mehner, S. & Zelt, T. (2007). *Umweltpolitische Innovations-und Wachstumsmärkte aus Sicht der Unternehmen. Studie für das Umweltbundesamt.* Verfügbar unter: http://opus.kobv.de/zlb/volltexte/2008/6163/pdf/uib0207.pdf [28.02.2014].

Huitema, D., Jordan, A., Massey, E., Rayner, T., van Asselt, H., Haug, C., Hilchingsson, R., Morri, S. & Stripple J. (2011). The evaluation of climate policy: theory and emerging practice in Europe. *PolicySciences, 44,* 179–198.

Hummelbrunner, R. & Jones, H. (2013). A guide for planning and strategy development in the face of complexity. *ODI Background Note.* Verfügbar unter: http://www.odi.org.uk/publications/7325-aid-development-planning-strategy-complexity [28.03.2014].

Hünemörder, K. F. (2004). *Die Frühgeschichte der globalen Umweltkrise und die Formierung der deutschen Umweltpolitik.* Stuttgart: Franz Steiner Verlag.

Jänicke, M. (2006). Umweltpolitik auf dem Wege zur Querschnittspolitik, in: M. G. Schmidt & R. Zohlnhöfer (Hrsg.), *Regieren in der Bundesrepublik Deutschland* (S. 405–418). Berlin: Springer Verlag für Sozialwissenschaften.

Jones, H. (2011). Taking responsibility for complexity. How implementation can achieve results in the face of complexity. *ODI working paper* 330. Verfügbar unter: http://www.odi.org.uk/sites/odi.org.uk/files/odi-assets/publications-opinion-files/6485.pdf [28.03.2014].

Kemfert, C. (2005). Weltweiter Klimaschutz – Sofortiges Handeln spart hohe Kosten. *DIW-Wochenbericht 72,* 209–215.

Klemisch, H. (2009). Umweltevaluationen in Deutschland: Von Folgeabschätzungen zu nachhaltigen Lernprozessen, *Evaluation,* 203–212.

Musgrave, R. A. (1959). *The Theory of Public Finance.* New York.

OECD (2011). Towards Green Growth: Monitoring Progress, *OECD Indicators.* Verfügbar unter: http://www.oecd.org/greengrowth/48224574.pdf [28.02.2014].

Pigou, A.C. (1932). *The Economics of Welfare.* London: Macmillan.

Christian Erzberger, Udo Kelle

Methodisch handeln im Evaluationsprozess

Aus forschungsmethodischer Perspektive finden Evaluationen im Bereich der Praxis-, Anwendungs- und Auftragsforschung statt, greifen aber auch auf Befunde, Erfahrungen und Verfahren wissenschaftlicher Grundlagenforschung zurück. Die dort entwickelten Methoden, Strategien und Techniken müssen allerdings auf die spezifischen Bedürfnisse von Evaluation bezogen und daraufhin angepasst werden. Im Jahr 2010 wurde der AK „Forschungsmethoden in der Evaluation" gegründet, um diese Probleme im Kontext der Fachgesellschaft DeGEval zu diskutieren. Im Gegensatz zu anderen Arbeitskreisen der DeGEval, die ein genuin inhaltliches Evaluationsfeld bearbeiten, ist die wesentliche Aufgabe unseres „Querschnittsarbeitskreises" der offene Austausch über Evaluationsmethoden über einzelne inhaltliche Evaluationsfelder hinweg. Hierbei geht es um methodologische und methodische Probleme, die im Rahmen von Evaluationen auftreten sowie um Lösungsstrategien zur Bearbeitung dieser Probleme. Ein Schwerpunkt der Diskussionen liegt dabei auf besonderen Anforderungen und auch Beschränkungen, die auftragsgebundene Evaluationen mit sich bringen. Die methodische und methodologische Elaboration von Verfahren und Standards, wie sie etwa in DFG-Projekten an Universitäten entwickelt und umgesetzt werden, ist im Bereich der Evaluation aus praktischen Gründen oft nicht erreichbar, wäre auch teilweise kontraproduktiv, weil zeitliche Ressourcen beschränkt sind und Evaluationen unter dem Druck politischer und organisatorischer (d.h. betrieblicher und administrativer) Handlungserfordernisse und -erwartungen stehen. Sozialwissenschaftliche Forschung innerhalb eines Praxisfeldes (bzw. der Versuch, diese Praxis zu bewerten) ist einer „Operation am offenen Herzen" vergleichbar – das bedeutet, dass sich Evaluation und die angewandten Methoden an den spezifischen Erfordernissen der jeweiligen Praxis orientieren müssen. Die Aufgabe, unter den spezifischen Bedingungen der Evaluationspraxis zuverlässige, valide und aussagekräftige Daten zu erheben und in sinnvoller Weise auszuwerten, ist äußerst anspruchsvoll. Evaluator/inn/en stehen permanent vor der Herausforderung, die in sozialwissenschaftlichen Fächern entwickelten Standards und Gütekriterien der Methodenentwicklung (wie Messgenauigkeit, Objektivität, inhaltliche Gültigkeit, Repräsentativität u.a.m.) mit den besonderen Bedingungen des Forschungsfeldes und den Anforderungen von Seiten der Auftraggebenden und anderer Stakeholder zu vereinbaren und in diesem Prozess unterschiedliche (akademische und administrativ-politische) Diskurswelten zueinander in Beziehung setzen Dies setzt sowohl fachwissenschaftliche und methodische Kompetenz als auch eine

Offenheit bezüglich des evaluativen Vorgehens voraus – beides konstitutive Elemente des Handelns im Bereich der Evaluation.

„Offenheit" bedeutet dabei, dass nicht nur über die klassischen Methoden zur Erhebung und Auswertung sozialwissenschaftlicher Daten reflektiert und diskutiert werden muss, sondern auch über besondere evaluative Verfahren wie etwa: entscheidungstheoretische oder beteiligungsorientierte Bewertungsverfahren. Unter „methodischer Kompetenz" wiederum wird hier verstanden, dass – anders als in der Grundlagenforschung – in der auftragsbasierten Evaluation unter dem Handlungsdruck der Praxis oft die in den Fachwissenschaften bislang vorhandenen Standardlösungen aus Zeit-und Ressourcengründen nicht umgesetzt werden kann, sondern ökonomisch vertretbare und pragmatisch handhabbare Alternativen entwickelt werden müssen. Die methodische Strenge und Qualität und die methodologische Begründbarkeit solcher Alternativen, die gegenüber problematischen und unwissenschaftlichen Formen von Evaluationspraxis abgegrenzt werden müssen, ist ein ebenso wichtiges Anliegen für in der Evaluation Tätige und Auftraggebende, wie die Anwendung allgemein akzeptierter wissenschaftlich begründeter Qualitätskriterien im Handlungsfeld Evaluation. Hinzu kommt, dass auf dem sehr weiten und interdisziplinären Feld empirischer Forschungsmethoden und der Methodologie empirischer Sozial- und Verhaltensforschung in den letzten Jahrzehnten rapide Entwicklungen und bedeutsame Debatten stattgefunden haben. Diese betreffen einerseits die Entwicklung fortgeschrittener und teilweise recht komplexer Verfahren der Datenerhebung und Datenauswertung (vgl. etwa Diekmann 2004; Wolf, Best 2010) und andererseits konzeptuelle und grundsätzliche Fragen wie etwa das Verhältnis qualitativer und quantitativer Methoden (vgl. Kelle 2008, Kuckartz 2014). Viele dieser Entwicklungen sind für Evaluation als berufliche Praxis und wissenschaftlich begründete Tätigkeit von unmittelbarer Relevanz: dies gilt etwa für die zunehmende Verfügbarkeit von EDV-gestützten, statistisch anspruchsvollen, aber oft leicht zu implementierenden Datenanalysetechniken, deren Anwendungsvoraussetzungen nichtdestotrotz sehr komplex sein können. Das betrifft weiterhin Debatten über „Hierarchien der Evidenz" und „evidence based practice" u.a.m (vgl. bspw. Grinell, Unrau 2010, Hammersley 2013). Von diesen Entwicklungen angeregt, oder auch unabhängig davon, finden in wissenschaftlichen Einzeldisziplinen immer wieder intensive Debatten über wissenschaftlich begründete Standards für gute und vertretbare Forschung statt. Der AK „Forschungsmethoden in der Evaluation" greift diese Debatten und ihre Ergebnisse auf und diskutiert deren Relevanz für die Evaluationspraxis.

1. Ziele des Arbeitskreises

In dem Arbeitskreis wird der aktuelle Stand der Methodendiskussion, der Methodenentwicklung und der Debatte um Bewertung und Bewertungsverfahren in relevanten Fachdisziplinen (Psychologie, Statistik, Soziologie, Ökonomie, Medizin, Pflegewissenschaften u.a.m.), insoweit dieser Stand für Evaluation von Relevanz ist, diskutiert, um auf diese Weise unterschiedliche, für Evaluation relevante Fachdisziplinen in Austausch miteinander zu bringen. Im Zentrum der Aufmerksamkeit stehen dabei Gütestandards und Qualitätskriterien von Evaluationsmethoden. Im Sinne der aus der evidenzbasierten Medizin bekannten „Hierarchie der Evidenz" sollen dabei *best practi-*

ces und akzeptable *good practices* identifiziert werden und die Geltungsreichweite von Aussagen, die mit Verfahren unterschiedlicher methodischer Strenge und Komplexität formuliert werden können, vergleichend bestimmt werden. Damit soll die Bandbreite wissenschaftlich vertretbarer Evaluationsmethoden in zwei Richtungen abgegrenzt werden: einerseits gegenüber zeit- und personalintensiven, hochkomplexen methodischen Verfahren, die in der wissenschaftlichen Grundlagenforschung einen Platz haben und andererseits gegenüber „Folkloremethoden" der Praxis, denen methodische Kontrolle weitgehend fehlt. Für in der Evaluationsforschung Tätige ebenso wie für Auftraggebende und an Evaluationsergebnissen Interessierte sollen auf diese Weise Brauchbarkeit und Erkenntnisgrenzen unterschiedlicher methodischer Ansätze verdeutlicht werden. Hierbei werden praxisferne Debatten um abstrakte methodische und methodologische Konzepte „am grünen Tisch" vermieden, grundsätzliche methodische Fragen und Probleme vielmehr beständig in Referaten und Plenums- und Kleingruppendiskussionen auf die Erfordernisse der Evaluationspraxis bezogen.

2. Methodische Problembereiche

Im Folgenden werden wir einige der wesentliche methodischen Probblemfelder in der Evaluation skizzieren, in denen der AK-Methoden aktiv ist:

a) Qualitative und quantitative Daten und Methoden
Die starke Trennung zwischen der qualitativen und der quantitativen Methodentradition in der empirischen Sozialforschung erweist sich gerade im Bereich der Evaluation als schwerwiegendes Problem, weil qualitative und quantitative Methoden für jeweils unterschiedliche Ziele einsetzbar sind, die im Rahmen von Evaluationsdesigns oft gemeinsam verfolgt werden müssen: dies ist einerseits die Notwendigkeit, objektiv messbare und für bestimmte Gruppen verallgemeinerbare Ergebnisse, etwa über die Wirkungen eines bestimmten Programms, zu produzieren. Hierzu ist der Einsatz quantitativer Verfahren unabdingbar. Andererseits verfolgen Evaluationen aber auch häufig das Ziel, bislang unbekannte Prozesse und Strukturen und die ihnen zugrunde liegende Wirkkräfte zu identifizieren. Die Exploration bislang unbekannter Sachverhalte und Zusammenhänge ist eine klassische Domäne qualitativer, interpretativer Methoden der Sozialforschung. Nun generieren beide Methodentraditionen bei der Erfassung sozialer Wirklichkeit oft spezifische „blinde Flecken", die erst durch eine Kombination qualitativer und quantitativer Daten und Methoden entdeckt und ausgeglichen werden können. Die Einsicht, dass qualitative und quantitative Forschung jeweils spezifische Schwächen und Begrenzungen aufweisen, die durch die Stärken der jeweils anderen Methodentradition ausgeglichen werden können, spielt eine große Rolle für die in den letzten beiden Jahrzehnten aus der US-amerikanischen Bildungsforschung entstandenen „Mixed methods" Bewegung (Tashakkori, Teddlie 2010), die in den Diskussionen in der Evaluation einen prominenten Platz einnimmt. Dabei hat die Frage nach der Bedeutung methodenübergreifender Gütekriterien und Qualitätsstandards eine zentrale Bedeutung: Die Etablierung von allgemein akzeptierten Standards für die Wissenschaftlichkeit von Evaluationen ist ein zentraler Schritt hin zur Professionalisierung von Evaluation sowohl im Sinne der internen Diskussion und

Verständigung innerhalb der Profession als auch im Hinblick auf die Außenwirkung gegenüber (potenziellen) Auftraggebenden und der Öffentlichkeit.

b) Relevanz von Evaluationsergebnissen

Im Unterschied zur Grundlagenforschung sollen Ergebnisse von Evaluationen in der Regel dazu dienen, Handlungspraxis direkt zu bewerten und anzuleiten. Dieser Fokus bringt besondere Herausforderungen mit sich, weil Fragen nach organisatorischen und institutionellen Rahmenbedingungen, unter denen Evaluationen stattfinden, hier besondere Aufmerksamkeit verdienen: Evaluation darf einerseits die Praxis, auf die sie sich bezieht, nicht zu sehr behindern, andererseits aber dürfen deren Erfordernisse auch die Evaluation nicht in der Erhebung valider Daten und der Ermittlung von Ergebnissen einschränken. Um die Balance zwischen professionellen Standards einerseits und den Bedarfen des Evaluationsfeldes andererseits zu halten, ist es unumgänglich, relevante Programmakteurinnen und -akteure in die Untersuchung einzubeziehen, welche die Implementation von Evaluationen beratend begleiten, ohne dabei deren Ziele zu gefährden. Die Aufgabe der Evaluatorinnen und Evaluatoren besteht dann in der Aushandlung von für die Beteiligten tragbaren und professionell verantwortbaren Kompromissen beim Einsatz unterschiedlicher Methoden. In diesen Zusammenhang gehören auch die Belange des Datenschutzes, dessen Auflagen gerade in sozial sensiblen Evaluationsfeldern sinnvolle Evaluationen oft sehr erschweren.

c) Methodische Qualität von Evaluation

Die Praxisgebundenheit von Evaluation hat nicht nur Folgen für die Implementierung der Untersuchung in die Programmstrukturen, sie müssen nämlich häufig in den täglichen Prozessablauf einer Institution eingebaut werden. Dies kann auch die angewandten Methoden selbst mehr oder weniger stark beeinflussen: Zeitliche und finanzielle Restriktionen erschweren bspw. oftmals den Einsatz aufwändiger Verfahren qualitativer und quantitativer Datenerhebung und -auswertung. Bei der Durchführung qualitativer Interviews sind dann zum Beispiel Transkriptionen der aufgezeichneten Gespräche schwierig zu realisieren; oder bei quantitativen Erhebungen überschreitet die nach stichprobentheoretischen Kriterien erforderliche Größe des Samples den vom Auftraggeber gesteckten Budgetrahmen. Die Rolle wissenschaftlicher Kriterien und Standards in Evaluationsprozessen und die Bedeutung unterschiedlicher Wissenschaftsverständnisse in diesem Kontext ist deshalb ein zentrales Diskussionsfeld für die Evaluation. Dies betrifft auch Fragen nach der wissenschaftlichen Dignität und Seriösität von unterschiedlichen Methoden der Datensammlung und -auswertung, die in der Evaluationspraxis eingesetzt werden.

d) Beziehungen zwischen Evaluator/inn/en und Auftraggebenden

Bei Evaluationen nehmen beteiligte und betroffene Akteure mit divergierenden Interessen und unterschiedlichen Machtressourcen auf die Prozesse der Zielformulierung, Instrumentenkonstruktion, Datenerhebung, Datenanalyse und Dateninterpretation Einfluss. Interessen von unterschiedlichen Stakeholdern können dabei mit professionellen Standards von Evaluation und Evaluatoren in Konflikt geraten, aber auch Auftraggebende können sich in unterschiedlichen Dilemmata zwischen organisationsbezogenen Anforderungen, ökonomisch-politischen Sachzwängen und professionellen Ansprüchen wiederfinden. Diese Probleme müssen im Rahmen von Evaluationen reflektiert werden, und es müssen forschungspraktikable Lösungen gefunden werden, die einerseits die jeweiligen Interessen der verschiedenen Stakeholder berücksichtigen und bei denen andererseits Kriterien methodisch professioneller Evaluation nicht verletzt werden.

e) Vermittlung und Dissemination von Ergebnissen
Im universitären oder außeruniversitären Wissenschaftsbetrieb treffen die Darstellung von Ergebnissen und die Beschreibung des methodischen Vorgehens normalerweise auf ein Fachpublikum, das mit wissenschaftlich komplexen elaborierten Codes vertraut ist. In Evaluationen ist dies dahingegen nicht immer der Fall. Hier müssen Aussagen und Fachtermini in einem für alle Beteiligten verständlichen Code übermittelt werden und dabei die Komplexität der Darstellung (bspw. der verwendeten Methoden) an vorhandene Wissensbestände angepasst werden, ohne dass inhaltliche Aussagen verfälscht oder unvollständig wiedergegeben werden.

3. Entwicklungsperspektiven

Die oben skizzierten methodischen Herausforderungen geben in aller Kürze die Arbeitsfelder wieder, die den Rahmen für die Diskussionen des AK-Methoden abgeben. In unserem Querschnittsarbeitskreis werden diese Probleme an unterschiedlichen inhaltlichen Beispielen aus teilweise sehr unterschiedlichen Evaluationsfeldern bearbeitet. Dabei bemühen wir uns stets um ein lösungsorientiertes Vorgehen, indem etwa die Vortragenden dazu motiviert werden, in ihren Präsentationen Beispiele für mögliche Lösungen anzubieten. Auch in den an die Vorträge sich anschließenden Gruppenarbeitsphasen werden lösungsorientierte Aufgabenstellungen formuliert. Diese Einstellung hat auch die Auswahl der Themen für die bisherigen Frühjahrstagungen stark beeinflusst.

Wie alle anderen Arbeitskreise auch führt der AK „Forschungsmethoden in der Evaluation" Sessions auf den Jahrestagungen der DeGEval sowie jährlich eine eigene Frühjahrstagung durch. Im Zentrum standen in der Vergangenheit dabei immer praktische, innovative methodische Ansätze von Evaluationen und methodisch-methodologische Grundsatzfragen in ihrem Bezug zur Evaluationspraxis. Die jeweils inhaltliche Thematik hatte dabei lediglich die Funktion eines „Trägers", auf der die methodischen Verfahren erläutert wurden. An die Vorträge schließen sich Diskussionen an, in denen methodische und methodologische Debatten und Konzepte auf praktische Fragestellungen, Arbeitsfelder und Erfahrungen bezogen werden. Diese Diskussionen wurden verschriftlicht und als Ergebnisprotokolle den Mitgliedern der DeGEval bzw. den am AK-Methoden Interessierten zur Verfügung gestellt. Das Themenspektrum der Frühjahrstagungen orientiert sich dabei an dem ursprünglichen „Mission Statement" des Arbeitskreises aus der Gründungsphase und an einer Befragung der Mitglieder des AK-Methoden bezüglich der inhaltlichen Ausrichtung des Arbeitsspektrums. Die Tagungen sind jeweils unterteilt in Präsentationen einerseits und Kleingruppenarbeit andererseits, in der die Beiträge diskutiert werden. In der Regel gibt es vier Vorträge, zwei, die sich eher mit methodischen bzw. methodologischen Grundsatzproblemen beschäftigen und zwei, die eher praktisch ausgerichtet sind.

Die folgenden Themen wurden in der Vergangenheit bearbeitet:

2011 „Wirkungsanalyse – qualitative und quantitative Ansätze"

2012 „‚Best Practice' zwischen wissenschaftlichen Standards und politischer Einflussnahme"

2013 „Zwischen wissenschaftlichen Gütekriterien und den Erfordernissen der Evaluationspraxis I – die quantitative Seite"

2014 „Zwischen wissenschaftlichen Gütekriterien und den Erfordernissen der Evaluationspraxis II – die qualitative Seite".

Relevante Themen für den AK wurden bereits in dem Gründungspapier des AK aufgelistet; auf einer der ersten Frühjahrstagungen wurde diese Liste durch ein Meinungsbild unter den AK-Mitgliedern ergänzt:

- Forschungsdesigns in der Evaluation
- Gütekriterien empirischer Forschung
- Sampling in der Evaluation
- Verfahren standardisierter Datenerhebung
- Qualitative Interview- und Beobachtungsverfahren
- Schärfung von Begrifflichkeiten
- Statistische Methoden in der Evaluation
- Pragmatismus versus „Gold-Standard"
- Übersetzung von Ergebnissen an Laien
- Partizipative Verfahren und ihre Grenzen

Auf den letzten Jahrestagungen ist es dabei gelungen, eine lebendige und fruchtbare Debatte zwischen Evaluatoren und Evaluatorinnen, Auftraggebenden und zu Evaluationsmethoden arbeitenden Wissenschaftler/inne/n über methodische Fragen und Probleme zu initiieren und dabei sowohl die Frage der Umsetzbarkeit von professionellen Evaluationsmethoden in der Evaluationspraxis als auch die Bedeutung von methodischen Gütekriterien und Qualitätsstandards angemessen zu berücksichtigen.

Literatur

Diekmann, Andreas (2004) (Hg.), Methoden der Sozialforschung, Sonderheft 44/2004 der Kölner Zeitschrift für Soziologie und Sozialpsychologie. Wiesbaden: VS Verlag für Sozialwissenschaften.

Grinnell, Richard M. Jr.; Unrau, Yvonne A. (2013): Social Work Research and Evaluation: Foundations of Evidence-Based Practice. Oxford: Oxford University Press.

Hammersley, Martyn (2013): The Myth of Research-based Policy and Practice. London: Sage.

Kelle, Udo (2008): Die Integration qualitativer und quantitativer Methoden in der empirischen Sozialforschung. Theoretische Grundlagen und methodologische Konzepte. Wiesbaden: Verlag für Sozialwissenschaften.

Kuckartz, Udo (2014): Mixed Methods. Methodologie, Forschungsdesigns und Analyse-verfahren. Wiesbaden: VS Verlag.

Tashakkori, Abbas; Teddlie, Charles (2010): Sage Handbook of Mixed Methods in Social and Behavioral Research (2. Auflage). Thousand Oaks: Sage.

Wolf, Christof; Best, Henning (2010): Handbuch der sozialwissenschaftlichen Datenana-lyse. Wiesbaden: VS/Springer.

Maria Gutknecht-Gmeiner, Angela Wroblewski

Evaluation von Gender Mainstreaming und Gendern von Evaluation

1. Einleitung

Verständnis von Gender Mainstreaming

Gender Mainstreaming bezeichnet die Strategie, geschlechtsspezifische Disparitäten und Benachteiligungen durch die durchgängige Berücksichtigung der Geschlechterperspektive in allen Politik- und Handlungsfeldern zu beseitigen. Ziel ist die Gleichstellung der Geschlechter. Die Umsetzung dieses Ziels bleibt nicht auf die Durchführung spezifischer Maßnahmen für Frauen beschränkt, sondern erfordert, dass politische Konzepte und Maßnahmen hinsichtlich ihrer Auswirkungen auf die Situation von Frauen und Männern bereits in der Planungsphase systematisch überprüft und die möglichen Auswirkungen bei der Umsetzung berücksichtigt werden.[1] Gender Mainstreaming als systematische und umfassende Strategie zur Gleichstellung der Geschlechter ist seit 1999[2] für alle Mitgliedstaaten der Europäischen Union als vertragliche Verpflichtung festgeschrieben.

Aspekte von Gender Mainstreaming in der Evaluation

Gender Mainstreaming ist daher auch in der Evaluation zu verankern. Dabei lassen sich zwei Aspekte des Gender-Mainstreaming-Ansatzes unterscheiden:
- Zum einen meint *Gender Mainstreaming in der Evaluation* eine durchgängig gleichstellungsorientierte Zugangsweise in allen Evaluierungen.
- Zum anderen wird darunter die *Evaluation von Gender-Mainstreaming-Implementationsprozessen und Pilotprojekten* subsumiert.

Die Berücksichtigung der Geschlechterperspektive schließt an ein Verständnis von Gender als soziales Konstrukt an. Der Arbeitskreis Gender Mainstreaming in der DeGEval vertritt ein differenziertes Konzept von Gender, das die Vielfalt von Männern und Frauen berücksichtigt. Gender bezieht sich nicht auf vermeintlich homogene Genusgruppen, sondern wird im Sinne der Intersektionalität als mit weiteren Struk-

---

1 Europäische Kommission (1996): Einbindung der Chancengleichheit in sämtliche politische Konzepte und Maßnahmen der Gemeinschaft [Komm(1996)67endg.].
2 Ratifizierung des Vertrags von Amsterdam.

turkategorien (wie z.B. Alter, sozioökonomischer Status oder ethnischer Hintergrund) verwoben betrachtet.

Der Gender-Mainstreaming-Ansatz subsumiert in dieser Definition sämtliche gleichstellungsorientierte Praktiken in der Evaluation sowie ein feministisches Evaluationsverständnis.[3] Er geht davon aus, dass es keine geschlechtsneutrale Wirklichkeit gibt, sondern dass in allen sozialen Situationen Geschlecht eine Rolle spielt. Voraussetzung für Gender Mainstreaming in der Evaluation ist die Identifikation der inhärenten Genderdimension von Evaluationsgegenständen. Darunter werden geschlechtsspezifische Unterschiede in Zugang zum und Teilhabe am Evaluationsgegenstand sowie die geschlechterdifferenzierte Wirkung des Evaluationsgegenstandes verstanden, die durch vorherrschende gesellschaftliche Machtverhältnisse, Strukturen, Werte, Normen und Rollenbilder bedingt sind.

Umsetzung von Gender Mainstreaming in der Evaluation

Gender Mainstreaming von Evaluationen bedeutet, Daten geschlechtsdifferenziert zu erheben und auszuwerten, Kontext und Ergebnisse systematisch auf mögliche geschlechtsspezifische Unterschiede hin zu untersuchen und die Bewertung der Programmwirkungen in gleichstellungsorientierter Perspektive vorzunehmen. Dies erfordert entweder die Weiterentwicklung bestehender qualitativer und quantitativer Datengrundlagen und Indikatorensysteme oder die Erhebung spezifischer Primärdaten sowie die spezifische Reflexion der methodischen Vorgangsweise. Dabei ist auch der Blick auf die Organisationsstruktur und die Handlungsabläufe eines Handlungsfeldes zu legen.

Für gleichstellungsorientierte Evaluationen ist die Erhebung und Darstellung des Status quo geschlechtsspezifischer Disparitäten Voraussetzung, darf sich darin jedoch nicht erschöpfen: „Sex-counting" ist nur ein erster Schritt, für Gender Mainstreaming in der Evaluation braucht es zusätzliche Analysen, die über die Repräsentation der Geschlechter hinausgehen.

2. Historische Entwicklung der Evaluation von Gender Mainstreaming

Die Wurzeln von Gender Mainstreaming liegen in der zweiten Frauenbewegung der 1960er/70er Jahre und der Frauenforschung/feministischen Forschung bzw. ab den 1980er/90er Jahren auch der Genderforschung. Ebenso hat sich die Evaluation von Gender Mainstreaming aus der Evaluation frauenfördernder Maßnahmen und der Frauen- und Geschlechterforschung weiterentwickelt, aus der theoretische Ansätze und Analysemodelle übernommen wurden, um Genderfragen in Evaluationen angemessen berücksichtigen zu können. Vorreiter dabei waren internationale Organisationen wie die UNO, die Gender seit den 1980er Jahren zunehmend als Thema pro-

---

3   Dazu gehören z.B. auch gleichstellungsorientierte und feministische Ansätze in der Evaluation von Entwicklungszusammenarbeit (*development evaluation*) wie sie in Bamberger & Podems, 2002; Podems, 2010 und Espinosa, 2013 vorgestellt und diskutiert werden. Zum Genderfokus in diesem Evaluationsfeld siehe auch den Abschnitt „Historische Entwicklung".

pagierten. Der Fokus lag zunächst auf der Berücksichtigung von Frauen in der Entwicklungshilfe, woraus sich ein integrierter Ansatz für den Einbezug des Faktors Geschlecht in die Planung, Durchführung und Evaluation von Maßnahmen entwickelte. Der „Gender and Development"-Ansatz in der Evaluation von Entwicklungszusammenarbeit berücksichtigt nicht nur geschlechtsspezifische Bedürfnisse, sondern auch systemische und strukturelle Disparitäten und Fragen von Macht im Geschlechterverhältnis.

In der Europäischen Union begann die Implementierung von Gender Mainstreaming ab der zweiten Hälfte der 1990er Jahre und führte schließlich zur Übernahme der Strategie in das Primärrecht der EU (s.o.). Damit besteht seit etwa 15 Jahren für alle Mitgliedstaaten der Europäischen Union eine Verpflichtung, Gender Mainstreaming in allen Politikbereichen umzusetzen und in der Evaluation von EU-kofinanzierten Maßnahmen und Programmen zu berücksichtigen. Diese Vorgabe der EU löste Ende der 1990er Jahre einen Boom an Evaluation aus, die sich auch mit Gender Mainstreaming befassen mussten, jedoch keine einheitlichen Standards aufwiesen und im Hinblick auf die Interpretation von Gender Mainstreaming stark divergierten. Die Entwicklung der letzten 15 Jahre führte zu einem differenzierten Bild von Evaluation, das mit Gender Mainstreaming in Verbindung gebracht wird.

3. Aktueller Stand der Evaluation von Gender Mainstreaming

Seit der Jahrtausendwende wurde in Deutschland und Österreich eine Reihe von Evaluationen von Gender Mainstreaming Pilotprojekten und der Implementation von Gender Mainstreaming in Organisationen durchgeführt. Eine zentrale Rolle spielte dabei die Vorgabe in den EU Strukturfondsprogrammen, dass bei der Evaluation von EU-kofinanzierten Maßnahmen Gender Mainstreaming verpflichtend zu berücksichtigen sei. D.h. es wurde versucht, Gleichstellung als eine standardmäßig zu evaluierende Dimension in die Evaluation von Maßnahmen oder Programmen zu integrieren. Mit der Zeit wurden einzelne Instrumente des Gender Mainstreamings weiterentwickelt und verstärkt eingesetzt, wie z.B. *Gender Impact Assessment* und *Gender Budgeting*, d.h. die Evaluationsfragestellungen verschoben sich immer mehr von der Implementation hin zur Wirkung.

Evaluation von Gender Mainstreaming

Evaluationen von Gender Mainstreaming Pilotprojekten oder die Evaluation von Gender Mainstreaming in Organisationen fokussieren meistens auf die Implementation und werden begleitend durchgeführt. In methodischer Hinsicht dominieren qualitative Zugänge, die gegebenenfalls durch die Analyse verfügbarer quantitativer Daten ergänzt werden. Die Evaluation von Pilotprojekten erfolgt zumeist durch externe Evaluator/inn/en, die Evaluation der Implementation von Gender Mainstreaming in Organisationen wird häufig intern mit Unterstützung externer Expert/inn/en durchgeführt (siehe allgemein Wroblewski et al., 2007 oder für die Österreichische Bundesverwaltung Matkovits et al., 2010).

Bei der Evaluation von Gender Mainstreaming geht es primär darum, inwieweit durch die gesetzten Interventionen Gleichstellung vorangetrieben werden konnte, z.B. durch Aufbau von Genderkompetenz, verstärkte Verankerung von Gleichstellungszielen in der Organisation oder eine Veränderung von bisherigen Praktiken (z.B. Förderstrategien). Frey et al. (2007) evaluierten die Umsetzung von Gender Mainstreaming im Europäischen Strukturfonds für regionale Entwicklung (EFRE) Ziel 2 in Bremen, wobei die konzeptionelle Ebene, die Umsetzung und Wirkung von Maßnahmen anhand von Massendaten und Fallstudien analysiert wurden. Das Österreichische Bundesministerium für Unterricht, Kunst und Kultur beauftragte 2009 die Evaluation eines Programmes, in dessen Rahmen Gender Mainstreaming Pilotprojekte an 24 Schulen gefördert wurden. Kern der Evaluation bildeten Fallstudien an ausgewählten Schulstandorten, um die Umsetzung der Pilotprojekte und dadurch ausgelöste nachhaltige Veränderungen qualitativ zu erfassen (Wroblewski & Paseka, 2009). Beispiele für die Evaluation von umfassenden Gender Mainstreaming Implementationsprozessen in Institutionen sind u.a. die Analyse der Verankerung von Gender Mainstreaming an Pädagogischen Akademien (Paseka, 2008) oder die Analyse der Implementierung von Gender Mainstreaming im Arbeitsmarktservice Österreich (Leitner, 2007).

Gender Impact Assessment

Im Rahmen eines Gender Impact Assessment werden geplante Vorhaben ex ante auf mögliche geschlechtsbezogene Wirkungen untersucht. Dadurch soll sichergestellt werden, dass geplante Vorhaben bestehende Ungleichheiten nicht fortschreiben, sondern auf die Förderung der Gleichstellung ausgerichtet sind. Gender Impact Assessment stellt also eine Form von ex ante-Evaluierung geplanter Interventionen im Hinblick auf Gleichstellungszielsetzungen dar und ist im Idealfall standardmäßig in Planungsprozessen verankert.

Die EU sieht eine Bewertung der geschlechtsspezifischen Auswirkungen von Politiken, Programmen bzw. Maßnahmen verpflichtend vor (EK, 1998), so z.B. auch in den Strukturfondsprogrammen. Daher spielt Gender Impact Assessment bei arbeitsmarkt- und bildungspolitischen Programmen, im Bereich der Innovations- und Forschungspolitik sowie in der Regionalentwicklung eine besondere Rolle. Konkret wurden eine Reihe von Leitfäden zur Unterstützung der Umsetzung von Gender Impact Assessments entwickelt, so beispielsweise für die Jugendsozialarbeit (BAG EJSA, 2002), für den arbeitsmarktpolitischen Kontext (TEPGM_Plattform, 2004) oder für den universitären Kontext (Eckstein, 2006). Bislang liegen kaum Evaluierungen der Umsetzung von Gender Impact Assessments vor. Eine Ausnahme bilden hierbei die Evaluation des Einsatzes von Gender Impact Assessment in der niederländischen Arbeitsmarktpolitik (Roggebrand & Verloo, 2006) und die Evaluation des Gender Impact Assessment in der angewandten Umweltforschung Bremen (Weller et al., 2003).

Gender Budgeting

Laut Europäischem Rat (2003) ist Gender Budgeting eine Anwendung von Gender Mainstreaming im Haushaltsprozess. Ziel von Gender Budgeting ist es, die geschlechtsspezifischen Auswirkungen von Budgetentscheidungen sowohl einnahmenseitig (Steuern, Abgaben etc.) als auch ausgabenseitig (Förderungen, Mittelzuteilung etc.) sichtbar zu machen. Durch Gender Budgeting sollen die unterschiedlichen Lebensrealitäten von Frauen und Männern systematisch in die Budgetgebarung einbezogen werden. Ziel ist es, durch eine Veränderung der Haushaltsführung eine gerechte Verteilung der finanziellen Mittel zwischen den Geschlechtern herzustellen. Gender Budgeting ist somit das finanzpolitische Instrumentarium der gleichstellungspolitischen Strategie des Gender Mainstreaming. In Österreich ist Gender Budgeting verfassungsrechtlich verankert[4] und eng mit der Haushaltsrechtsreform („Wirkungsorientierte Haushaltsführung"), die ab 2009 in Etappen in Kraft trat, verbunden.

In den letzten Jahren wurden eine Reihe von Leitfäden zur Umsetzung von Gender Budgeting in unterschiedlichen Kontexten entwickelt (z.B. Bergmann et al., 2004; Fischer & Gatterbauer, 2010; Buchinger et al., 2008 für die Landesebene; Jauk & Kronberger, 2012 für die Gemeindeebene; Schaffer et al., 2009 für Forschungs- und Technologieprogramme) und zahlreiche Pilotprojekte zur Umsetzung von Gender Budgeting durchgeführt (BKA, 2007). Als Beispiel für die laufende Umsetzung des Gender Budgetings wird auch auf die durch den ESF in Deutschland geförderten Maßnahmen verwiesen, für die für nunmehr drei Förderjahre Gender Budgeting-Berichte erstellt wurden (vgl. für das Förderjahr 2012 Frey & Savioli, 2013).

Bislang liegen jedoch kaum Evaluationen zur Umsetzung von Gender Budgeting vor. Eine Ausnahme bildet die Evaluation des Genderbudgetziels im Arbeitsmarktservice Österreich, das vorsieht, dass 50 % der Gelder für aktive Arbeitsmarktpolitik und 50 % der Teilnahmen auf Frauen entfallen. Ziel der Evaluation (Lutz et al., 2013) war die Analyse der Akzeptanz, Umsetzung und Wirkung des Genderbudgetziels. Dafür wurden qualitative methodische Zugänge (Fallstudien, Expert/inn/eninterviews und Dokumentenanalysen) mit quantitativen Zugängen (Analyse der Mittelverwendung, Zielgruppenerreichung und Maßnahmenstruktur auf Basis administrativer Daten) kombiniert.

Durchgängiges Gendern von Evaluationen

Ziel von Gender Mainstreaming ist die durchgängige Berücksichtigung von Gender-Aspekten in allen Evaluationen, d.h. die Integration einer Geschlechterperspektive als Querschnittsdimension in alle Erhebungs- und Analyseschritte sowie in die Berichterstattung. Trotz der prinzipiellen Verpflichtung ist diese Zielsetzung noch lange nicht realisiert.

Eine im Frühjahr 2012 durchgeführte Befragung des Arbeitskreis Gender Mainstreaming unter den Sprecher/inne/n der Arbeitskreise liefert Hinweise darauf, inwieweit

---

4   Art 51 Abs. 8 B-VG 2013: Bei der Haushaltsführung des Bundes sind die Grundsätze der Wirkungsorientierung insbesondere auch unter Berücksichtigung des Ziels der tatsächlichen Gleichstellung von Frauen und Männern […] zu beachten.

Gender Mainstreaming in Evaluationen verankert ist:[5] 44 % der Befragten halten Gender Mainstreaming für ein sehr oder eher wichtiges Thema in ihrem Evaluationsfeld. Zwei Drittel der Befragten meinen, dass Gender-Aspekte in Evaluationen in ihrem Feld berücksichtigt werden. Dies wird in unterschiedlicher Form wahrgenommen: Am häufigsten wird die Verwendung einer geschlechtsneutralen Sprache genannt sowie die durchgängige Differenzierung zwischen Frauen und Männern bei der Darstellung der Ergebnisse.

Den relativ geringen Stellenwert von Gender Mainstreaming bzw. von Gender-Aspekten in der Evaluation zeigt eine Metaanalyse der Halbzeitbewertungen des EU Strukturfondsprogramms zur ländlichen Regionalentwicklung (LEADER) in 14 deutschen Bundesländern (Wotha & Kreßmann, 2013). Zu einem ähnlichen Ergebnis kommt auch eine exemplarische Analyse der Paper-Einreichungen für die DeGEval Jahrestagung 2012: Es wurde nur in einem einzigen Abstract explizit auf Gender-Aspekte eingegangen (hierbei handelte es sich um eine Einreichung für den AK Gender Mainstreaming), in den meisten anderen Abstracts wird Gender bzw. werden Frauen/Männer, Mädchen/Buben nicht erwähnt, selbst wenn der Evaluationsgegenstand einen klaren Gender-Bezug aufweist (wie im Fall z.B. von Berufsorientierungsmaßnahmen oder einer Frauenfördermaßnahme). In der (besseren) durchgängigen und standardmäßigen Verankerung und Operationalisierung von Gender Mainstreaming in Evaluationen liegen auch in der Zukunft die zentralen Herausforderungen, eine durchgängige Berücksichtigung von Gender in den Standards für Evaluation wird daher angestrebt (s.u.).

4. Gender Mainstreaming als Querschnittsmaterie in der DeGEval

Gender Mainstreaming betrifft als Querschnittsmaterie sämtliche Evaluationsfelder und Stakeholder; Menschen, die sich mit Gender Mainstreaming in der Evaluation befassen, lassen sich nicht einer speziellen Gruppe zuordnen, sie sind Evaluierende, Auftraggebende und Evaluierte und kommen aus vielen verschiedenen Disziplinen. Die tatsächliche Berücksichtigung von Gender Mainstreaming in den Evaluationsfeldern ist jedoch nur punktuell bekannt bzw. aufgearbeitet. Eine zusätzliche Komplexität in der Bewertung der Umsetzung von Gender Mainstreaming ergibt sich durch die z.T. unterschiedliche Lage in Deutschland und Österreich. Eine detaillierte Aufarbeitung dieser Fragestellung würde Ressourcen benötigen, die dem Arbeitskreis bislang nicht zur Verfügung standen.

Forschung zur Handhabung von Gender Mainstreaming in Evaluationen in den verschiedenen Feldern sowie Untersuchungen zu feldspezifischen und gemeinsamen Herausforderungen und erfolgreiche Herangehensweisen, würden zu einem besseren Verständnis und einer gesteigerten erfolgreichen Praxis von Gender Mainstreaming in Evaluationen führen.

---

5   Die Befragung der Sprecher/innen der Arbeitskreise erfolgte online im April/Mai 2012. Der Fragebogen wurde von Brigitte Wotha, Maria Gutknecht-Gmeiner und Angela Wroblewski entwickelt. Insgesamt haben sich 16 Personen aus 14 Arbeitskreisen an der Umfrage beteiligt.

Berücksichtigung einer Genderperspektive in den Standards der DeGEval

Die durchgängige Berücksichtigung einer Genderperspektive in Evaluationen stellt aus Sicht des Arbeitskreises ein wichtiges Qualitätskriterium von Evaluationen dar. Zentrale Kriterien für die Berücksichtigung von Gender Mainstreaming in Evaluationen sind (AK GM, 2013; Gutknecht-Gmeiner et al., 2013):

- Die Verwendung einer geschlechtergerechten Sprache, die oft in der Praxis als Nachweis der Berücksichtigung von Gender Mainstreaming angeführt wird, stellt lediglich eine – wenn auch wichtige – Voraussetzung dar, besagt aber noch nichts über die tatsächliche Umsetzung von Gender Mainstreaming.
- Als grundlegende Anforderung gelten die Identifikation der Genderdimension des Evaluationsgegenstandes und die Berücksichtigung von geschlechtsspezifischen Unterschieden im Evaluationsdesign. Dazu bedarf es vorab einer Konzept- und Stakeholder-Analyse, die die Beteiligung und Betroffenheit nach Geschlecht in den Blick nimmt.
- Es müssen zugrunde liegende Werte hinsichtlich ihrer Bedeutung für das Geschlechterverhältnis reflektiert werden, Bewertungsmaßstäbe müssen transparent sein und auf die Genderdimensionen Bezug nehmen. Statt des Postulats einer völligen Unparteilichkeit und größtmöglichen Distanz zum Evaluationsgegenstand wird auf Transparenz und Reflexion der Rolle der Evaluator/inn/en gesetzt.
- Während der Evaluation wird durchgängig in allen Erhebungs- und Auswertungsschritten sowie in der Berichtlegung nach Geschlecht differenziert, wobei Daten je nach Evaluationsgegenstand weiter disaggregiert werden müssen, um der Vielfalt innerhalb der Genusgruppen gerecht zu werden. Evaluationsverfahren müssen so ausgewählt werden, dass durch sie die Genderdimension in der Evaluation adäquat bearbeitet werden kann.

5. Zukünftige Entwicklungslinien und Herausforderungen für die Evaluation von Gender Mainstreaming

Methodische Herausforderungen

Der Anspruch, eine Geschlechterperspektive durchgängig in der Evaluation zu berücksichtigen, führt Evaluator/inn/en häufig an methodische Grenzen. Auch wenn in den meisten Datengrundlagen mittlerweile Geschlecht selbstverständlich miterfasst wird, sind durch die Datengrundlagen die Lebensrealitäten von Frauen und Männern zumeist nicht adäquat abgebildet. Es gilt also im Rahmen der Evaluation, Datengrundlagen kritisch auf ihre Aussagekraft für Gleichstellungsfragen zu hinterfragen, diese zu ergänzen und gegebenenfalls spezifische Gender-Indikatoren zu entwickeln.

Des Weiteren sind Gleichstellungsziele oft auf einer sehr abstrakten Ebene formuliert, die dann auch breite politische und gesellschaftliche Zustimmung findet, weil damit der tatsächliche Veränderungsbedarf nicht angesprochen wird. Erst ein weiteres Herunterbrechen der allgemeinen Ziele macht es möglich, die tatsächlichen geschlechtsspezifischen Differenzen aufzuzeigen und einen Handlungsbedarf abzuleiten. Diese Operationalisierung erfolgt in vielen Programmen entweder nicht oder nur in geringem Ausmaß; wenn es sie gibt, werden sie oft den komplexen Phänomenen nicht gerecht und lassen eine auf gesellschaftliche Veränderung abzielende Gleichstellungsorientierung vermissen. Es obliegt daher in der Regel den Evaluator/inn/en, Programme im Sinne des Gender Mainstreaming evaluierbar zu machen.

Genderkompetenz von Auftraggebenden und Evaluator/inn/en

Die zentralen Herausforderungen für die Integration einer Genderperspektive in die Evaluation stellen jedoch der geringe Sensibilitätsgrad für deren Notwendigkeit wie auch die hohen Anforderungen an die Genderkompetenz von Evaluator/inn/en dar: Auftraggebende müssen Gender Mainstreaming unterstützen, explizit beauftragen und Ressourcen dafür bereitstellen. Nur dann kann auch davon ausgegangen werden, dass es das Bewusstsein und den Willen zur Nutzung der Evaluationsergebnisse gibt. Dies würde erfordern, dass Gender Mainstreaming bereits in die Planung und Umsetzung von Maßnahmen integriert ist. Auf der Seite der Evaluierenden braucht es Gender-Bewusstsein und Gender-Know-how. Letzteres umfasst feldspezifisches Gender-Wissen sowie eine gendersensible Herangehensweise einschließlich eines geeigneten Methodenrepertoires, das von der Nähe zum Evaluationsgegenstand geprägt ist und daher stark auf qualitative Forschungsmethoden abstellt.

Herausforderungen durch die Entwicklung des Feldes

Die Bedeutung von Gender Mainstreaming in Gesellschaft und Politik und damit auch in der Evaluation ist Schwankungen unterworfen. Nach einer Schwerpunktsetzung auf Gender Mainstreaming Ende der 1990er/Anfang der 2000er Jahre, ist nun seit einigen Jahren ein Abflauen des politischen Interesses zu beobachten. Geschlechterdisparitäten bestehen jedoch nach wie vor, d.h. die zentralen gleichstellungspolitischen Zielsetzungen sind noch nicht erfüllt und es gibt nach wie vor Bedarf an gleichstellungsfördernden Maßnahmen.

Die momentan abnehmende Bedeutung von Gender Mainstreaming in vielen Handlungsfeldern hat mit einem neoliberalen Politikverständnis zu tun (siehe z.B. Espinosa, 2013, S. 171f.), zusätzlich aber auch mit Problemen in der Umsetzung von Gender Mainstreaming: Die Radikalität des Gender Mainstreaming Ansatzes wurde in den letzten 10 bis 15 Jahren oftmals durch mangelnde Operationalisierung von allgemeinen Gleichstellungszielen und eine unzureichende Datenbasis (die oft nur ein simples Sex-Counting umfasste und keinerlei differenzierte Analysen ermöglichte) konterkariert. Diese Probleme wurden auch in Evaluationen sichtbar, wo Gender-Analysen die eigentlichen Geschlechterverhältnisse nicht in Frage stellten und damit den Anspruch einer Gleichstellungsorientierung nicht einlösten.[6] Evaluator/inn/en, die dies

---

6 Vgl. die vergleichende Analyse von feministischen vs. „Gender"-Evaluationen von Podems, 2010, die Gender-Analysen in der gegenwärtigeren Praxis als eher zahnloses Instrument beschreibt.

versuchten bzw. versuchen, stoßen dabei oft auf Unverständnis und Widerstände seitens der Auftraggebenden und anderer Stakeholder, die Gender-Anforderungen formal abwickeln und die dahinterliegenden Praktiken und Strukturen nicht hinterfragen wollen. Auch die Unterscheidung von Moser (1993) zwischen „praktischen" und „strategischen" Gender-Interessen ist nach wie vor hoch relevant. Forderungen aus praktischen Gender-Interessen bauen auf bestehenden gesellschaftlichen Geschlechterrollen und -beziehungen auf und sind deshalb „akzeptabler", strategische Forderungen wollen diese verändern und gelten daher oft als überzogen oder nicht machbar.

Eine weitere Herausforderung ergibt sich dadurch, dass vielerorts Gender Mainstreaming durch Diversity-Konzepte abgelöst wird, die die Berücksichtigung von Vielfalt oft nicht politisch transformativ, sondern eher instrumentell verstehen (Krell, 2009): das Eingehen auf Vielfalt führt zu einem (oft) ökonomisch argumentierten Nutzen. Außerdem werden in Diversity-Konzepten bisweilen Zielgruppen nicht differenziert betrachtet, d.h. es wird auf verschiedene Zielgruppen eingegangen, wie z.B. Frauen, Jugendliche, Menschen mit Behinderung, Personen mit Migrationshintergrund, ältere Arbeitnehmer/innen etc., ohne dass mehrfache Zugehörigkeiten und Betroffenheiten adäquat berücksichtigt werden. Es besteht dadurch auch die Gefahr, dass das Geschlecht als eines von vielen Merkmalen in der Analyse untergeht. Gender Mainstreaming als intersektional verstandenes Konzept ist aus der Sicht des Arbeitskreises besser geeignet, um relevante Differenzierungen zu erkennen.

Die integrierte Berücksichtigung von Gendergerechtigkeit und Gleichstellungsorientierung bleibt jedoch ein unabdingbares Merkmal qualitativ hochwertiger Evaluationen. Es sind Gendersensibilität und Gleichstellung auch im internationalen Diskurs und in den Aktionsfeldern internationaler Organisationen (UNO, Organisationen der Entwicklungszusammenarbeit) ein Thema. So besteht innerhalb der American Evaluation Association seit längerem eine „feministische thematische Interessensgruppe" („feminist topical interest group") und auch in der European Evaluation Society hat sich eine Arbeitsgruppe zu Gender und Evaluation formiert. Seit einigen Jahren fördern die UNO und EvalPartners den Aufbau von einschlägigem Wissen und Evaluationskapazitäten durch Publikationen und Weiterbildungen im Bereich „equity-focused evaluations". Die Gleichstellung von Frauen und Männern wird dabei als integraler Bestandteil der Menschenrechte angesehen.

Literatur

AK GM. (2013). *Input des AK Gender Mainstreaming zur Diskussion und Überarbeitung der Standards für Evaluation der DeGEval („DeGEval-Standards")*. Unveröffentlichtes Papier, März 2013.

Bamberger, M. & Podems, D. R. (2002). Feminist Evaluation in the International Development Context. *New Directions for Evaluation 96*, 83–96.

Bergmann, N., Gubitzer, L., Klatzer, E., Klawatsch-Treitl, E. & Neumayr, M. (2004). *Gender Budgeting. Handbuch zur Umsetzung geschlechtergerechter Budgetgestaltung*, Wien: Beigewum. Verfügbar unter: http://www.beigewum.at/wordpress/wp-content/uploads/200408_genderbudgeting_handbuch.pdf [28.02.2014].

Buchinger, B., Gschwandtner, U., Schaffer, N. & Woitech, B. (2008). Gender Budget Analyse. Leitfaden für bewirtschaftende Stellen der Landesverwaltung Oberösterreich, Linz. Verfügbar unter: http://www.land-oberoesterreich.gv.at/cps/rde/xbcr/SID-D0CFE950-D600B1C5/ooe/GBA_Leitfaden_Langfassung.pdf [28.02.2014].

Bundesarbeitsgemeinschaft Evangelische Jugendsozialarbeit [BAG EJSA]. (2002). Leitfaden zur Umsetzung von Gender Mainstreaming bei der Entwicklung, Durchführung und Evaluierung von Projekten, Stuttgart/Frankfurt. Verfügbar unter: http://www.bagejsa.de/fileadmin/user_upload/dokumente/pdf/Leitfaden_GM_Projekte_20_10_02.pdf [28.02.2014].

Eckstein, K. (2006). Gender Impact Assessment. Studie im Auftrag des BM: BWK, Universität Graz. Verfügbar unter: http://www.bmwf.gv.at/uploads/tx_contentbox/gm_endbericht_univ_graz_01.pdf [28.02.2014].

Espinosa, J. (2013). Moving towards Gender-Sensitive Evaluation? Practices and Challenges in International-Development Evaluation. *Evaluation, 19*(2), 171–182.

Europäische Kommission (1998). Leitfaden zur Bewertung geschlechtsspezifischer Auswirkungen, Generaldirektion Beschäftigung, Arbeitsbeziehungen und soziale Angelegenheiten, Luxemburg.

Europäischer Rat (2003). Entschließung des Europäischen Parlaments zu „Gender Budgeting" – Aufstellung öffentlicher Haushalte unter geschlechtsspezifischen Gesichtspunkten (2002/2198(INI)). Verfügbar unter: http://www.europarl.europa.eu/sides/getDoc.do?pubRef=-//EP//NONSGML+TA+P5-TA-2003-0323+0+DOC+PDF+V0//DE [28.02.2014].

Fischer, M. & Gatterbauer, M. (2010). Gender Budgeting – Ein Leitfaden zur Umsetzung der Haushaltsrechtsreform, Working Paper 2/2010, Bundesministerium für Finanzen, Wien. Verfügbar unter: https://www.bmf.gv.at/budget/haushaltsrechtsreform/Worling-Paper_Gender_Budgeting.pdf?3vtkfo [28.02.2014].

Frey, R., Claus, T., Pimminger, I. & Ahrens, P. (2007). Externe Analyse und Beratung zur Ziel 2-Umsetzung im Lande Bremen unter dem Fokus Gender Mainstreaming, Studie im Auftrag des Senators für Wirtschaft und Häfen der Freien Hansestadt Bremen, Berlin/Magdeburg. Verfügbar unter: http://www.efre-bremen.de/sixcms/media.php/13/Endbericht_Gender_Mainstreaming.4140.pdf [28.02.2014].

Frey, R. & Savioloi, B. (2013). Gender Budgeting im ESF-Bund. Bericht über das Förderjahr 2012, Agentur für Gleichstellung im ESF, Berlin. Verfügbar unter: http://www.esf-gleichstellung.de/fileadmin/data/Downloads/Aktuelles/gender-budgeting-bericht-2012_agentur_gleichstellung_esf.pdf [28.02.2014].

Gutknecht-Gmeiner, M., Wotha, B. & Wroblewski, A. (2013). Considering Gender. Qualitätsvolle Evaluierung durch Einbeziehung der Geschlechterperspektive in Evaluationen. *Zeitschrift für Evaluation, 12*(2), 349–352.

Jauk, V. & Kronberger, S. (2012). Gender Budgeting im Gemeindehaushalt. Nutzen, Theorie und Praxis, *Schriftenreihe Recht & Finanzen für Gemeinden 03/2012*, Wien. Verfügbar unter: http://www.imag-gendermainstreaming.at/cms/imag/attachments/8/4/2/CH0136/CMS1357654471873/gender_budgeting_im_gemeindehaushalt.pdf [28.02.2014].

Krell, G. (2009). Gender und Diversity: Eine ‚Vernunftehe' – Plädoyer für vielfältige Verbindungen. In S. Andresen, M. Koreuber & D. Lüdke, (Hrsg.), *Gender und Diversity: Albtraum oder Traumpaar?* (S. 133–153). Wiesbaden: VS Verlag.

Leitner, A. (2007). *Frauenförderung im Wandel. Gender Mainstreaming in der österreichischen Arbeitsmarktpolitik.* Frankfurt/New York: Campus Verlag.

Lutz, H., Schratzenstaller, M., Leitner, A. & Laimer, A. (2013). 50 % des Budgets der aktiven Arbeitsmarktpolitik für Frauen. Implementierung, Umsetzung und Wirkung des Genderbudgetziels, Studie im Auftrag des BMASK, Wien.

Matkovis, S., Heger, N. & Maurer, K. (2010). Zehn Jahre Gender Mainstreaming in der Bundesverwaltung. Bestandaufnahme und Einschätzung der nachhaltigen Wirkung von Gender Mainstreaming in den Ressorts und obersten Organen, Bundeskanzleramt, Wien. Verfügbar unter: http://www.frauen.bka.gv.at/DocView.axd?CobId=41865 [28.02.2014].

Moser, C. (1993). *Gender Planning and Development: Theory, Practice, and Training.* London/New York: Routledge.

Paseka, A. (2008). *Gendermainstreaming und Lehrer/innenbildung. Widerspruch, kreative Irritation, Lernchance?* Studien zur Frauen- und Geschlechterforschung, Band 7, Innsbruck: Studienverlag.

Podems, D. R. (2010). Feminist Evaluation and Gender Approaches: There's a Difference? *Journal of Multi Disciplinary Evaluation 14*(6).

Roggebrand, C. & Verloo, M. (2006). Evaluating gender impact assessment in the Netherlands (1994–2004): a political process approach. *Policy & Politics, 34*(4), 615–632.

Schaffer, N., Holzinger, F. & Woitech, B. (2009). Gender Budgeting in Forschungs- und Technologieprogrammen, Studie im Auftrag des Bundesministeriums für Verkehr, Innovation und Technologie, Wien. Verfügbar unter: http://www.bmvit.gv.at/innovation/humanpotenzial/downloads/genderBudgeting_Endbericht.pdf [28.02.2014].

TEPGEM_Plattform [Gender Mainstreaming Plattform der Beschäftigungspakte Österreichs] (2004). Strategiepapier zur Umsetzung von Gender Mainstreaming in den Territorialen Beschäftigungspakten Österreichs, Wien. Verfügbar unter: www.lrsocialresearch.at/files/1TEPGEM_Strategie.pdf [28.02.2014].

Weller, I., Fischer, K., Hayn, D. & Schultz, I. (2003). Gender Impact Assessment in der angewandten Umweltforschung Bremen, Studie gefördert durch das Förderprogramm Angewandte Umweltforschung des Landes Bremen, Bremen. Verfügbar unter: http://www.isoe.de/ftp/bremengia.pdf [28.02.2014].

Wotha, B. & Kreßmann, K. (2013). Teilhabe von Frauen und Männern in Beteiligungs- und Entscheidungsgremien in der ländlichen Regionalentwicklung, unveröffentlichtes Papier präsentiert auf der Tagung „Frauen am Land", 7.–9. Februar 2013, Wien: Universität für Bodenkultur.

Wroblewski, A., Lassnigg, L. & Kahlhammer, E. (2007). *Evaluation von GM-Implementationsprozessen, Qualitätsentwicklung Gender Mainstreaming.* In Schriftenreihe der EQUAL-Entwicklungspartnerschaft, Band 5 Indikatoren, S. 81–97.

Wroblewski, A. & Paseka, A. (2009). Evaluation der Pilotprojekte zur Implementierung von Gender Mainstreaming an Schulen. Studie im Auftrag des BMUKK, Wien: Institut für höhere Studien.

Jan Ulrich Hense, Heike Steckhan

Aus- und Weiterbildung in Evaluation: Vergangenheit – Gegenwart – Zukunft?

1.   Einleitung

Wie wird man eigentlich Evaluator oder Evaluatorin? Aus verschiedenen Gründen ist diese Frage gar nicht einfach zu beantworten. Einer der Gründe ist, dass Evaluation bis heute weder in Deutschland und Österreich, noch in anderen Ländern eine „fortgeschrittene" Profession wie etwa Medizin, Recht oder, um auch ein jüngeres Beispiel zu nennen, Psychotherapie ist, die sich durch eine klare Regulierung des Marktzugangs sowie relativ standardisierte Ausbildungsgänge auszeichnet. Trotz verschiedener Initiativen und Entwicklungen im internationalen Bereich, die zumindest ein einheitliches Prüf- oder Zertifizierungssystem anstreben (vgl. Abschnitt 4), kann Evaluation bislang also grundsätzlich von Personen mit völlig unterschiedlichen Qualifikationen und Erfahrungen durchgeführt werden.

Ursächlich für diese Situation ist sicherlich vor allem die Transdisziplinarität und Heterogenität des Anwendungsfelds Evaluation. Die Transdisziplinarität ergibt sich aus den verschiedenen Politikfeldern wie Bildung, Politikwissenschaften, Soziale Arbeit, Entwicklungspolitik oder Gesundheit, in denen die Evaluation seit Längerem etablierte Praxis ist. Hier sind die Zugänge zur Evaluation oft fachspezifischen Traditionen unterworfen. Aber nicht nur die unterschiedlichen Politikfelder führen zur Heterogenität der Evaluationspraxis, sondern auch das weite Spektrum möglicher Konstellationen und Verwendungskontexte, in denen evaluiert wird und aus denen sich gleichzeitig jeweils spezifische Anforderungen an die Kompetenz von Evaluierenden ergeben.

Zur Herausforderung wird diese Situation vor allem für Fachverbände der Evaluation, für die Fragen der Professionalisierung gewissermaßen im Zentrum der verbandlichen Identität stehen. Denn selbst wenn man es bis zu einem gewissen Grad als legitim erachten mag, dass es zumindest feldspezifisch unterschiedlich geprägte Zugänge zur Evaluationstätigkeit gibt, stellen sich unter einer Professionalisierungsperspektive Fragen nach einer gewissen Standardisierung von Kernkompetenzen der Evaluation und deren Erwerb.

In diesem Beitrag möchten wir daher vor dem dargestellten heterogenen und transdisziplinären Hintergrund einen Überblick über verschiedene Formen und Wege der Aus- und Weiterbildung für Evaluation geben. Dabei werden wir uns schwerpunktmäßig auf Aktivitäten im Geltungsbereich der DeGEval beziehen, werden aber auch einige internationale Bezüge aufzeigen. Zunächst gehen wir auf dabei wichtige Grundlagen, die Standards der Evaluation sowie die Empfehlungen zur Aus- und Weiterbildung in der Evaluation ein.

2. Grundlagen der Aus- und Weiterbildung in Evaluation

Fachverbände haben aus professionstheoretischer Sicht immer auch die Aufgabe, einen zunächst innerverbandlichen Konsens über bestimmte Ansprüche und Ziele des eigenen Fachs herzustellen und diesen dann im Sinne einer professionellen Fachvertretung auch nach außen zu vertreten. Professionalisierung ist eines der obersten Verbandsziele der DeGEval. Zwei zentrale Instrumente der DeGEval, die diese Funktionen erfüllen sollen und entsprechend grundlegend für die Aus- und Weiterbildung von Evaluierenden sind, sind die Standards für Evaluation und die Anforderungsprofile an Evaluatorinnen und Evaluatoren.

2.1 Standards der Evaluation

Die besondere Rolle der Standards der Evaluation ergibt sich aus der Forderung, dass die Aus- und Weiterbildung zur Evaluation zukünftige Evaluierende in die Lage versetzen sollte, qualitativ hochwertige Evaluationen hervorzubringen. Damit ist eine elementare Voraussetzung für die konzeptionelle Gestaltung entsprechender Aus- und Weiterbildungen die Beantwortung der Frage, was genau qualitativ hochwertige Evaluationen sind. Die Gesellschaft für Evaluation (DeGEval) hat als Fachverband für Evaluation diese Frage beantwortet, indem sie 2002 Standards der Evaluation vorgelegt hat (DeGEval, 2002). In Anlehnung an die Program Evaluation Standards des Joint Committee for Standards for Educational Evaluation (JCSEE, 1994; Yarbrough, Shulha, Hopson & Caruthers, 2011) und die Standards der schweizerischen Schwestergesellschaft SEVAL definieren die Standards für Evaluation insgesamt 25 Einzelstandards, die in die vier bekannten Standardgruppen Nützlichkeit (N), Durchführbarkeit (D), Fairness (F) und Genauigkeit (G) fallen.

Zwar formuliert nur einer der Einzelstandards (Standard N3 „Glaubwürdigkeit und Kompetenz des Evaluators/der Evaluatorin") explizite Anforderungen an Evaluierende. Ausbildungsrelevant sind aber alle anderen Standards gleichermaßen, indem sie verschiedene Prozess- und Ergebnisqualitäten von Evaluation beschreiben, deren Realisierung in vielen Fällen spezifische Kompetenzen voraussetzt. Um nur jeweils ein Beispiel aus jedem der vier Standardbereiche zu nennen:

- Standard N8 „Nutzung und Nutzen von Evaluation" fordert, Evaluationen so zu gestalten, dass sie möglichst große Wirkungen entfalten. Um dies zu realisieren, sollten Evaluierende zunächst für die Problematik der oft mangelnden Nutzung von Evaluationsergebnissen sensibilisiert sein. Zusätzlich sollten sie mögliche Faktoren bei der Gestaltung einer Evaluation, auf Seiten des Evaluationsteams sowie im Nutzungskontext kennen, die eine voraussichtliche Nutzung beeinträchtigen oder fördern können. Und schließlich sollten sie im Rahmen des jeweils Möglichen Maßnahmen treffen können, die diese Faktoren im positiven Sinne beeinflussen.

- Standard D1 „Angemessene Verfahren" verlangt, dass zwischen den Informationsbedarfen der Evaluation und der zusätzlichen Belastung von Datengebenden immer sorgfältig abgewogen werden sollte. Dazu müssen Evaluierende ein möglichst breites Spektrum möglicher Verfahren und Methoden kennen, die sich idealerweise nicht nur auf das Methodenrepertoire einer bestimmten Fach- oder Forschungstradition beschränken.
- Der Standard F2 „Schutz individueller Rechte" impliziert auf Seite der Evaluierenden vor allem eine genaue Kenntnis jener Rechte, die im Rahmen der verschiedenen Evaluationsphasen potenziell verletzt oder beeinträchtigt werden können. Diese können von Rechten auf allgemeinster Ebene wie dem Schutz der Menschenwürde über den Datenschutz bis hin zu spezifischen Rechten reichen, die nur für bestimmte Personengruppen gelten.
- Im Bereich der Genauigkeitsstandards verlangt Standard G2 „Kontextanalyse" die relevanten Rahmenbedingungen im Umfeld eines Evaluationsgegenstands umfassend, aber ressourcensensibel zu analysieren und zu dokumentieren. Je nach Anwendungsfeld und Einzelfall können hier nicht nur spezifische Methoden und Werkzeuge der Kontextanalyse erforderlich sein, sondern auch vertiefte inhaltliche und theoretische Kenntnisse zur Abgrenzung von „relevanten" Rahmenbedingungen von „nicht relevanten".

Die genannten Beispiele verdeutlichen, dass sich aus den Standards relativ weit reichende Anforderungen an Evaluationskompetenzen ergeben können. In systematischer Form wurden diese von der DeGEval als „Anforderungsprofile an Evaluatorinnen und Evaluatoren" in Form eines weiteren zentralen Dokuments, den „Empfehlungen für die Aus- und Weiterbildung in der Evaluation", konkretisiert.

2.2 Anforderungsprofile an Evaluatorinnen und Evaluatoren

Die im Jahr 2004 nach einem mehrjährigen Beratungs- und Entwicklungsprozess erstmals erschienenen Empfehlungen für die Aus- und Weiterbildung in der Evaluation[1] nennen fünf Kompetenzfelder als Anforderungsprofile an professionelle Evaluatorinnen und Evaluatoren (DeGEval, 2004). Ihnen sind jeweils eine Reihe von Teildimensionen zugeordnet (vgl. Abbildung 1).

---

[1] http://www.degeval.de/publikationen/aus-und-weiterbildung.

Abbildung 1: Kompetenzfelder der Evaluation (DeGEval, 2004, S. 7)

1) Der Bereich *Theorie und Geschichte der Evaluation* umfasst die Kenntnis elementarer Evaluationsbegriffe, -konzepte und -definitionen, Kenntnisse der (ideen-) geschichtlichen Entwicklung der Evaluation, Überblickswissen zu verschiedenen Evaluationsansätzen und -modellen sowie die Kenntnis von Standards der Evaluation, deren Einhaltung die Qualität von Evaluation sicherstellen soll.

2) *Methodenkompetenzen* beinhalten Grundzüge empirischer Sozialforschung und Untersuchungsdesigns, Strategien und Instrumente zur Erhebung von Daten, statistische Kenntnisse zur Auswertung quantitativer Daten, Datenaufbereitung und -interpretation (v.a. Berichterstattung) sowie Kenntnisse der Projektorganisation (als Voraussetzung des Projektmanagements bei umfangreicheren Evaluationen).

3) *Organisations- und Feldkenntnisse* bestehen aus Organisationswissen (Kenntnisse über Aufbau, Abläufe, Funktionen etc. von Organisationen, in denen die Evaluation stattfindet), Rechts- und Verwaltungswissen (Rahmenbedingungen der Evaluation) und je nach Evaluationsgegenstand spezifischen Feldkenntnissen.

4) Das Kompetenzfeld *Sozial- und Selbstkompetenzen* umschließt soziale und kommunikative Kompetenz, Kooperations- und Selbstmanagementkompetenz sowie Lern- und Problemlösekompetenz.

5) Das letzte Kompetenzfeld *Praxis der Evaluation* beschreibt nicht Kompetenzen im eigentlichen Sinn, sondern betont die Rolle eigener Praxiserfahrungen für den Erwerb von Evaluationskompetenzen. Diese sollen sich auf sämtliche Phasen der Evaluation beziehen, also von der Planung von Evaluationen, über die Durchführung und die Ergebnisdarstellung und Präsentation von Evaluationsergebnissen bis hin zur Ergebniskontrolle.

Die Anforderungsprofile sollen für verschiedene Anwendungen nutzbar sein, etwa als Orientierung für Auftraggebende bei der Auswahl eines geeigneten Evaluationsteams oder für die Selbstreflektion eigener Qualifikationsbedarfe durch Evaluierende. Eine besonders wichtige Rolle spielen sie aber natürlich für die Planung, Durchführung und Evaluation von Aus- und Weiterbildungsangeboten, da sie zentrale Zielvorgaben enthalten, die im Rahmen dieser Angebote erworben werden sollten.

Neben den Empfehlungen der DeGEval liegen in der internationalen Literatur eine Reihe ähnlicher Sammlungen vor, die als Lernziele von Aus- und Weiterbildungen dienen können. So arbeitet etwa eine Arbeitsgruppe um Jean King an der University of

Minnesota seit einigen Jahren an einer umfassenden Taxonomie essentieller Evaluationskompetenzen (King, Stevahn, Ghere & Minnema, 2001; Stevahn, King, Ghere & Minnema, 2005).

2.3 Empfehlungen zur Didaktik der Aus- und Weiterbildung in Evaluation

Im Gegensatz zu den oben dargestellten grundlegenden Positionsbestimmungen der DeGEval handelt es sich bei den Empfehlungen zur Didaktik der Aus- und Weiterbildung in der Evaluation[2] um ein Papier, das der Arbeitskreis 2011 als Ergänzung zu den Empfehlungen für die Aus- und Weiterbildung in der Evaluation veröffentlich hat (Gutknecht-Gmeiner, Hense, Kihm, Lüth & Steckhan, 2011). Ziel der Empfehlungen ist es, den wissenschaftlichen Hintergrund einer geeigneten Didaktik von Evaluation zu beleuchten und Einblick in empfehlenswerte Formen der Didaktik von Evaluation zu geben. Sie sollen einen nutzbaren, verständlichen Orientierungsrahmen über verschiedene Angebotsformen hinweg, aber auch für verschiedene Praxis- und Anwendungsgebiete von Evaluation bieten.

Das Empfehlungspapier bezieht sich auf einen Kompetenzbegriff, der Wissen, Fertigkeiten und Haltungen (motivationale, emotionale und soziale Einstellungen) umfasst. Um den nachhaltigen Erwerb praktisch anwendbarer Evaluationskompetenzen zu unterstützen, wird unter Bezug auf eine gemäßigt konstruktivistische Sichtweise vom Lernen die aktive Auseinandersetzung und Erfahrung für den Erwerb von Evaluationskompetenzen betont. Das Empfehlungspapier enthält Leitlinien zur Gestaltung solcher Lernumgebungen und empfiehlt die Wahl erwachsenengerechter und teilnehmendenzentrierter Lehr-Lern-Methoden, die abgestimmt auf den zu vermittelnden Bereich der Evaluationskompetenz sowie die Lernvoraussetzungen der Lernenden ausgewählt werden. Als essentiell für die Qualität der Lehrangebote werden darüber hinaus umfassende fachliche, didaktische und erwachsenen- und berufspädagogische Erfahrungen und Kompetenzen der Lehrenden sowie deren Bereitschaft zur eigenen Weiterqualifikation angesehen.

Mit dem Empfehlungspapier zur Didaktik der Aus- und Weiterbildung in der Evaluation hat der Arbeitskreis, auch im internationalen Vergleich, Neuland betreten. Es soll primär Orientierung für Lehrende in der Evaluation geben, kann aber auch an anderen Stellen zur Steuerung der Aus- und Weiterbildung in der Evaluation eingesetzt werden, etwa der Evaluation und Auswahl von Angeboten.

3. Entwicklung und Stand im deutschsprachigen Bereich

Nachdem wir mit den Standards der Evaluation und den Anforderungsprofilen an Evaluierende wichtige inhaltliche Grundlagen geklärt haben, soll im Folgenden versucht werden, einen Überblick über die Angebotslandschaft im Bereich der Aus- und Weiterbildung in Evaluation zu geben.

---

2 http://www.degeval.de/arbeitskreise/aus-und-weiterbildung-in-der-evaluation/publikationen-
   und-produkte.

Für den nordamerikanischen Raum wurde ein solcher Überblick erstmals 1986 systematisch erstellt und wird seitdem relativ regelmäßig aktualisiert (Engle, Altschuld & Kim, 2006). Einen gesamteuropäischen Überblick haben Beywl und Harich (2007) zusammengestellt. Systematische und umfassende Überblicksarbeiten zur Aus- und Weiterbildungssituation nur im deutschsprachigen Raum sind uns derzeit nicht bekannt. Eine Datenbank zur systematischen Erfassung und Recherche von Angeboten befindet sich derzeit in Entwicklung durch den AK Aus- und Weiterbildung in der Evaluation. Die Umsetzung erfolgt in Kooperation mit der Schweizer Evaluationsgesellschaft SEVAL, eine erste öffentliche Version soll ab Herbst 2014 online verfügbar und über die Webseiten der beiden beteiligten Gesellschaften erreichbar sein.

Trotz der eingangs beschriebenen Heterogenität von Zugängen zur Tätigkeit in der Evaluation, lassen sich folgende Angebotsvarianten, in denen Evaluationskompetenzen erworben werden können, sinnvoll voneinander abgrenzen:

1. Grundständige Aufbaustudiengänge
2. Studienschwerpunkte und Vertiefungsfächer in Fachstudiengängen
3. Evaluation als Teil der Methodenlehre v.a. in sozialwissenschaftlichen Studiengängen
4. Aus- und Weiterbildungen für spezifische Evaluationsverfahren
5. Allgemeiner Weiterbildungsmarkt
6. Selbststudium, Praxiserfahrung und professionelle Selbstreflexion

Nicht in dieser Aufzählung vertreten sind virtuelle Angebote in Form von Web Based Trainings und ähnlichen Formaten. Sie spielen im deutschsprachigen Raum im Bereich der Evaluation bislang noch keine nennenswerte Rolle. Entsprechende internationale Entwicklungen werden wir am Ende des Beitrags aufgreifen.

3.1 Grundständige Aufbaustudiengänge zur Evaluation

Die derzeitig umfassendste Ausbildung in Evaluation erhält man in grundständigen Studiengängen zum Thema Evaluation (vgl. Caspari, 2004), die im deutschsprachigen Raum derzeit an den Universitäten Saarbrücken und Bern angeboten werden. Ein dritter Studiengang an der Universität Bonn wurde im Sommer 2008 implementiert, musste aber nach drei Studienjahrgängen eingestellt werden. Die Einführung eines weiteren Studiengangs war an der Donau-Universität Krems angekündigt, ging aber nicht in die Umsetzung.

Das älteste umfassende deutschsprachige Angebot besteht an der Universität Bern in der Schweiz (http://www.evaluationsstudium.ch). Auch wenn die Schweiz an sich nicht zu den in diesem Sammelband adressierten Ländern gehört, muss das Angebot hier bereits aus historischen Gründen genannt werden. Es richtet sich an Evaluierende in den Bereichen Bildung, Gesundheit, Soziales, Umwelt, Politik/Verwaltung, Wirtschaft und Wissenschaft und ermöglicht drei verschiedene Abschlüsse, die jeweils unterschiedliche inhaltliche Schwerpunkte legen: Certificate of Advanced Studies in School Evaluation, Diploma of Advanced Studies in Evaluation sowie Master of Advanced Studies in Evaluation.

Als einzige deutsche Universität bietet derzeit die Universität des Saarlandes mit dem Master of Evaluation (http://www.master-evaluation.de) einen eigenständigen Studiengang für Evaluation an. Er besteht aus einem viersemestrigen berufsbegleitenden Aufbaustudiengang und einem 10-wöchigen Berufspraktikum. Zielgruppe sind Studierende und Absolventen sozialwissenschaftlicher Studiengänge. In einem ersten Teil werden Inhalte wie Evaluationstheorie und -praxis, Organisationswissen, Methoden der Datenerhebung und -auswertung, Moderation, Verhandlungsführung, Mediation und Reporting behandelt. In einem zweiten Teil erfolgt die Vertiefung der Inhalte in einem Praxisfeld der Evaluation (z.B. Entwicklungszusammenarbeit), wobei pädagogische Praxisfelder derzeit aber nicht angeboten werden.

3.2 Evaluation in anderen Fachstudiengängen

Kürzer als grundständige Studiengänge, aber immer noch in einer vertieften Form, kann Evaluation im Rahmen von Studienschwerpunkten, Vertiefungsfächern und einzelnen Lehrveranstaltungen studiert werden, die in verschiedene Fachstudiengänge eingebettet sind (vgl. Caspari, 2004). Eine aktuelle Recherche entsprechender Möglichkeiten liegt derzeit nicht vor. Nachdem aber in Folge der inzwischen vollzogenen Umstellung der Studiengänge auf die Abschlüsse Bachelor und Master kaum ein Studiengang und kaum ein Curriculum unverändert blieben, besteht hier ein dringendes Forschungsdefizit.

Neben mehrsemestrigen Studienschwerpunkten und Angeboten gibt es eine Vielzahl kürzerer Lehrveranstaltungen, die sich dem Thema Evaluation widmen. Eine ad-hoc-Recherche in den online verfügbaren Vorlesungsverzeichnissen von 17 zufällig ausgewählten deutschen Universitäten stellt Hense (2009) dar. Sie erbrachte für den Zeitraum Wintersemester 2006/07 bis Sommersemester 2007 das in Tabelle 1 dargestellte Bild.

Nur 19 % aller Veranstaltungen, die gemäß dieser Recherche die Bezeichnung Evaluation im Titel oder Beschreibungstext führten, widmeten sich vorrangig dem Thema Evaluation. Dagegen betrachteten die restlichen 81 % es in unterschiedlichem Grad als Nebenaspekt eines anderen Themas oder bezogen es nur auf einen konkreten Anwendungsgegenstand.

Tabelle 1: Stellenwert von Evaluation in Lehrveranstaltungen mit Evaluationsbezug

Stellenwert von Evaluation in der Lehrveranstaltung	Anzahl	Prozent
Evaluation als alleiniges Thema des Seminars (evtl. kombiniert mir stark verwandten Themen wie bspw. Qualitätssicherung)	12	19 %
Evaluation als eines von zwei Hauptthemen (z.B. „Schulentwicklung und Evaluation")	11	17 %
Evaluation als eines von mehreren Unterthemen eines übergreifenden Themas	18	28 %
Evaluation eingegrenzt in Bezug auf einen konkreten Evaluationsgegenstand (z.B. „Evaluation von Multimedia").	23	36 %

Die meisten Lehrveranstaltungen wurden dabei als Seminare bzw. Proseminare (42 %) oder Hauptseminare (20 %) angeboten. Explizit als Projektseminar bezeichnet waren 6 % aller gefundenen Lehrveranstaltungen. Die meisten Angebote fanden sich in den Bereichen Erziehungswissenschaften, Psychologie, Soziologie und Wirtschaftswissenschaften.

Systematischer untersucht wurde die Evaluation als Teil der Methodenlehre im Fachbereich Psychologie von Soellner, Hapkemeyer und Scheibner (2010). Dabei zeigte sich, dass innerhalb des Kompetenzspektrums der Evaluation (vgl. Abschnitt 2.2) vor allem die Bereiche „Theorie und Geschichte" sowie „Methodenkompetenz" abgedeckt werden, andere Kompetenzbereiche aber eher unterrepräsentiert sind. Es ist zu vermuten, dass sich für die Evaluation als Gegenstand in anderen sozialwissenschaftlichen Feldern ein ähnliches Bild ergeben würde, auch wenn für diese keine ähnlich detaillierten Analysen vorliegen. Ein grundsätzliches Problem entsprechender Untersuchungen ist, dass natürlich Modul- oder Seminarbeschreibungen nur teilweise auf die jeweils thematisierten Kompetenzbereiche der Evaluation rückschließen lassen.

3.4 Ausbildung für spezifische Evaluationsverfahren

In vielen Anwendungsfeldern der Evaluation haben sich verschiedene bereichsspezifische Verfahren der Evaluation etabliert, die etwa in Bezug auf Vorgehen, Akteurskonstellationen, Methoden und Instrumente stark standardisiert sind. Diesbezügliche Ausbildungen sind entsprechend maßgeschneidert, gegenüber grundständigeren Angeboten deutlich weniger umfangreich und reichen vom Kurzworkshop bis zum Zertifikatskurs. Im Folgenden wird die Breite dieser Angebote anhand zweier Beispiele erläutert.

3.4.1　Interne und externe Evaluierende in Berliner Kindertagesstätten

Das an der Internationalen Akademie für Innovative Pädagogik, Psychologie und Ökonomie (INA) der Freien Universität Berlin angesiedelte Institut für den Situationsansatz bietet seit 2005 die Möglichkeit, ein Zertifikat zur „Expertin/zum Experten für Qualität im Situationsansatz (EfQS)" zu erwerben. Dieses enthält im Wesentlichen Inhalte zur internen und externen Evaluation in Tageseinrichtungen für Kinder. Personen, die zu internen Evaluierenden ausgebildet wurden, können sich zu externen Evaluierenden weiterbilden lassen (Preissing, 2008).
Ziele der Ausbildung für die interne Evaluation sind u.a. die Vermittlung von fachlichen Kriterien zur kritischen Selbstreflexion, die Anleitung einer produktiven Diskussion über ggf. kontroverse Einschätzungen sowie der Abschluss von Zielvereinbarungen. Im Rahmen der externen Evaluation steht auf Grundlage der Beschreibung des Ist-Zustandes eine konstruktiv-kritische Diskussion von Potenzialen, Entwicklungsnotwendigkeiten und -möglichkeiten im Vordergrund, um entwicklungsunterstützende Empfehlungen zu formulieren.
Im Rahmen dieses Ansatzes werden die Absolventinnen und Absolventen „lizenziert, um externe Evaluationen in Tageseinrichtungen für Kinder durchzuführen"

(ISTA, 2013). Die Dauer der Ausbildung für interne Evaluierende umfasst zehn Präsenztage und eine dreimonatige Praxisphase. Um sich zum externen Evaluierenden weiterbilden zu lassen, kommt eine darauf aufbauende Ausbildung mit sechs Theorie- und zwei Praxistagen hinzu. Als Anforderung an die Evaluierenden werden insbesondere Fachkompetenzen (Theorie und Praxis), Feld-, Kommunikations-, Organisations-, Gesprächsführungskompetenz, die Kompetenz, wertende und wertschätzende Berichte verfassen zu können sowie die Kompetenz, Konfliktgespräche führen zu können definiert. Will man den Situationsansatz als Evaluationsansatz interpretieren, kann das hier beschriebene Verfahren als erstes dokumentiertes Akkreditierungsverfahren von Evaluierenden im deutschsprachigen Raum gewertet werden (Beywl, 2009).

3.4.2 Externe Schulevaluation am Beispiel des Bundeslandes Bayern

Das Modell der Qualitätsagentur am bayerischen Staatsinstitut für Schulqualität und Bildungsforschung (ISB) sieht vor, dass jede Schule alle fünf Jahre durch eine externe Kommission evaluiert wird (ISB, 2005). Die externe Evaluation erfolgt in Teams bestehend aus drei schulischen Evaluierenden (Lehrkräfte derselben Schulart) und einem nicht schulischen Evaluierenden (Vertreter der Wirtschaft oder Eltern). Die schulischen Evaluatoren und Evaluatorinnen werden durch das ISB in einer einwöchigen Grundqualifizierung vor Beginn der Tätigkeit als Evaluierende und zwei weiteren halbwöchigen Weiterqualifizierungsmodulen im ersten Jahr der Tätigkeit ausgebildet (Hruza-Mayer, 2008).

Das dabei zugrunde liegende Anforderungsprofil für die externen Evaluierenden umfasst Kenntnisse der Evaluation als einer definierten sozialwissenschaftlichen Methode, Kenntnisse und Erfahrungen mit Merkmalen einer guten Schule, eines guten Unterrichts und zeitgemäßen Formen des Lehrens und Lernens sowie kommunikative Fähigkeiten, Fähigkeit zur Diskretion, zur Distanz gegenüber Vorurteilen und Kenntnisse aktueller Fragen der Bildungs- und Schulpolitik. Das ISB begleitet die Evaluierenden und führt regelmäßig Tagungen durch, die der Fortbildung dienen und Gelegenheit zum Austausch bieten.

3.5 Offener Weiterbildungsmarkt

Neben den beschriebenen, relativ gut abgrenzbaren Angebotsformaten für die AUWE gibt es auf dem allgemeinen Weiterbildungsmarkt verschiedenste Angebote, die in unterschiedlichem Maße Evaluationsinhalte umfassen. Das Spektrum beginnt bei umfassenderen Programmen, die sich ausschließlich mit Evaluation befassen, wie die seit 2003 etablierte Fortbildungsmaßnahme zur Ausbildung von Evaluations-Fachkräften in der Entwicklungszusammenarbeit (http://www.feez.org/).

Das andere Ende des Spektrums bilden Angebote, die nur einzelne Evaluationskompetenzen (z.B. Fragebogengestaltung) abbilden oder Evaluation nur peripher berühren. Naturgemäß ist es hier besonders schwierig, sich einen Überblick zu verschaffen. Dies liegt an Faktoren der Heterogenität des Weiterbildungsmarkts insgesamt, der gegenüber anderen Bildungssektoren naturgemäß durch eine weit größere Vielfalt an Anbietern, Lernorten, Formaten und auch Inhalten geprägt ist.

Zusätzlich kann davon ausgegangen werden, dass viele Angebote mit evaluationsrelevanten Inhalten unter verwandten Begrifflichkeiten wie etwa Qualitätsmanagement, Qualitätssicherung, Wirkungsanalyse etc. firmieren. Auch hier ist daher auf die oben erwähnte, in Umsetzung befindliche Online-Angebotsdatenbank zu verweisen.

4. Trends und Entwicklungslinien

Die für die oben beschriebenen Angebotsformate vorliegenden Studien sind größtenteils schon einige Jahre alt und aktuellere Untersuchungen stehen aus. Dennoch haben wir versucht an entsprechender Stelle auf jüngere Entwicklungen hinzuweisen, soweit sich diese zum jetzigen Zeitpunkt identifizieren lassen. Lenkt man den Blick auf allgemeine übergreifende Trends, die mögliche zukünftige Entwicklungen andeuten könnten, so lassen sich, auch aus internationaler Perspektive, vier aktuelle Themenfelder nennen, die in Zukunft auch für den Bereich der Aus- und Weiterbildung von Evaluierenden einflussreich werden könnten.

4.1 Web based trainings und andere Online-Angebote

Im internationalen Raum sind in den vergangenen Jahren verschiedene Angebotsformate und Weiterbildungsressourcen entstanden, die ganz oder teilweise online vermittelt werden. Einige Beispiele sind:

- Die UNICEF und die International Organization for Cooperation in Evaluation (IOCE) bieten im Rahmen des Programms „EvalPartners" ein kostenfreies einführendes E-Learning Programm für „Development Evaluation" an.[3] Das niederschwellig konzipierte Programm besteht aus Einführungskurs, festen Kursen und frei wählbaren Einheiten. Ein virtuelles Teilnahmezertifikat erhält, wer am Ende des Kurses erfolgreich einen Multiple-Choice-Test absolviert.
- Die American Evaluation Association (AEA) hat seit einigen Jahren unter dem Titel „Coffee Break Seminars" erfolgreich ein Kurzformat für Mitglieder etabliert, in dem in 20-minütigen Webkonferenzen ein bestimmtes Thema mit Evaluationsrelevanz präsentiert und in einer anschließenden Fragerunde on- und offline diskutiert werden kann.
- Eine wahre Flut an Weiterbildungs-Ressourcen (nicht Angebote i.e.S.) besteht in Online-Aufzeichnungen von Vorlesungen, Vorträgen und Diskussionen zum Thema Evaluation (vgl. Hense & Mandl, 2011).

Eine gute Quelle, um zu diesen heterogenen Angeboten auf dem Laufenden zu bleiben, ist die englischsprachige Diskussionsliste EVALTALK[4], in der immer wieder neue Angebote angekündigt und beworben werden. Eine regelmäßig aktuell gehaltene

---

3 http://mymande.org/elearning.
4 http://bama.ua.edu/archives/evaltalk.html.

Übersicht von Angeboten spezifisch im Bereich Methoden und Evaluation pflegt Gene Shackman.[5] Unabhängig vom Inhaltsgebiet Evaluation entsteht derzeit ein dynamisch und rapide wachsendes Angebot von „Offenen Kursen", die teils der Philosophie von „open content" folgen, teils wohl auch eher Marketingfunktionen für die jeweiligen Institutionen erfüllen, wie im Bereich der „Massive Open Online Courses" (MOOCs). Auf entsprechenden Datenbank-Portalen[6] finden sich zunehmend auch unter dem Stichwort „evaluation" die verschiedensten Angebote. Die Qualität streut dabei naturgemäß breit, v.a. da in den meisten Fällen neben der Bereitstellung verschiedener medialer Inhalte (Vortragsfolien, Texte, Video, Audio) keine instruktionale Begleitung der Lernenden erfolgt.

4.2 Evaluation Capacity und Capacity Building / Capacity Development

Die Auseinandersetzung mit Evaluation Capacity und Evaluation Capacity Building bzw. Evaluation Capacity Development ist eine der jüngeren Entwicklungen in der Aus- und Weiterbildung in der Evaluation, die um 2000 herum ihren Anfang nahm (z.B. im Rahmen der Jahreskonferenz der American Evaluation Association (AEA) im Jahre 2000). Eine eher einfache Definition beschreibt Evaluation Capacity als „the ability to conduct an effective evaluation (i.e. one that meets accepted standards of the discipline)" (Milstein & Cotton, 2000, p. 1, zit. n. Trevisan, 2002, p. 291). Über individuelle Kompetenzen hinausgehend werden darunter aber auch die notwendigen Ressourcen und Motivationen auf über-individueller Ebene verstanden, die nötig sind, um Evaluationen durchzuführen (Gibbs, Napp, Jolly, Westover & Uhl, 2002) und ihre Ergebnisse zu nutzen (Taylor-Powell & Boyd, 2008).

Evaluation Capacity Building oder Capacity Development meinen die Ausbildung und Entwicklung dieser Kompetenzen, Ressourcen und Motivationen (Preskill & Boyle, 2008). Die Begriffe Capacity Building (ECB) und Capacity Development (ECD) werden dabei z.T. synonym gebraucht, z.T. werden sie dahingehend unterschieden, ob Evaluation Capacity eher von innen heraus (Development) oder eher durch externen Einfluss (Building) entsteht (Simister & Smith, 2010). Teils wird auch eher normativ der Begriff „Development" bevorzugt, da er das Aufbauen auf dem bereits Vorhandenen betone. Als Ziel von ECB/ECD beschreiben Preskill und Boyle (2008) den Aufbau einer nachhaltigen Evaluierungspraxis in einer Organisation, aber auch der Aufbau von Evaluierungskapazität auf gesamtgesellschaftlicher Ebene wird darunter verstanden (DAC Network on Development Evaluation, 2012). Die Stärkung von Evaluierungskapazität stellt dabei aber keinen Wert an sich dar. Sie zielt immer auf die Förderung der Verbesserung von Programmen und Projekten der betreffenden Organisation oder Gesellschaft ab (u.a. DAC Network on Development Evaluation, 2012; Labin, Duffy, Meyers, Wandersman & Lesesne, 2012).

Gegenüber der Aus- und Weiterbildung in Evaluation auf rein individueller Ebene lenkt die Diskussion um Evaluation Capacity den Blick darauf, dass es gerade in Organisationen oft nicht reicht, nur Einzelpersonen als Expert/inn/en für eine Evaluationstätigkeit zu qualifizieren. Vielmehr wird die Durchführung und Nutzbarmachung von

---

5   http://gsociology.icaap.org/methods/training.html.
6   Z.B. http://oedb.org.

Evaluationen hier als Aufgabe begriffen, die in einem systemischen Sinne Kompetenzen und Ressourcen auf verschiedenen Ebenen und an vielen Stellen einer Organisation erfordert. Eine mögliche Konsequenz für die Aus- und Weiterbildung besteht darin, dass Strategien und Methoden des ECB/ECD zukünftig zum (erweiterten) Werkzeugkoffer von Evaluierenden gehören sollten.

4.3 Netzwerk des Evaluationsnachwuchses in Forschung und Praxis

Seit einem ersten Initiativtreffen des wissenschaftlichen Nachwuchses auf der DeGEval-Jahrestagung 2008 hat sich in der DeGEval ein Netzwerk für den Evaluationsnachwuchs in Wissenschaft und Praxis herausgebildet, welches sich auf der Mitgliederversammlung im Jahr 2013 offiziell als Nachwuchsnetzwerk der DeGEval konstituiert hat.[7] Das Nachwuchsnetzwerk richtet sich zum einen an Personen, die im Rahmen von Qualifizierungsarbeiten über Evaluation forschen (z.B. ihre Formen, Methoden, Prozesse, Resultate etc.), zum anderen an Personen, die als Berufseinsteigerinnen und -einsteiger Evaluationen durchführen. Ziel ist es, einen an die Bedürfnisse der Zielgruppe angepassten Rahmen für den Austausch über theoretische, methodologische, methodische und inhaltliche Fragen im Zusammenhang mit Evaluation und Evaluationsforschung zu bieten.

Als zentrale Elemente der Vernetzung und des Austausches haben sich das jährliche Treffen auf der Jahrestagung der DeGEval und ein Forschungs- und Praxiskolloquium etabliert. Erste Erfahrungen legen nahe, dass insbesondere das Vorstellen noch im Prozess befindlicher Projekte zu einem regen Austausch führen kann, welcher von allen Teilnehmenden aber vor allem von der Referentin oder dem Referenten als sehr fruchtbar erlebt wird. Weitere wichtige Instrumente des Austauschs sind eine Mailingliste sowie eine ständig aktualisierte Datenbank von laufenden Dissertations- und Habilitationsvorhaben, in denen über Evaluation geforscht wird.

Aus Perspektive der Aus- und Weiterbildung in Evaluation besteht die Hoffnung, dass von dieser selbstorganisierten Form des themenbezogenen Austauschs nicht nur das individuelle Capacity Building der einzelnen Beteiligten profitiert. Darüber hinaus wird mit Spannung zu beobachten sein, inwiefern aus dem Nachwuchsnetzwerk Innovationsimpulse hervorgehen, die auch für die Professionalisierung insgesamt Auswirkungen haben.

4.4 Beglaubigung und Begutachtung von Evaluierenden

Eine der derzeit spannendsten Entwicklungen mit Einfluss auf die Aus- und Weiterbildung von Evaluierenden sind Bemühungen zur Implementation von Prozessen zur Beglaubigung bzw. Begutachtung von Evaluierenden. Nach ersten gescheiterten Versuchen der Amerikanischen AEA in den 1990er Jahren ist dabei seit einigen Jahren die Kanadische CES mit der Etablierung einer „Professional Designation" Vorreiter. Im Rahmen eines langjährigen Diskussions- und Entwicklungsprozesses wurden standar-

---

7   http://www.degeval.de/arbeitskreise/nachwuchsnetzwerk/.

disierte Verfahren und Strukturen eingeführt, um den Titel „Credentialed Evaluator" (etwa: „Beglaubigte/r Evaluator/in") führen zu dürfen. Dieser ist nicht nur mit Mindestanforderungen an eine Erstausbildung und an praktische Vorerfahrungen, sondern auch mit der Auflage für regelmäßige Weiterbildungen verknüpft. Das Verfahren ist seit 2009 in Kraft und in Kanada bisher ein Erfolgsmodell. Besonders interessant ist, dass bereits von Anfang an ein Interesse aus dem Ausland nach einer Beglaubigung durch die CES bestand.

Teils durch die Kanadischen Erfahrungen motiviert, hat auch die Europäische Evaluationsgesellschaft EES inzwischen Anstrengungen mit einer ähnlichen Zielrichtung begonnen. Unter dem Titel „Voluntary Evaluator Peer Review" (VEPR) wurde zunächst ein Konzept erstellt und 2013 eine Mitgliederbefragung durchgeführt, die sich derzeit (Anfang 2014) noch in Auswertung befindet. Wichtigster Unterschied des Konzepts zu dem der CES ist, dass hier die Begutachtung in Wesentlichen durch zwei vorab zertifizierte Peers erfolgen soll. Eine weitere nationale Evaluationsgesellschaft, die eine Zertifizierung in Verbindung mit einem eigenen Ausbildungsgang anbietet, ist die Japanische (Hirono, 2009).

5.   Ausblick

„Prediction is hard, especially about the future". Dieses wahlweise Niels Bohr, Mark Twain oder auch Yogi Berra zugeschriebene Zitat gilt natürlich auch für die Aus- und Weiterbildung in Evaluation. Während der Evaluation als Anwendungsfeld oft eine nach wie vor wachsende Bedeutung attribuiert wird, ist zumindest in Bezug auf grundständige Studiengänge in den letzten Jahren eher Stillstand bis hin zu einem Schrumpfungsprozess zu beobachten (vgl. Abschnitt 3). Unklar ist, inwiefern dieser durch ein entsprechendes Wachstum etwa im Rahmen anderer Fachstudiengänge oder auf dem allgemeinen Weiterbildungsmarkt (z.B. in Form von einzelnen Modulen oder Kursen) kompensiert wird. Letztere sind zwar in Bezug auf Kosten und Zeitaufwand niederschwelliger, decken aber nur Aspekte einer umfassenden Ausbildung zum Evaluator/zur Evaluatorin ab. Inwiefern für diese Entwicklung die Offenheit des Feldzugangs (vgl. Einleitung), das Nachfrageverhalten von Auftraggebenden, Sättigungserscheinungen in Bezug auf eine umfassende Evaluationsausbildung in einem begrenzten deutschsprachigen Markt oder letztlich lokale Faktoren verantwortlich zu machen sind, muss an dieser Stelle offen bleiben.

In Bezug auf die weitere Entwicklung der Aus- und Weiterbildung von Evaluierenden im Kontext der allgemeinen Professionalisierung der Evaluation sind zwei gegensätzliche Pole denkbar. Diese spannen ein Kontinuum von Möglichkeiten auf, in dem sich die tatsächliche Entwicklung vollziehen wird. Der eine Extrempol ist eine weitere Stagnation oder sogar ein Rückbau vorhandener professionell ausgerichteter Angebote, die sich umfänglich an zentralen Eckpunkten wie den DeGEval-Standards und den Anforderungsprofilen für Evaluierende orientieren (vgl. Abschnitt 2). Der andere Extrempol wird eine zunehmende Verfügbarkeit und Relevanz entsprechender Angebote sein, eine Entwicklung, die ohne eine deutliche Tendenz hin zu einem professionellen Tätigkeitsprofil in Verbund mit einer Beglaubigung, Zertifizierung oder ähnlichen Verfahren (vgl. Abschnitt 4.3) nicht wahrscheinlich erscheint.

Zwei Gruppen wird in Bezug auf die Gestaltung der weiteren Entwicklung sicherlich eine besondere Rolle zukommen. Die eine besteht aus den Auftraggebenden von Evaluationen, die durch ihr Nachfrageverhalten einen wesentlichen Einfluss darauf haben, welche Qualifikationen von Evaluierenden erwartet werden und ob bzw. in welcher Form diese nachweisbar sein sollen. Daher sollte die Frage der professionellen Qualifizierung von Evaluierenden nicht isoliert von der Frage der professionellen Qualifizierung von Auftraggebenden diskutiert werden.

Die zweite Gruppe besteht aus der organisierten Evaluations-Community, namentlich der Gesellschaft für Evaluation, die als übergeordnetes Ziel die Professionalisierung der Evaluation verfolgt. Sie hat in der Vergangenheit u.a. in Form der Standards der Evaluation sowie der Anforderungsprofile für Evaluierende wichtige Eckpunkte in einem andauernden Professionalisierungsprozess definiert. Eine zentrale Frage für die weitere Entwicklung wird aber sein, wie sich die Gesellschaft und ihre Mitglieder zukünftig zur Notwendigkeit weitergehender Professionalisierungsschritte positionieren. Die Jahrestagung 2014 der DeGEval in Kooperation mit der Schweizer SEVAL zum Thema „Professionalisierung in und für Evaluation" widmet sich diesem Thema.

Literatur

Beywl, W. & Harich, K. (2007). University-based continuing education in evaluation. The Baseline in Europe. *Evaluation, 13*, 121–134.

Beywl, W. (2009). Erstmals Evaluatorinnen lizenziert – ein professionspolitisches Thema? *Zeitschrift für Evaluation, 1*, 158–162.

Caspari, A. (2004). Aus- und Weiterbildungsmöglichkeiten in der Evaluation. *Zeitschrift für Evaluation, 3*, 143–152.

DAC Network on Development Evaluation. (2012). *Working Consensus on Evaluation Capacity Development.* Verfügbar unter: http://www.oecd.org/dac/evaluation/dcdn-dep/ECD_%20concept%20note_final%20%282%29.pdf [31.01.2014]

Deutsche Gesellschaft für Evaluation (DeGEval). (2002). *Standards für Evaluation.* Köln: DeGEval – Gesellschaft für Evaluation e.V.

Deutsche Gesellschaft für Evaluation (DeGEval). (2004). *Empfehlungen für die Aus- und Weiterbildung in der Evaluation. Anforderungsprofile an Evaluatorinnen und Evaluatoren.* Köln: DeGEval – Gesellschaft für Evaluation e.V.

Engle, M., Altschuld, J. W. & Kim, Y.-C. (2006). 2002 Survey of Evaluation Preparation Programs in Universities. *American Journal of Evaluation, 27*, 353–359.

Gibbs, D., Napp, D., Jolly, D., Westover, B. & Uhl, G. (2002). Increasing evaluation capacity within communitybased HIV prevention programs. *Evaluation and Program Planning, 25*, 261–269.

Gutknecht-Gmeiner, M., Hense, J., Kihm, S., Lüth, K. & Steckhan, H. (2011). *Didaktik der Aus- und Weiterbildung in der Evaluation – Ein Empfehlungspapier des Arbeitskreises Aus- und Weiterbildung in der Evaluation in der Gesellschaft für Evaluation – DeGEval e.V.* Mainz: Arbeitskreis Aus- und Weiterbildung in der Evaluation in der DeGEval.

Hense, J. & Mandl, H. (2011). Wissensmanagement und Evaluation. *Zeitschrift für Evaluation, 10*(2), 267–301.

Hense, J. (2009). Lernziel Evaluationskompetenz: Universitäre Aus- und Weiterbildung im Bereich Evaluation. In M. Hietzge & N. Neuber (Hrsg.), *Bewegung und schulische*

Selbstvergewisserung. Bewegungs- und Sportangebote als Motor von Schulentwicklung (S. 147–160). Hohengehren: Schneider.

Hirono, R. (2009). Evaluation Capacity Development in the Asia-Pacific Region: A Proposal for an Asia-Pacific Evaluation Association Network (APEA NET). In N. Minato & N. Fujita (Eds.), *Evaluating Development Assistance: A Japanese Perspective* (pp. 96–126). Japan: FASID.

Hruza-Mayer, A. (2008, September). Anforderungsprofile und Qualifizierungskonzepte für externe Evaluatoren im Rahmen der Evaluation an Bayerns Schulen. Vortrag im Rahmen der 11. Jahrestagung der Gesellschaft für Evaluation (DeGEval), Klagenfurt, Österreich.

Institut für den Situationsansatz in der Internationalen Akademie (ISTA) (2013). *Level C (Aufbaukurs): Expertin für Qualität im Situationsansatz (EfQS)*. Verfügbar unter: http://www.ina-fu.org/ista/ [31.01.2014]

ISB (Staatsinstitut für Schulqualität und Bildungsforschung) (2005). *Externe Evaluation an Bayerns Schulen*. München: Bayerisches Staatsministerium für Unterricht und Kultus.

Joint Committee on Standards for Educational Evaluation (JCSEE) (1994). *The program evaluation standards. How to assess evaluations of educational programs*. Thousand Oaks, CA: Sage.

King, J. A., Stevahn, L., Ghere, G. & Minnema, J. (2001). Toward a taxonomy of essential evaluator competencies. *American Journal of Evaluation, 22*, 229–247.

Labin, S. N., Duffy, J. L., Meyers, D. C., Wandersman, A. & Lesesne, C. A. (2012). A research Synthesis of the Evaluation Capacity Building Literature. *American Journal of Evaluation, 33*(3), 307–338.

Preissing, C. (2008, September). Qualitätsentwicklung und Qualitätssicherung im Arbeitsfeld Tageseinrichtungen für Kinder durch interne und externe Evaluation. Vortrag im Rahmen der Frühjahrstagung des Arbeitskreises Aus- und Weiterbildung in der DeGEval a.V. Berlin.

Preskill, H. & Boyle, S. (2008). A Multidisciplinary Model of Evaluation Capacity Building. *American Journal of Evaluation, 29*(4), 443–459.

Simister, N. & Smith, R. (2010). *Praxis Paper 23: Monitoring and Evaluating Capacity Building: Is it really that difficult?* Oxford, U.K.: International NGO Training and Research Centre.

Soellner, R., Hapkemeyer, J. & Scheibner, N. (2010). Evaluationsausbildung in der Psychologie – eine Bestandsaufnahme. *Zeitschrift für Evaluation, 9*, 297–308.

Stevahn, L., King, J. A., Ghere, G. & Minnema, J. (2005). Establishing Essential Competencies for Program Evaluators. *American Journal of Evaluation, 26*(1), 43–59.

Taylor-Powell, E. & Boyd, H. H. (2008). Evaluation Capacity Building in Complex Organizations. *New Directions for Evaluation, 120*, 55–69.

Trevisan, M. S. (2002). Evaluation Capacity in K-12 School Counseling Programs. *American Journal of Evaluation, 23*(3), 291–305.

Yarbrough, D. B., Shulha, L. M., Hopson, R. K. & Caruthers, F. A. (2011). *The program evaluation standards: A guide for evaluators and evaluation users* (3rd ed.). Thousand Oaks, CA: Sage.

Die DeGEval und ihre Arbeitskreise

Die DeGEval – Gesellschaft für Evaluation

Die DeGEval – Gesellschaft für Evaluation e.V. wurde 1997 gegründet. Sie ist ein Zusammenschluss von Personen und Institutionen, die im Bereich der Evaluation tätig sind. Sie verfolgt
- die Professionalisierung von Evaluation,
- die Zusammenführung unterschiedlicher Perspektiven der Evaluation sowie
- Information und Austausch über Evaluation.

Vorstand und themenspezifische Arbeitskreise verfolgen diese Ziele durch die Erarbeitung von Empfehlungen und Leitlinien, Veranstaltungen und Veröffentlichungen.

Die DeGEval verfolgt die folgenden drei Hauptziele:

1. Professionalisierung von Evaluation

Mit dem wachsenden Bedarf an Evaluation sind viele Chancen und auch Risiken verbunden. Diese betreffen zum einen die Qualität von Evaluationen, zum anderen die Professionalität von Evaluatorinnen und Evaluatoren. So ist trotz großem Interesse an Evaluation in weiten Teilen des deutschen Sprachraums der Informationsstand über Möglichkeiten und Grenzen, aber auch Kosten und Nutzen von Evaluationen gering. Daher setzt sich die DeGEval nachhaltig dafür ein:
- verbindliche Qualitätskriterien für Evaluation zu fördern, was sich in den „Standards für Evaluation" sowie den daran anknüpfenden „Ergänzungen für Selbstevaluation" niederschlägt;
- hochwertige Aus- und Weiterbildungsangebote zu unterstützen, die sich an den von der DeGEval herausgegebenen „Empfehlungen zur Aus- und Weiterbildung in der Evaluation" orientieren;
- die Bedeutsamkeit qualitativ anspruchsvoller Evaluationen Auftraggebenden, Evaluatorinnen und Evaluatoren sowie jenen, deren Leistung und Tätigkeit evaluiert werden, zu vermitteln;
- Informationen über Evaluation öffentlich zugänglich zu machen.

2. Zusammenführung unterschiedlicher Perspektiven

Zentrales Ziel der DeGEval ist die Zusammenführung unterschiedlicher Perspektiven im Hinblick auf Theorie und Praxis der Evaluation. Die DeGEval hat sich zur Aufgabe gemacht:
- den Austausch zwischen Evaluatorinnen und Evaluatoren innerhalb einzelner sowie zwischen Evaluationsfeldern zu fördern, was insbesondere durch die Tätigkeit der Arbeitskreise in der DeGEval geleistet wird;
- Erfahrungen und Erwartungen von Auftraggebern, Evaluationsforscherinnen und -forschern, Evaluatorinnen und Evaluatoren sowie Evaluierten zusammenzuführen;

- den Kontakt zu relevanten nationalen und internationalen Organisationen im Bereich der Evaluation zu pflegen und auszubauen.

3. Förderung von Information und Austausch

Die starke Differenzierung von Evaluation erfordert steten Informationsaustausch und kollegialen Diskurs. Die DeGEval trägt dazu bei, indem sie u.a.:

- Jahrestagungen veranstaltet, die eine Plattform für die kritische Diskussion um Evaluationsansätze, Evaluationsdesigns und -methoden bieten;
- sich in der Zeitschrift für Evaluation engagiert, die ein qualifiziertes Diskussionsforum für Evaluation darstellt;
- mit der DeGEval-Mail ein Informationsforum bereit stellt, das über Evaluationstätigkeiten und -bedarf in unterschiedlichen Feldern berichtet;
- die Mailingliste forum-evaluation unterstützt, die den kontinuierlichen Erfahrungsaustausch ermöglicht und Gelegenheit bietet, offene Fragen aus dem Bereich der Evaluation zu diskutieren.

Publikationen der DeGEval

Standards für Evaluation (DeGEval-Standards)

Die ‚Standards für Evaluation' stellen den Kern von mittlerweile mehreren Handreichungen dar. Die DeGEval hat mit der Publikation der ‚Standards' und den darauf folgenden Publikationen[1] in den vergangenen Jahren einen bedeutenden Beitrag geliefert, der die Diskussion um Kriterien und die Qualität der Evaluation nicht nur im deutschen Sprachraum maßgeblich mit beeinflusste.

Als Begleitmaterial zu den „Standards für Evaluation" gibt die DeGEval eine Broschüre (50 Seiten) heraus. Diese geht erklärend auf die 25 Einzelstandards ein, macht Angaben zur Zielsetzung, zur Entstehung und zum Anwendungsbereich der Standards, liefert Definitionen von Schlüsselbegriffen, Planungshilfen und Literaturnachweise. Die Broschüre ist als praktische Hilfe bei der Beauftragung, Planung und Bewertung von Evaluationen konzipiert.

Link zu den Standards: http://www.degeval.de/publikationen/standards-fuer-evaluation/

Empfehlungen für Aus- und Weiterbildung in der Evaluation. Anforderungsprofile für Evaluatorinnen und Evaluatoren

Evaluation hat in den vergangenen Jahren im deutschen Sprachraum zunehmend an Bedeutung gewonnen. Nicht nur die Ausweitung der Felder, in denen sich Evaluation etabliert hat, sondern auch die Intensität, mit der Evaluation in unterschiedlichen Bereichen zum Tragen kommt, sind Indiz hierfür. Gleichzeitig ist zu beobachten,

---

1 Alle Publikationen der DeGEval finden sich auf der Webseite www.degeval.de.

dass dieses Wachstum nicht in allen Bereichen der Evaluation eine Entsprechung in den vorhandenen personellen Ressourcen findet, die für eine professionelle Evaluation notwendig erscheinen. Dies ist in erster Linie darauf zurückzuführen, dass Evaluation bislang kein ausgewiesenes Berufsfeld mit entsprechenden Anforderungen an die Aus- und Weiterbildung darstellt. Aber auch der Charakter der Evaluation als Querschnittswissenschaft, die Anforderungen aus unterschiedlichen Fachdisziplinen zusammenführt, trägt hierzu bei.

Die DeGEval – Gesellschaft für Evaluation nimmt sich mit den Empfehlungen zur Aus- und Weiterbildung dieses Themas an und möchte damit einen Beitrag zur Professionalisierung der Evaluationstätigkeit und mithin zur Qualitätssicherung der Evaluation selbst leisten. Diese Empfehlungen, die sich auf ein breites und zum Teil heterogenes Praxisfeld beziehen, müssen hinreichend allgemein sein und benötigen der feldspezifischen Interpretation und Differenzierung. Unter dieser Prämisse sind sie als grundlegende Anforderungen und Kompetenzen zu verstehen, die für die angemessene Durchführung von Evaluationen unerlässlich sind.

Mit den „Empfehlungen für Aus- und Weiterbildung in der Evaluation" sollen zwei Ziele erreicht werden: Zum einen sollen die Empfehlungen Auftraggebern von Evaluationen eine bessere Orientierung bieten, was von Evaluator/inn/en zu erwarten ist und über welche Kompetenzen sie verfügen sollten. Zum anderen sollen sie einen Rahmen für den Aufbau von Aus- und Weiterbildungsprogrammen bilden und somit auch für bereits tätige und künftige Evaluator/inn/en Anhaltspunkt sein.

Link zur Publikation „Empfehlungen für Aus- und Weiterbildung in der Evaluation. Anforderungsprofile für Evaluatorinnen und Evaluatoren": http://www.degeval.de/pub likationen/aus-und-weiterbildung/

Empfehlungen zur Anwendung der Standards für Evaluation im Handlungsfeld der Selbstevaluation

Evaluation muss hohen Qualitätsmaßstäben genügen. Deshalb hat die DeGEval nicht zuletzt in ihren Empfehlungen zur Aus- und Weiterbildung in der Evaluation nachdrücklich auf eine notwendige Professionalisierung von Evaluation hingewiesen. Gleichzeitig erkennt die DeGEval an, dass Evaluation in einigen Praxisfeldern – zu nennen sind hier besonders die Felder Soziale Arbeit und Schule – häufig in der Art von Selbstevaluationen durchgeführt oder durch Selbstevaluationen begleitet wird. Selbstevaluationen werden zu einem nicht unerheblichen Teil von Personen durchgeführt, die kaum oder wenig in Theorie und Methoden der Evaluation ausgebildet sind – oft werden Selbstevaluationen mit dem Ziel der Qualifizierung der Akteure in ihrem originären Handlungsfeld verbunden. Selbstevaluation birgt einige Besonderheiten, die im Hinblick auf die Standards für Evaluation eine Gewichtung einzelner Aspekte erfordert; insbesondere solcher, welche die Rolle der Evaluatorin bzw. des Evaluators und daraus abzuleitende spezifische Anforderungen betreffen.

Zur Klärung dieser Besonderheiten hat die DeGEval – Gesellschaft für Evaluation die Empfehlungen zur Anwendung der Standards für Evaluation im Handlungsfeld der Selbstevaluation erarbeitet, verabschiedet und herausgegeben.

Link zur Publikation „Empfehlungen zur Anwendung der Standards für Evaluation im Handlungsfeld der Selbstevaluation": http://www.degeval.de/publikationen/selbstevaluation/

Arbeitskreise der DeGEval

Die DeGEval – Gesellschaft für Evaluation begründet und verfolgt ihre Ziele und Aufgaben auf der Basis der Tätigkeiten ihrer Arbeitskreise. Sie bilden die zentrale Schnittstelle zwischen übergreifenden und feldspezifischen Fragestellungen der Evaluation und leisten mithin einen bedeutsamen Beitrag zum Transfer und Informationsaustausch zwischen unterschiedlichen Bereichen der Evaluation.

Zurzeit haben sich 16 Arbeitskreise sowie das Nachwuchsnetzwerk konstituiert. Ihre Arbeitsfelder und Mitglieder sind in der nachfolgenden Tabelle vorgestellt. Die aktuellen Kontaktdaten der Sprecherinnen und Sprecher der Arbeitskreise finden sie auf der Webseite der DeGEval www.degeval.de.

Arbeitskreise (AK) der DeGEval – Gesellschaft für Evaluation	Evaluationsfeld	Mitglieder des Arbeitskreises (Stand Frühjahr 2014)
Aus- und Weiterbildung	Der Arbeitskreis Aus- und Weiterbildung in der Evaluation ist dem Ziel der Professionalisierung der Evaluation verpflichtet. Mit seinen Aktivitäten will er zu einer Verbesserung der Qualifizierung und Qualifikation von Evaluierenden und anderen mit Evaluation befassten Personen beitragen.	Personen, die an einem feldübergreifenden Austausch über Themen der Aus- und Weiterbildung in der Evaluation interessiert sind, u.a. Lehrpersonen und Anbieter von Aus- und Weiterbildungen im Evaluationsbereich (ca. 220 Personen auf der Mailingliste des AK).
Berufliche Bildung	Der Arbeitskreis beschäftigt sich mit Themen, die sich von der beruflichen Orientierung über die berufliche Erstausbildung (vorwiegend im dualen Ausbildungssystem), mit den Übergangssystemen bis hin zu Fort- und Weiterbildungen evaluatorisch auseinander setzen.	Alle wichtigen Akteure der Evaluation in diesem Feld sind im AK vertreten, dazu gehören, Auftraggeber/-innen und Auftragnehmer/-innen, Angehörige von Hochschulen, privatwirtschaftliche Unternehmen. Derzeit hat der AK ca. 280 Mitglieder.
Entwicklungspolitik	Der Arbeitskreis beschäftigt sich schwerpunkthaft mit methodischen Entwicklungen in der Evaluation des Ressorts als Antwort auf ein immer komplexer werdendes Berufsfeld.	Alle wichtigen Akteure der staatlichen Entwicklungszusammenarbeit (EZ), wie BMZ, GIZ, KfW, PTB, GBR u.a. und der nicht staatlichen EZ, wie Misereor, Welthungerhilfe u.a. sind vertreten sowie Vertreter/-innen der Wissenschaft und freiberufliche Gutachter/-innen, die Evaluationen im Auftrag durchführen.
Forschungs-, Technologie- und Innovationspolitik	Strategien, Institutionen, Prozesse und Programme im Bereich Forschungs-, Technologie und Innovationspolitik	Die zentralen Akteure der Evaluation in diesem Feld sind im AK vertreten, dazu gehören: Auftraggeber/-innen und Auftragnehmer/-innen. Derzeit hat der AK ca. 150 Mitglieder.

Arbeitskreise (AK) der DeGEval – Gesellschaft für Evaluation	Evaluationsfeld	Mitglieder des Arbeitskreises (Stand Frühjahr 2014)
Gender Mainstreaming	Der Arbeitskreis Gender Mainstreaming der DeGEval beschäftigt sich mit der Umsetzung von Gender Mainstreaming in der Evaluation und der Evaluation von Gleichstellungsmaßnahmen.	Evaluierende und Auftraggebende von Evaluation von Gender Mainstreaming sowie Wissenschafter/innen, die sich mit Gender und Evaluation in Wissenschaftskontexten befassen. Aktueller Mitgliederstand: rund 150 Personen.
Gesundheitswesen	Im Arbeitskreis (AK) Gesundheitswesen der Deutschen Gesellschaft für Evaluation (DeGEval) haben sich Evaluationen von Präventions- und Gesundheitsförderungsmaßnahmen in den letzten Jahren immer stärker als Schwerpunktinteresse der AK-Mitglieder herauskristallisiert und stehen im Fokus des Diskurses.	Die über 50 Mitglieder des Arbeitskreises Gesundheitswesen setzten sich aus Evaluierenden, Wissenschaftlerinnen und Wissenschaftlern, sowie Vertreterinnen und Vertretern von deutschen und österreichischen Einrichtungen des Gesundheitswesens zusammen.
Hochschulen	Der Arbeitskreis Hochschulen befasst sich mit Evaluationen in den Bereichen Studium und Lehre, Forschung und Hochschulverwaltung. Weitere thematische Schwerpunkte sind Qualitätsmanagement an Hochschulen und Hochschulsteuerung.	Der Arbeitskreis Hochschule mit seinen 90 Mitgliedern versteht sich als Forum für diejenigen, die sich mit Qualitätssicherung und -entwicklung in Hochschulen und anderen Wissenschaftseinrichtungen auseinandersetzen. Der wissenschaftliche Diskurs zu Evaluation und Steuerung steht gleichwertig neben dem Erfahrungsaustausch und der gegenseitigen Vernetzung der Akteurinnen und Akteure aus Wissenschaft und Praxis.
Kultur und Kulturpolitik	Der AK beschäftigt sich mit Evaluationen von Projekten und Programmen sowie Institutionen in den Bereichen Kultur und (auswärtige) Kulturpolitik. Ziel ist es, Evaluationen und ihren Nutzen in diesen Politikfeldern stärker ins Bewusstsein der Öffentlichkeit zu bringen.	Im AK engagieren sich Evaluierende und Wissenschaftler/innen sowie Auftraggeber/innen aus Kultur und Kulturpolitik. Der AK zählt rund 140 Mitglieder.
Methoden	Querschnittsarbeitskreis, Beschäftigung mit Problemen von Methoden im Bereich von Evaluationen. Hauptanliegen des AK ist der Austausch, um voneinander zu lernen und ggf. Richtlinien und Standards zu entwickeln.	Alle wichtigen Akteure der Evaluation in diesem Feld sind im AK vertreten, dazu gehören Evaluierende, Auftraggebende, Personen, die sich in wissenschaftlichen Institutionen mit methodischen Problemen beschäftigen
Schule	Der Arbeitskreis Schulen hat alle Formen von Evaluation im Schulbereich im Themenfokus, d.h. Schulleistungsuntersuchungen, externe Schulevaluationen (auch Schulinspektionen genannt), schulinterne (Selbst-)Evaluationen und Maßnahmenevaluationen auf Schul- und Systemebene.	Der AK umfasst Personal aus Kultusministerien, Schulbehörden und Landesinstituten für Qualitätsentwicklung, Bildungsforscher/innen sowie freiberufliche Evaluator/innen. An den Frühjahrstagungen des AK Schulen nehmen regelmäßig auch Schulleitende und Lehrpersonen teil.

Arbeitskreise (AK) der DeGEval – Gesellschaft für Evaluation	Evaluationsfeld	Mitglieder des Arbeitskreises (Stand Frühjahr 2014)
Soziale Dienstleistungen	Der Arbeitskreis Soziale Dienstleistungen der DeGEval versteht sich als Austauschforum für Personen, die im sozialen Bereich mit dem Thema Evaluation befasst sind. Gegenstand der Diskussion ist die Reflexion der Evaluationspraxis und deren methodische und inhaltliche Weiterentwicklung.	Mitglieder des Arbeitskreises sind vor allem Evaluierende als Auftragnehmende aus Hochschulkontexten, in Instituten und als Selbstständige. Der Arbeitskreis hat 250 Mitglieder.
Stadt- und Regionalentwicklung	Thematische Felder von Evaluationen in der Stadt- und Regionalentwicklung sind: Raumordnung, Europäische Raum- und Umweltplanung, Regionalentwicklung in Europa, Regionalmanagement, Regionale Entwicklungskonzepte, Großprojekte, Wohnungsbau, Bauausstellung, Städtebauförderung, Stadtumbau und Stadtentwicklung.	Die Mitgliedschaft des Arbeitskreises setzt sich zusammen aus Zuwendungsgebern und -empfängern sowie wissenschaftlichen Einrichtungen der Evaluationsforschung und -ausbildung. Eine starke Gruppe bilden spezifische Zielgruppen aus der Praxis: Consultingbüros, Fachverbände, Behörden etc.
Strukturpolitik	Der Arbeitskreis beschäftigt sich mit der Strukturpolitik, sowohl aus einer sektoralen wie auch regionalen Perspektive. Im Zentrum des Evaluationsfeldes liegt die europäische Struktur- und ländliche Entwicklungspolitik. Der AK beschäftigt sich mit dem Europäischen Fonds für regionale Entwicklung (EFRE), dem Europäischen Sozialfonds (ESF), dem Europäischen Landwirtschaftsfonds für die Entwicklung des ländlichen Raums (ELER) und dem Europäischen Fischereifonds (EFF).	Die zentralen Akteure der Evaluation in diesem Feld sind im AK vertreten, dazu gehören: auftraggebende Institutionen, Evaluierende, Wissenschaft. Derzeit hat der AK ca. 200 bis 250 Mitglieder
Umwelt	Der Arbeitskreis befasst sich mit der Evaluation umweltpolitischer Programme, wobei die Evaluation von Umweltpolitiken nicht nur als eigenständiges Politikfeld, sondern auch als Querschnittsmaterie auftritt, die in allen anderen Politikfeldern relevant ist.	Zielgruppe: Evaluierende, Auftraggebende von Evaluationen, sowie Wissenschaftlerinnen und Wissenschaftler, die sich mit Evaluation in Umweltbereich befassen, inklusive Ziviltechniker, die Gutachten verfassen.
Verwaltung	Der AK Verwaltung befasst sich insbesondere mit der Funktion und den Aufgaben von Politik und Verwaltung im Rahmen von Evaluationen.	Dem AK gehören über 200 Mitglieder und Interessenten unterschiedlichster institutioneller Anbindung (akademische Forschung, Beratungsinstitute und Praktiker aus Kommunen, Land, Bund, EU) und fachlicher Ausrichtung an.
Evaluation in der Wirtschaft – Wirkung, Erfolg und Qualität messen	Zentrales Evaluationsfeld sind Organisationen in der "Wirtschaft": insbesondere Unternehmen, Verbände, etc. Primäres Ziel des AK ist es, Evaluation in Wirtschaftskreisen bekannt zu machen.	Evaluierende, Auftraggebende von Evaluationen, sowie Wissenschaftlerinnen und Wissenschaftler, die sich mit Evaluation in Wirtschaftskontexten befassen.

Arbeitskreise (AK) der DeGEval – Gesellschaft für Evaluation	Evaluationsfeld	Mitglieder des Arbeitskreises (Stand Frühjahr 2014)
Nachwuchs-netzwerk	Das Nachwuchsnetzwerk hat sich ge-gründet um den Evaluationsnachwuchs in Wissenschaft und Praxis zu vernetzen und um ihm einen geeigneten Rahmen für (fachlichen) Austausch sowie Orientie-rung für die professionelle Planung und Umsetzung von Evaluationen zu bieten. Über das Nachwuchsnetzwerk können zudem die Interessen und Bedürfnisse des Nachwuchses in der DeGEval vertre-ten werden.	Das Netzwerk wächst zurzeit beständig und besteht unter anderem aus Promovierenden, Berufseinsteiger/innen sowie Studierenden des Masterstudienganges Evaluation – um einige charakteristische Gruppen zu nennen. Aber auch PostDocs und andere in Forschung und Wissenschaft Tätige sind im Verteiler des Nachwuchsnetzwerkes, welcher aktuell rund 100 Personen zählt.

Autorinnen und Autoren

Michael Astor
prognos AG
Goethestraße 85
10623 Berlin
michael.astor@prognos.com

Prof. Dr. rer. pol. habil. Wolfgang
Böttcher
Westfälische Wilhelms-Universität
Fachbereich 06 Institut für
Erziehungswissenschaft
Abteilung II Arbeitsbereich
Qualitätsentwicklung und Evaluierung
Georgskommende 33
48143 Münster
wolfgang.boettcher@uni-muenster.de

M. A. Marcus Capellaro
Konzeption & Evaluation
kommunikativer Maßnahmen
Gluckstraße 57
22081 Hamburg
Marcus@Capellaro.de

Tülin Engin
uzbonn – Gesellschaft für empirische
Sozialforschung und Evaluation GmbH
c/o ZEM Universität Bonn
Oxfordstr. 15
53111 Bonn
engin@uzbonn.de

Dr. Christian Erzberger
Gesellschaft für innovative
Sozialforschung und Sozialplanung e.V.
(GISS)
Kolhökerstraße 22
28203 Bremen
cerz@uni-bremen.de

Dr. Monika Finsterwald (MSc)
Pro mente: kinder jugend familie GesmbH
Villacherstrasse 161
9020 Klagenfurt
monika.finsterwald@promente-kijufa.at

Iris Fischl
KMU Forschung Austria
Gußhausstr.8
1040 Wien
i.fischl@kmuforschung.ac.at

Michael Frais
Leitung der Arbeitsstelle Evaluation
Zentrum für Hochschuldidaktik und
Erwachsenenbildung
Pädagogische Hochschule Zürich
Lagerstrasse 2
8090 Zürich
michael.frais@phzh.ch

Jürgen Götzhaber
EvalueLab – Gesellschaft für empirische
Sozialforschung mbH
Am Hehsel 38
22339 Hamburg
jg@evaluelab.de

Regina Grajewski
Thünen-Institut für Ländliche Räume
Bundesallee 50
38116 Braunschweig
regina.grajewski@ti.bund.de

Mag. Ludwig Grillich
Department für Evidenzbasierte Medizin
und Klinische Epidemiologie
Donau-Universität Krems
Dr. Karl Dorrek Straße 30
3500 Krems an der Donau
ludwig.grillich@donau-uni.ac.at

Dr.in Maria Gutknecht-Gmeiner
Impulse-Evaluation und
Organisationsberatung
Dr.-Josef-Resch-Platz 14/3
1170 Wien
m.gutknecht-gmeiner@impulse.at

Edith Halves
Zentrum für Praxisentwicklung der HAW
Hamburg
Arbeitsbereich Evaluation
Alexanderstr. 1
20099 Hamburg
edith.halves@haw-hamburg.de

Dr. Julia Hapkemeyer
Gesellschaft für Statistik und Evaluation
Charitéstraße 5
10117 Berlin
Julia.Hapkemeyer@stateval.de

Dr. Susan Harris-Hümmert
Julius-Maximilians-Universität Würzburg
Referat 1.1 Planung/
Qualitätsmanagement
Sanderring 2
97070 Würzburg
susan.harris-huemmert@uni-wuerzburg.
de

Dr. Wolfgang Haß
Bundeszentrale für gesundheitliche
Aufklärung (BZgA)
Ostmerheimer Straße 220
51109 Köln
Wolfgang.Hass@bzga.de

Dr. Vera Hennefeld
Centrum für Evaluation – CEval
Universität des Saarlandes
Postfach 151 150
66041 Saarbrücken
v.hennefeld@ceval.de

Prof. Dr. Jan Ulrich Hense
Professur für Hochschuldidaktik und
Evaluation
Justus-Liebig-Universität Gießen
Fachbereich Psychologie und
Sportwissenschaft
Otto-Behagel-Str. 10F
35394 Gießen
jan.hense@psychol.uni-giessen.de

Mag. rer. nat. Judith Hoffmann
Institut für Technologie und Arbeit e. V.
Trippstadter Straße 110
67663 Kaiserslautern
judith.hoffmann@ita-kl.de

Peter Jablonka
Forschungsgruppe SALSS
Pestalozzistr. 5-8
13187 Berlin
peter.jablonka@salss-gmbh.de

Dr. Michael Kalman
Kalman Consult
Hubertusbader Str. 41a
14193 Berlin
mail@kalmanconsult.de

Mag. Peter Kaufmann
KMU Forschung Austria
Gußhausstrasse 8
1040 Wien
p.kaufmann@kmuforschung.ac.at

Prof. Dr. Udo Kelle
Methoden der Empirischen
Sozialforschung und Statistik
Fakultät für Geistes- und
Sozialwissenschaften
Helmut-Schmidt-Universität Hamburg
Holstenhoffweg 85
22043 Hamburg
kelle@hsu-hh.de

Dr. Christiane Kerlen
Evaluation und Beratung
6 Hamilton's Folly Mews
Edinburgh EH8 9AW
United Kingdom
info@kerlen.de

Dr. Sonja Kind
Institut für Innovation und Technik (iit)
in der VDI/VDE Innovation + Technik
GmbH
Steinplatz 1
10623 Berlin
kind@iit-berlin.de

Dr. Gesa Koglin
TSB Technologiestiftung Berlin
Fasanenstr. 85
10623 Berlin
Koglin@tsb-berlin.de

Prof. Dr. Gottfried Konzendorf
Bundesministerium für Wirtschaft und
Energie und
Deutsche Universität für
Verwaltungswissenschaften Speyer
Freiherr-vom-Stein-Str. 2
67346 Speyer
E-Mail: Gottfried.Konzendorf@bmwi.
bund.de

Dr. Joseph Kuhn
Bayerisches Landesamt für Gesundheit
und Lebensmittelsicherheit
Veterinärstr. 2
85764 Oberschleißheim
joseph.kuhn@lgl.bayern.de

Dr. Marianne Kulicke
Fraunhofer-Institut für System- und
Innovationsforschung ISI
Breslauer Straße 48
76139 Karlsruhe
marianne.kulicke@isi.fraunhofer.de

Dr. Mary Lindner
Freiberufliche
Gesundheitswissenschaftlerin
Schelchwitzer Weg 1
04600 Altenburg
lindner.mary@gmx.de

Dr. Marianne Lück-Filsinger
Forschungsgruppe Bildungs-,
Evaluations- und Sozialstudien (ForBES)
an der Fakultät für Sozialwissenschaften
der HTW des Saarlandes
Rastpfuhl 12 a
66113 Saarbrücken
marianne.lueck-filsinger@htwsaar.de

Peter Maats
KfW Bankengruppe
Palmengartenstr. 5-9
60325 Frankfurt
petermaats@gmail.com

Dorothee Mack
Evaluierung und Qualitätsmanagement
(EQM)
Bischöfliches Hilfswerk MISEREOR e. V.
Mozartstr. 9,
52064 Aachen
dorothee.mack@misereor.de

PD Dr. Ute Marie Metje
Evaluation & wissenschaftliche Beratung
Ebertallee 10
22607 Hamburg
kontakt@umetje.de

Dr. Stefan Meyer
Kovalis
Am Wall 174
28195 Bremen
meyer@kovalis.de

Mag. Dr. Lukas Mitterauer
Universität Wien, Besondere Einrichtung
für Qualitätssicherung
Universitätsstraße 5/3
1010 Wien
lukas.mitterauer@univie.ac.at

Tanja Nagel
EDUCULT – Denken und Handeln im
Kulturbereich
Institute for Cultural Policy and Cultural
Management
quartier 21/MQ
Museumsplatz 1/e-1.6
A-1070 Wien
tanja.nagel@educult.at

Dr. Susanne Neubert
Seminar für Ländliche Entwicklung (SLE)
Humboldt Universität
Hessische Straße 1–2
10115 Berlin
Susanne.Neubert@agrar.hu-berlin.de

Dipl.-Psych. Boris Orth
Bundeszentrale für gesundheitliche
Aufklärung (BZgA)
Ostmerheimer Straße 220
51109 Köln
boris.orth@bzga.de

Axel Piesker (M.A.)
Deutsches Forschungsinstitut für
öffentliche Verwaltung Speyer/ Institut
für Gesetzesfolgenabschätzung und
Evaluation Speyer (InGFA)
Freiherr-vom-Stein-Str. 2
67346 Speyer
piesker@ingfa-speyer.de

Prof. Dr. Philipp Pohlenz
Otto-von-Guericke-Universität
Magdeburg
Fakultät für Humanwissenschaften
Zschokkestr. 32
39104 Magdeburg
philipp.pohlenz@ovgu.de

Mag. Dr. Vera Popper
dynamic balancing consulting e.U.
Mohsgasse 10/36
1030 Wien
vera.popper@dynamic-balancing.at

Dr. Renate Reiter
FernUniversität in Hagen
Fakultät für Kultur- und
Sozialwissenschaften
Institut für Politikwissenschaft,
Lehrgebiet III: Politikfeldanalyse
Universitätsstraße 33 / C
58084 Hagen
renate.reiter@fernuni-hagen.de

Dr. Monika Renz
Landesinstitut für Lehrerbildung und
Schulentwicklung
Felix-Dahn-Straße 3
20357 Hamburg
monika.renz@li-hamburg.de

Prof. Dr. Manfred Rolfes
Universität Potsdam
Institut für Geographie
Karl-Liebknecht-Str. 24/25
14476 Potsdam
mrolfes@uni-potsdam.de

Dr. Martin Rost
Universität der Bundeswehr München
Fakultät für Betriebswirtschft
85577 Neubiberg
martin.rost@unibw.de

Helge Roxin
DEval Deutsches Evaluierungsinstitut der
Entwicklungszusammenarbeit gGmbH
Tulpenfeld 7
53113 Bonn
helge.roxin@DEval.org

Dr. Ursula von Rueden
Bundeszentrale für gesundheitliche
Aufklärung (BZgA)
Ostmerheimer Str. 220
51109 Köln
ursula.von-rueden@bzga.de

Stefan Schmidt
schmidt evaluation
Sachsenring 2–4
50677 Köln
stefan@schmidt-evaluation.de

Dr. Oliver Schwab
IfS Institut für Stadtforschung und
Strukturpolitik GmbH
Lützowstraße 93
10785 Berlin
Schwab@ifsberlin.de

Dr. Sonja Sheikh
KMU Forschung Austria
Gußhausstr.8
1040 Wien
s.sheikh@kmuforschung.ac.at

Univ.-Doz. Dr. Georg Spiel
Pro mente: kinder jugend familie
GesmbH
Villacherstrasse 161
9020 Klagenfurt
georg.spiel@promente-kijufa.at

Heike Steckhan
DEval – Deutsches Evaluierungsinstitut
der Entwicklungszusammenarbeit
gGmbH
Tulpenfeld 7
53113 Bonn
heike.steckhan@DEval.org

Dipl.-Soz. Jürgen Töppich
Bundeszentrale für gesundheitliche
Aufklärung (BZgA)
Ostmerheimer Str. 220
51109 Köln
juergen.toeppich@bzga.de

Mag. Dr. Karin Waldherr
Ferdinand Porsche FernFH-Studiengänge
Lothringerstraße 4–8
1040 Wien
Karin.Waldherr@fernfh.ac.at

Dr. Leo Urban Wangler
Institut für Innovation und Technik (iit)
in der VDI/VDE Innovation + Technik
GmbH
Steinplatz 1
10623 Berlin
wangler@iit-berlin.de

Dr. Jan Wessels
Institut für Innovation und Technik (iit)
in der VDI/VDE Innovation + Technik
GmbH
Steinplatz 1
10623 Berlin
wessels@iit-berlin.de

Dr. Annekatrin Wetzstein
Institut für Arbeit und Gesundheit
der Deutschen Gesetzlichen
Unfallversicherung (IAG)
Königsbrücker Landstraße 2
01109 Dresden
annekatrin.wetzstein@dguv.de

Katy Whitelegg
AIT Austrian Institute of Technology
GmbH
Donau-City-Straße 1
1220 Wien
katy.whitelegg@ait.ac.at

Dr. Jan Lorenz Wilhelm
Universität Potsdam
Institut für Geographie
Karl-Liebknecht-Str. 24/25
14476 Potsdam
JWilhelm@uni-potsdam.de

Dr.in Angela Wroblewski
Institut für Höhere Studien
Stumpergasse 56
1060 Wien
wroblews@ihs.ac.at